Strategische Planung von Informationssystemen

Wirtschaftswissenschaftliche Beiträge

Band 1: Christof Aignesberger
**Die Innovationsbörse als Instrument
zur Risikokapitalversorgung
innovativer mittelständischer
Unternehmen**
1987. 326 Seiten. Brosch. DM 69,-
ISBN 3-7908-0384-7

Band 2: Ulrike Neuerburg
Werbung im Privatfernsehen
1988. 302 Seiten. Brosch. DM 69,-
ISBN 3-7908-0391-X

Band 3: Joachim Peters
**Entwicklungsländerorientierte
Internationalisierung von
Industrieunternehmen**
1988. 165 Seiten. Brosch. DM 49,-
ISBN 3-7908-0397-9

Band 4: Günther Chaloupek
Joachim Lamel und Josef Richter
(Hrsg.)
**Bevölkerungsrückgang und
Wirtschaft**
1988. 478 Seiten. Brosch. DM 98,-
ISBN 3-7908-0400-2

Band 5: Paul J. J. Welfens und
Leszek Balcerowicz (Hrsg.)
**Innovationsdynamik im
Systemvergleich**
1988. 466 Seiten. Brosch. DM 90,-
ISBN 3-7908-0402-9

Band 6: Klaus Fischer
Oligopolistische Marktprozesse
1988. 169 Seiten. Brosch. DM 55,-
ISBN 3-7908-0403-7

Band 7: Michael Laker
**Das Mehrproduktunternehmen in
einer sich ändernden unsicheren
Umwelt**
1988. 209 Seiten. Brosch. DM 58,-
ISBN 3-7908-0413-4

Band 8: Irmela von Bülow
**Systemgrenzen im Management
von Institutionen**
1989. 278 Seiten. Brosch. DM 69,-
ISBN 3-7908-0416-9

Band 9: Heinz Neubauer
**Lebenswegorientierte Planung
technischer Systeme**
1989. 183 Seiten. Brosch. DM 55,-
ISBN 3-7908-0422-3

Band 10: Peter Michael Sälter
**Externe Effekte: „Marktversagen"
oder Systemmerkmal?**
1989. 196 Seiten. Brosch. DM 59,-
ISBN 3-7908-0423-1

Band 11: Peter Ockenfels
**Informationsbeschaffung auf
homogenen Oligopolmärkten**
1989. 163 Seiten. Brosch. DM 58,-
ISBN 3-7908-0424-X

Band 12: Olaf Jacob
**Aufgabenintegrierte
Büroinformationssysteme**
1989. 177 Seiten. Brosch. DM 55,-
ISBN 3-7908-0430-4

Band 13: Johann Walter
**Innovationsorientierte
Umweltpolitik bei komplexen
Umweltproblemen**
1989. 208 Seiten. Brosch. DM 59,-
ISBN 3-7908-0433-9

Band 14: Detlev Bonneval
**Kostenoptimale Verfahren in der
statistischen Prozeßkontrolle**
1989. 180 Seiten. Brosch. DM 55,-
ISBN 3-7908-0440-1

Band 15: Thomas Rüdel
**Kointegration und
Fehlerkorrekturmodelle**
1989. 138 Seiten. Brosch. DM 49,-
ISBN 3-7908-0441-X

Band 16: Konrad Rentrup
**Heinrich von Storch, das
„Handbuch der
Nationalwirthschaftslehre" und die
Konzeption der „inneren Güter"**
1989. 146 Seiten. Brosch. DM 55,-
ISBN 3-7908-0445-2

Band 17: Manfred A. Schöner
**Überbetriebliche
Vermögensbeteiligung**
1989. 417 Seiten. DM 98,-
ISBN 3-7908-0446-0

Band 18: Paulo Haufs
DV-Controlling
1989. 166 Seiten. DM 55,-
ISBN 3-7908-0447-9

Band 19: Rainer Völker
**Innovationsentscheidungen
und Marktstruktur**
1989. 221 Seiten. Brosch. DM 65,-
ISBN 3-7908-0452-5

Band 20: Petra Bollmann
**Technischer Fortschritt und
wirtschaftlicher Wandel**
1989. 184 Seiten. Brosch. DM 59,-
ISBN 3-7908-0453-3

Band 21: Franz Hörmann
**Das Automatisierte, Integrierte
Rechnungswesen**
1989. 408 Seiten. Brosch. DM 89,-
ISBN 3-7908-0454-1

Band 22: Winfried Böing
**Interne Budgetierung im
Krankenhaus**
1990. 274 Seiten. Brosch. DM 69,-
ISBN 3-7908-0456-8

Band 23: Gholamreza
Nakhaeizadeh und
Karl-Heinz Vollmer (Hrsg.)
**Neuere Entwicklungen in der
Angewandten Ökonometrie**
1990. 248 Seiten. Brosch. DM 68,-
ISBN 3-7908-0457-6

Band 24: Thomas Braun
**Hedging mit fixen Termin-
geschäften und Optionen**
1990. 167 Seiten. Brosch. DM 55,-
ISBN 3-7908-0459-2

Band 25: Georg Inderst,
Peter Mooslechner
und Brigitte Unger (Hrsg.)
**Das System der Sparförderung
in Österreich**
1990. 126 Seiten. Brosch. DM 55,-
ISBN 3-7908-0461-4

Band 26: Thomas Apolte und
Martin Kessler (Hrsg.)
**Regulierung und Deregulierung im
Systemvergleich**
1990. 313 Seiten. Brosch. DM 79,-
ISBN 3-7908-0462-2

Band 27: Joachim Lamel/Michael
Mesch/Jiři Skolka (Hrsg.)
**Österreichs Außenhandel mit
Dienstleistungen**
1990. 335 Seiten. Brosch. DM 79,-
ISBN 3-7908-0467-3

Fortsetzung auf Seite 228

Rainer Riedl

Strategische Planung von Informationssystemen

Methode zur Entwicklung von langfristigen
Konzepten für die Informationsverarbeitung

Mit 76 Abbildungen

Physica-Verlag Heidelberg

Reihenherausgeber
Werner A. Müller

Autor
Dr. Rainer Riedl
Institut für Informationsverarbeitung
und Informationswirtschaft
Wirtschaftsuniversität Wien
Augasse 2-6
A-1090 Wien, Österreich

ISBN-13: 978-3-7908-0548-2   e-ISBN-13: 978-3-642-46920-6
DOI: 10.1007/978-3-642-46920-6

CIP-Titelaufnahme der Deutschen Bibliothek

Riedl, Rainer:
Strategische Planung von Informationssystemen: Methode zur
Entwicklung von langfristigen Konzepten für die
Informationsverarbeitung / Rainer Riedl. – Heidelberg:
Physica-Verl., 1991
(Wirtschaftswissenschaftliche Beiträge; 51)

NE: GT

Inhaltsverzeichnis

Kapitel 1

Einführung

1.1 Problemstellung

Ausgangspunkt jeglicher wissenschaftlicher Betätigung sind Probleme aus der jeweiligen individuellen Umwelt, die Anlaß dazu geben, sich über das übliche Maß hinaus mit bestimmten Fragestellungen zu befassen. Dies umfaßt das Erkennen und Artikulieren der Problemstellungen sowie die Suche nach geeigneten Lösungen.

Anstoß zu dieser Arbeit waren Erfahrungen, die der Autor im Rahmen der Mitarbeit an zwei Projekten in großen österreichischen Unternehmen gesammelt hat. Aufgabenstellung war jeweils die Erstellung eines Gutachtens, bei dem die Stärken und Schwächen der betrieblichen Informationsverarbeitung[1] aufgezeigt sowie strategische Überlegungen für die weitere Entwicklung dieses Bereichs angestellt werden sollten. Das gesamte Problemspektrum konnte in beiden Fällen darauf zurückgeführt werden, daß die IV–Strategien nicht in Einklang mit unternehmensweiten Strategiekonzepten standen. Vielmehr wurden die langfristigen Pläne für den IV–Bereich ohne gründliche Berücksichtigung der übrigen Unternehmensstrategien entwickelt. Diese Auseinanderentwicklung der strategischen Konzepte hatte zur Folge, daß die Leistungen des IV–Bereichs in vieler Hinsicht weder den Wünschen der Geschäftsleitung noch den Bedürfnissen der Benutzer gerecht wurden (vgl. Abb. 1.1).

In diesen beiden Fällen wurde für alle Beteiligten einsichtig, daß die Durchführung einer *strategischen langfristigen Informationssystemplanung*[2] für mittlere

---

[1]Unter *Informationsverarbeitung* soll die Erfassung, Speicherung, Übertragung und/oder Transformation von Information unter Verwendung von Informationstechnik verstanden werden. In der Folge wird die Abkürzung *IV* verwendet.

[2]In der Folge wird die Abkürzung *SISP* verwendet.

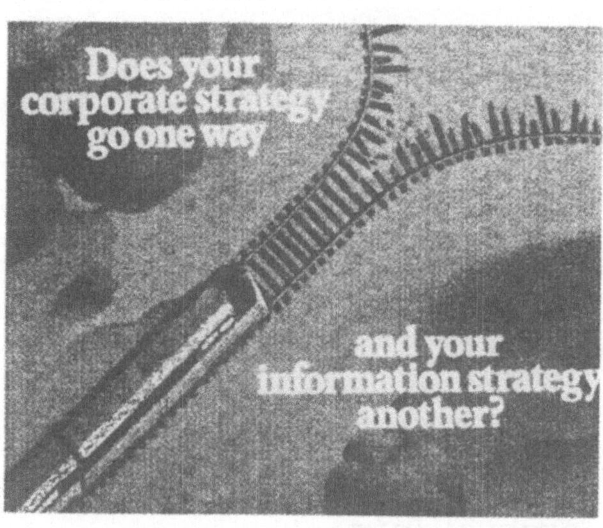

Abbildung 1.1: Auseinanderentwicklung von IV–Strategien und unternehmensweiten Konzepten (Quelle: Computerworld, 19. September 1988)

und große Organisationen unumgänglich ist.[3] Dies gilt dann, wenn einerseits die
IV den Zielen, Strategien und Aufgaben der Organisation entsprechend konzipiert werden soll und andererseits sowohl die Potentiale der Informationstechnik
ausgeschöpft als auch die Probleme beim Aufbau von rechnerunterstützten Informationssystemen[4] zumindest entschärft werden sollen. Als weitere wesentliche
Gründe, die für die Durchführung einer SISP sprechen, seien exemplarisch angeführt:[5]

- Die zentrale, organisationsweite Bedeutung der IV,

- die hohen Kosten der IV sowie die allgemein steigenden Investitionsvolu-
  mina für IS und Informationstechnik,

---

[3]Das bedeutet nicht, daß kleine Organisationen nicht ebenfalls großen Nutzen aus der SISP
ziehen könnten. Allerdings ist diese aufgrund der geringeren Komplexität der Problemstellung in kleinen Organisationen keine unbedingte Notwendigkeit bzw. kann SISP dort
auch in wesentlich vereinfachter oder verkürzter Form durchgeführt werden. Näheres zur
Anpassung der SISP an organisationsbedingte Gegebenheiten folgt im Abschnitt 5.1.2.

[4]Ein *rechnerunterstütztes Informationssystem* besteht aus Menschen und Maschinen, die
Information erzeugen und/oder benutzen und durch Kommunikationsbeziehungen mitein-
ander verbunden sind. Dabei ist die Erfassung, Speicherung, Übertragung und/oder Transformation durch den Einsatz der EDV teilweise automatisiert (vgl. dazu [Hans 86] S. 64).
In der Folge wird die Abkürzung *IS* verwendet.

[5]Vgl. dazu auch die Begründungen für die Durchführung der SISP in [SzKo 78] S. 62 ff.,
[Hans 84] S. 4, [Esch 85] S. 135 ff., [Saue 89] S. 1 ff. und [HaRi 90] S. 659 ff.

- die Knappheit der für die Weiterentwicklung erforderlichen IV–Ressourcen, insbesondere der personellen und finanziellen Mittel,

- der Zeitbedarf für die Entwicklung von IS sowie die daraus resultierenden langen Vorlaufzeiten,

- die Irreversibilität bzw. Bindungsdauer der meisten IV–Grundsatzentscheidungen,

- die Chancen und Risiken der informationstechnologischen Entwicklung, insbesondere der Dynamik des „EDV–Markts"[6] und

- die häufig mangelnde Transparenz des IV–Bereichs[7] sowie fehlende Überlegungen in bezug auf die Wirtschaftlichkeit der IV.

Den genannten Argumenten für die Durchführung der SISP steht jedoch die Tatsache entgegen, daß die vorhandenen SISP–Ansätze zwar in einigen Fällen wertvolle Hilfestellung für die konkrete Vorgehensweise geben können, in methodischer Hinsicht jedoch verbesserungswürdig sind. Aufgabenstellung dieser Arbeit war es daher,

- die Planungsproblematik im IV–Bereich aufzuzeigen,

- vorhandene SISP–Ansätze zu untersuchen und ihre Eignung für die SISP zu analysieren,

- methodische Anforderungen an die SISP zu erarbeiten und

- darauf aufbauend eigene Vorschläge für die Durchführung und die Gestaltung der SISP zu unterbreiten sowie

- Möglichkeiten für die Unterstützung der SISP durch entsprechende Werkzeuge zu finden.

---

[6]Das immer wieder vorgebrachte Argument gegen die SISP, daß nämlich die rasante technische Entwicklung längerfristige IV–Konzepte unmöglich macht, ist insofern leicht zu widerlegen, als eine Organisation nicht beliebig oft ihre informationstechnische Ausstattung austauschen kann. Daraus ergibt sich aber die Notwendigkeit, sich — unabhängig von der laufenden Weiterentwicklung am Markt — für einen gewissen Zeitraum für bestimmte IV–Komponenten zu entscheiden.

[7]In großen Organisationen fehlt Führungskräften sowie Mitarbeitern aus Fachabteilungen vielfach ein allgemeiner Überblick über die eingesetzten IS und die installierte Informationstechnik. Damit können die potentiellen Benutzer die bereits vorhandenen Möglichkeiten der IV oft gar nicht entsprechend einschätzen. Mit der Erstellung einer entsprechenden Dokumentation kann dieser Mangel behoben werden. Die Herstellung von Transparenz ist somit zwar kein primäres Ziel der SISP, stellt aber einen willkommenen Nebeneffekt dar.

Aufgrund der praktischen Relevanz der Themenstellung hatte sich die Bearbeitung dieser Aufgabenstellung an einer Reihe von Richtlinien zu orientieren: So mußte darauf geachtet werden, die methodischen Vorschläge in der Arbeit einerseits *operational* und andererseits in einer für die angesprochene Zielgruppe[8] *verständlichen Form* zu präsentieren. Auf diese Weise haben die Vorschläge zur Durchführung, zur Gestaltung und zur Unterstützung der SISP den Charakter eines SISP–Handbuchs erhalten, das für den Praktiker eine gut lesbare und leicht faßliche Orientierungshilfe für konkrete SISP–Vorhaben darstellt.

Ein weiterer Leitgedanke war die Darstellung der SISP als *ganzheitliche Vorgehensweise*. Darunter ist das Bestreben zu verstehen, nicht nur auf einzelne Aspekte der SISP (wie z.B. die strategische Applikationsplanung) einzugehen, sondern die gesamte Tragweite eines derartigen Planungsansatzes darzustellen. Dazu gehörte das Aufzeigen der sich daraus ergebenden unterschiedlichen Dimensionen und die Ausarbeitung entsprechender Vorschläge. Derartige Vorschläge sollten u.a. die Konzeption der Daten-, Applikations- und Kommunikationsstruktur, der dafür notwendigen IV–Ressourcen und der dafür vorzusehenden IV–Organisations- und –Führungskonzepte beinhalten.

Um die Einsetzbarkeit des hier vorgestellten Ansatzes auf breiter Basis zu ermöglichen, war weiters darauf Bedacht zu nehmen, die Vorschläge möglichst *allgemeingültig* und in einem hohen Maß *adaptierbar* zu halten. Damit sollte erreicht werden, daß der Ansatz für eine Vielzahl von konkreten SISP–Problemstellungen bei einer Reihe von Organisationstypen (also unabhängig von Größe, Branche, Rechtsform, Wettbewerbssituation etc.) nutzbringend eingesetzt werden kann. Nachfolgend wird die Kapitelgliederung vorgestellt, die sich aus der Bearbeitung der oben genannten Aufgabenstellung unter Beachtung der diskutierten Richtlinien ergeben hat.

1.2   Aufbau der Arbeit

Die Entwicklung eines eigenen SISP–Ansatzes setzt die Kenntnis der Planungsproblematik im IV–Bereich sowie die Beurteilung der heute zur Verfügung stehenden SISP–Verfahren voraus. Aus dieser Perspektive ergibt sich fast zwangsläufig die Zweiteilung der Arbeit: Im ersten Teil (Kapitel 2 und 3) werden die Entwicklung eines neuen SISP–Ansatzes gerechtfertigt und die Grundlagen für die folgenden Vorschläge erarbeitet. Im zweiten Teil (Kapitel 4, 5 und 6) werden das Vorgehenskonzept, die zu gestaltenden Rahmenbedingungen und die mögliche Werkzeugunterstützung für die SISP präsentiert.

---

[8]Diese Zielgruppe umfaßt die Organisationsleitung, die Leiter der Fachabteilungen, die Mitarbeiter des IV–Bereichs sowie u.U. einschlägige Berater.

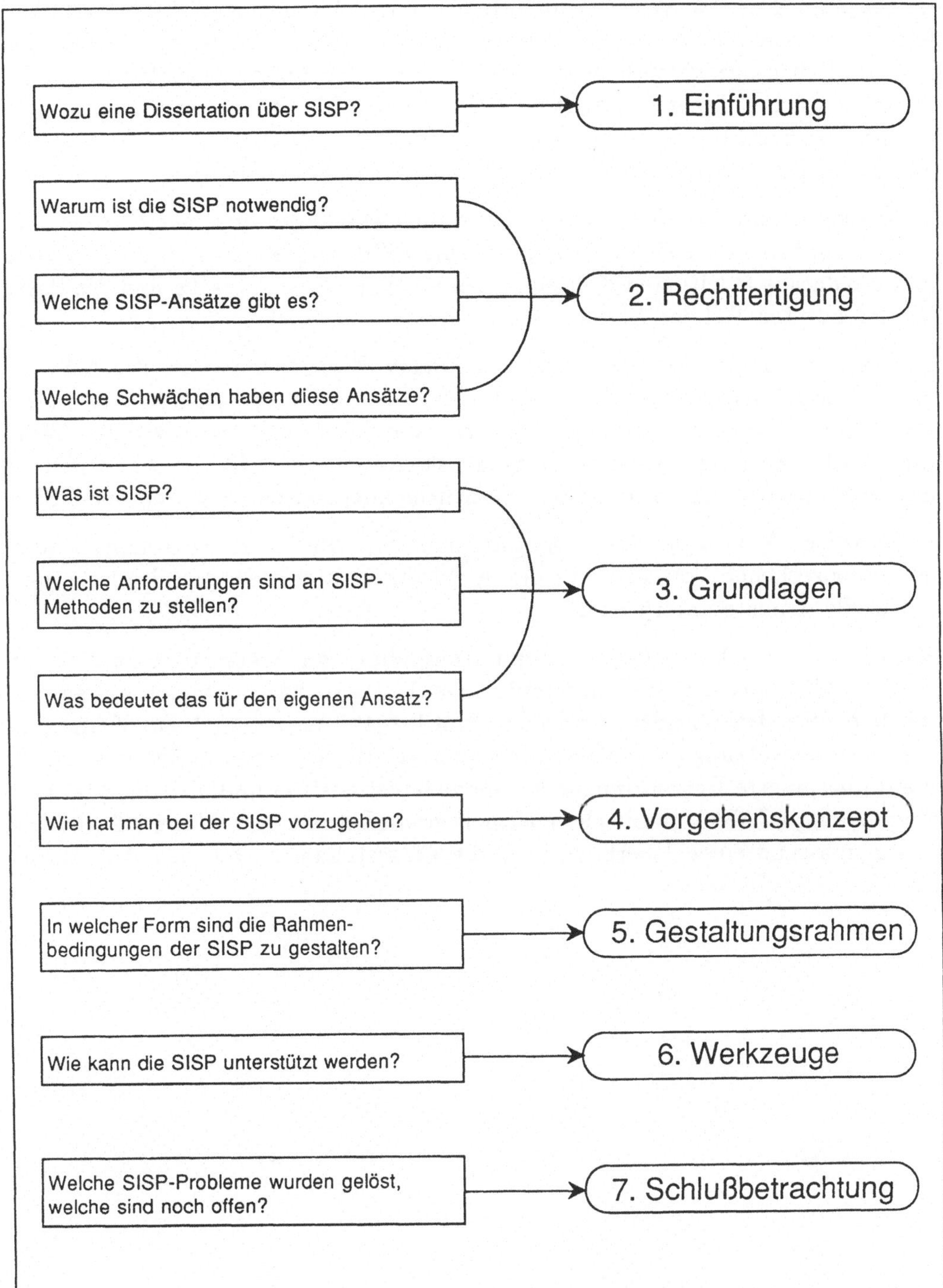

Abbildung 1.2: Aufbau der Arbeit

Im **Kapitel 2** wird anhand der historischen Entwicklung zunächst das Problemfeld *strategische Planung im IV–Bereich* abgesteckt. Danach folgt die Darstellung und die Kritik der wesentlichen SISP–Ansätze. Aus den aufgezeigten methodischen Schwächen dieser Ansätze sowie den von verschiedenen Autoren festgestellten praktischen Problemen bei der Anwendung der Verfahren wird die Notwendigkeit für die Erweiterung des verfügbaren SISP–Instrumentariums abgeleitet.

Im Anschluß daran werden im **Kapitel 3** die Grundlagen für einen eigenen Ansatz geschaffen. Eine Definition, die an die SISP zu stellenden Anforderungen und die daraus ableitbaren Konsequenzen für den eigenen Ansatz sind die Basis für den zweiten Teil der Arbeit.

Der zweite Teil der Arbeit ist von den Fragen *Was ist innerhalb der SISP zu tun?*, *Wie ist dabei vorzugehen?* und *Womit kann die Aufgabenstellung unterstützt werden?* geprägt. Daraus ergibt sich die Gliederung dieses zweiten Teils. Im **Kapitel 4** wird zunächst das Vorgehenskonzept vorgestellt. Dieses enthält — im Sinne eines Vorgehensmodells — sämtliche inhaltlichen Aufgaben der SISP.

Im **Kapitel 5** wird der Gestaltungsrahmen der SISP abgesteckt und es werden entsprechende Vorschläge in bezug auf organisatorische, gestalterische und kulturelle Aspekte unterbreitet.

Kapitel 6 enthält Empfehlungen zur Anwendung von Werkzeugen, mit denen die Durchführung der SISP unterstützt werden kann bzw. in vielen Fällen erst möglich wird. Dazu zählen Vorschläge zum Projektmanagement, zur Kommunikationsunterstützung und insbesondere auch zur Rechnerunterstützung der SISP, die durch jüngste Entwicklungen auf dem Gebiet des Computer Aided Software Engineering (CASE) unmittelbar aktuell geworden ist. Abbildung 1.2 gibt zusammenfassend einen Überblick über die Fragestellungen, die den Aufbau der Arbeit bestimmt haben.

Kapitel 2

Rechtfertigung von SISP

In diesem Abschnitt soll anhand der Planungsschwierigkeiten im IV–Bereich gezeigt werden, daß die Anwendung eines umfassenden SISP–Vorgehens zur Bewältigung der Problemstellungen erforderlich ist. Im Anschluß daran werden die wichtigsten, bestehenden Ansätze vorgestellt und in bezug auf deren Eignung für die SISP geprüft. Anhand der Probleme, die sich aus der Anwendung gängiger SISP–Methoden ergeben, soll schließlich die Notwendigkeit für die Weiterentwicklung der vorliegenden Ansätze aufgezeigt werden.

2.1 Entstehung der Planungsproblematik

Parallel zur historischen Entwicklung der betrieblichen Datenverarbeitung in Organisationen[1] haben sich auch die Planungsanforderungen, die sich in diesem Bereich ergeben, umfassend geändert. Hatte ein rechnerunterstütztes IS ursprünglich nur den Aufgabenbereich einer oder einiger weniger Abteilungen abzudecken, so partizipieren heute praktisch alle Abteilungen einer Organisation und damit auch alle Mitarbeiter direkt oder indirekt an den Leistungen des IV–Bereichs.[2] In den meisten Fällen begann der Rechnereinsatz in Abteilungen, in denen die Routine- und Massendatenverarbeitung aufgrund der hohen

---

[1]In dieser Arbeit wird der Begriff *Organisation* synonym mit Unternehmen bzw. Betrieb verwendet. Um zu verdeutlichen, daß die hier gemachten Aussagen und Empfehlungen für verschiedene Organisationstypen (private, öffentliche etc.) anwendbar sind wurde jedoch die allgemeinere Bezeichnung Organisation gewählt.

[2]Häufig wird die Anzahl von Arbeitsplätzen, die „mit Rechnerleistung ausgestattet sind", als ein Indikator für den Entwicklungsstand der IV angesehen. Das Verhältnis von rechnerunterstützten Arbeitsplätzen zur Gesamtzahl der Arbeitsplätze in einer Organisation wird dann als *Durchdringungsgrad* bezeichnet. Manche Organisationen haben heute bereits einen 100%–igen Durchdringungsgrad erreicht.

Verarbeitungsmengen manuell kaum noch zu bewältigen war und deshalb automatisiert werden mußte bzw. aufgrund wirtschaftlicher Überlegungen durch entsprechende IS unterstützt wurde (z.B. Buchhaltung, Auftragsbearbeitung, Personalverrechnung). Von dort entwickelte sich die Rechnerunterstützung zunächst in die „Breite". Im Zuge dessen wurde eine Reihe von Funktionen automatisiert, bei denen nicht die Ablösung der manuellen Massendatenverarbeitung im Vordergrund stand, sondern die Effizienzsteigerung der Aufgabenerfüllung (z.B. unterschiedliche Abrechnungsaufgaben, Lagerhaltung).[3] Daran anschließend begann das Wachstum in die „Tiefe", sodaß aufbauend auf den bereits bestehenden Basissystemen nach und nach Planungs- und Dispositionssysteme[4] für die mittleren und oberen Führungsebenen entwickelt werden konnten (vgl. Abb. 2.1).

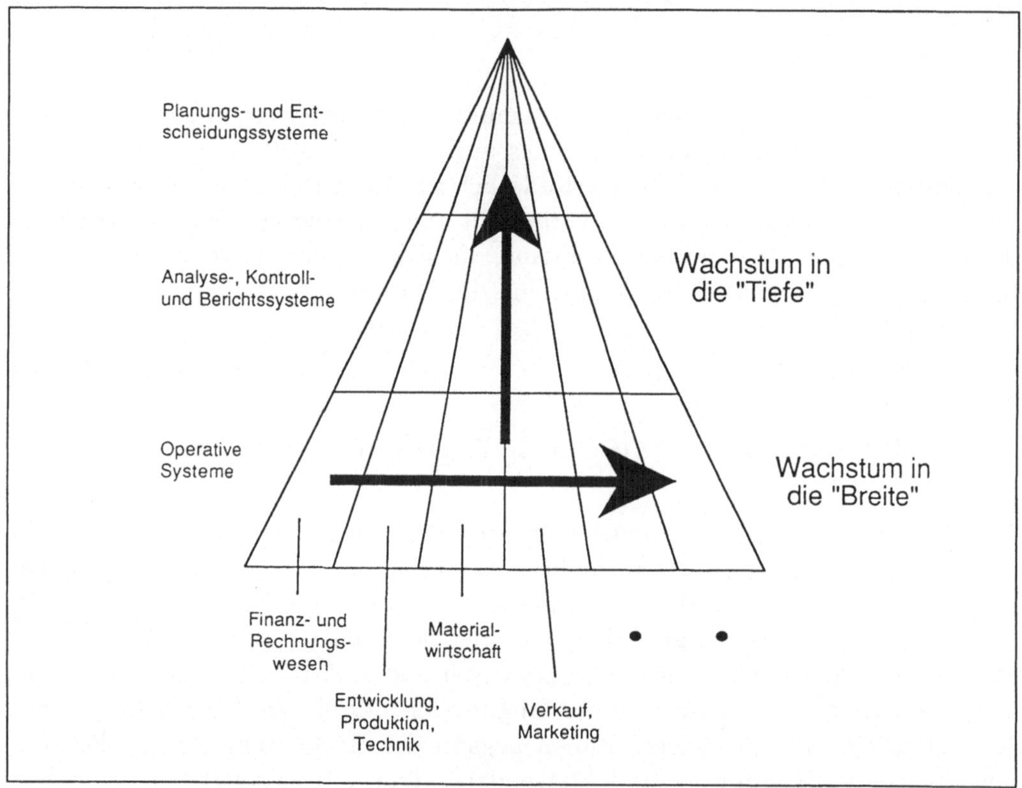

Abbildung 2.1: Entwicklung der Durchdringung mit IS und Informationstechnik

Diese Entwicklung in die Breite und in die Tiefe mußte offensichtlich auch Aus-

---

[3]Derartige Effizienzsteigerungen liegen z.B. dann vor, wenn die Aufgabenerfüllung beschleunigt und/oder mit höherer Qualität durchgeführt wird, wenn gewonnene Daten zur Entscheidungsunterstützung ausgewertet werden, oder wenn Information, die aufgrund technischer Restriktionen bisher nur einzelnen Mitarbeitern zur Verfügung stand, allgemein zugänglich wird.

[4]Vgl. auch [Mart 82] S. 69 ff. und [Sche 90] S. 27 in bezug auf die Abgrenzung von IS.

wirkungen auf die Planungsanforderungen des IV–Bereichs haben. Genügte es zunächst, Hardware, Software[5] und ein überschaubares Applikationsspektrum planerisch zu erfassen, so traten nach und nach eine Reihe von zusätzlichen Planungsinhalten hinzu bzw. mußten die traditionellen Überlegungen wesentlich detaillierter durchgeführt werden.[6] Die vermehrte Berücksichtigung von Benutzeranforderungen aus unterschiedlichen Fachbereichen führte dazu, daß vor allem der **Planung der Applikationsentwicklung**[7] nach und nach größeres Augenmerk geschenkt werden mußte.

Mit dem Anwachsen der Applikationswünsche seitens der Fachabteilungen stieg nicht nur ganz allgemein die Komplexität der IS–Umgebung,[8] sondern es begann auch ein organisationsinterner Wettbewerb um die **begrenzten Entwicklungsressourcen**. Die Tatsache, daß nicht alle Applikationswünsche unmittelbar befriedigt werden konnten, wirkte sich für die Benutzer in zum Teil erheblichen Wartezeiten aus. Der *Anwendungsrückstau* begann sehr rasch in eine Größenordnung von mehreren Jahren zu wachsen und führte deshalb zu Akzeptanz- und Verständnisschwierigkeiten seitens der Benutzer, weil diesen die organisationsweiten IV–Konzepte häufig unbekannt waren. Vor allem auch die Problematik beim Setzen der „richtigen" Entwicklungsprioritäten sowie bei der Entscheidung zwischen Eigenerstellung und Fremdbezug von Applikationssoftware zeigte deutlich, daß hier das Abteilungsdenken aufgegeben und verstärkt in organisationsweiten Dimensionen gedacht werden mußte.[9]

Obwohl die personelle Aufstockung der Entwicklungsgruppen alleine nicht die Lösung der geschilderten Probleme mit sich bringen konnte, kam es allgemein zu einer personellen Erweiterung der IV–Abteilungen, um die steigenden Applikationsbedürfnisse befriedigen zu können. Damit wurde aber neben Hardware–, Software– und Applikationsplanung auch die **Notwendigkeit einer Personal-**

---

[5]In dieser Arbeit wird *Software* entgegen der allgemein üblichen Terminologie synonym mit System- und systemnaher Software (Betriebssysteme, Datenbankverwaltungssysteme, Software zur Unterstützung der Datenfernverarbeitung etc.) verwendet, um den inhaltlichen Unterschied zwischen der Planung von technischen Software–Komponenten (System- und systemnahe Software) und anwendungsbezogenen Software–Komponenten (Applikationen) herauszustreichen.

[6]Die Anforderungen an die Hardware– und Software–Planung waren damals vergleichsweise einfach, da meist nur ein Rechner zur Verfügung stand und das Software–Marktangebot beschränkt war. Aufgrund der vorerst geringen Anzahl von Benutzern war auch die Applikationsplanung vergleichsweise unproblematisch.

[7]Im Rahmen dieser Arbeit bedeutet *Applikationsentwicklung* nicht nur die Erstellung von Individualsoftware innerhalb der Organisation, sondern durchaus auch die Installation und Integration von zugekaufter Individual- und Standardanwendungssoftware.

[8]Unter *IS–Umgebung* ist die Gesamtheit der eingesetzten Applikationssysteme, der Hardware und der Software zu verstehen.

[9]Vor allem im Bereich der Datenplanung und -administration zeigt sich dieser Trend anhand des Begriffs *organisationsweite Datenmodellierung*.

planung in diesem Bereich offensichtlich. Die geschilderte Entwicklung brachte auch eine massive Kostensteigerung mit sich, sodaß **Kosten- und Budgetplanung** bzw. Überlegungen zur Umlage der Kosten auf die Verursacher mehr und mehr in den Mittelpunkt des Interesses rückten.

Ein weiteres Problemfeld ergab sich aus den **vielfältigen technischen Realisierungsmöglichkeiten** insbesondere den unterschiedlichen *Verteilungsformen der IV*, die aufgrund der technologischen Entwicklung möglich geworden waren. Mit den Schlagworten „dezentrale Datenverarbeitung", „individuelle Datenverarbeitung" bzw. „Rechnerleistung am Arbeitsplatz" wurde eine Entwicklung bezeichnet, die dazu führte, daß die IS–Umgebung in den Organisationen nicht nur umfangreicher, sondern auch wesentlich komplexer wurde.[10] Traditionelle Planungsverfahren reichten damit nicht mehr aus, das sprunghafte Ansteigen der Installationen von Abteilungs- und Arbeitsplatzrechnern sowie die vielfältigen Vernetzungsprobleme sowohl technisch als auch organisatorisch in den Griff zu bekommen.[11] Die Forderungen nach Hardware– und Software–Standards, um die Kompatibilität der verschiedenen Rechner und/oder der vielfältigen Applikationssysteme einigermaßen zu gewährleisten, war die Folge dieser Problemstellung, nicht aber die Lösung der Planungsproblematik. Dazu kommt, daß Standards zwar die IS–Entwicklungstätigkeit innerhalb der Organisation im allgemeinen erleichtern und zum Teil auch die Anbindung eigener IS an externe IS erst ermöglichen. Auf der anderen Seite wird aber die Differenzierung zur Konkurrenz dadurch erschwert und somit der Aufbau von Wettbewerbsvorteilen u.U. behindert (vgl. dazu Abb. 2.2).

Zu den geschilderten Entwicklungen kam in den letzten Jahren das **Problem des Datenzugriffs** hinzu. Betriebliche Datenbestände werden heute bereits allgemein als wertvolle Ressource aufgefaßt, die vor allem für informationsintensive Aufgabenstellungen (z.B. Controlling, Produktionsplanung) von größter Wichtigkeit ist. Aber auch unter organisationsstrategischen Gesichtspunkten (etwa für Verkaufs- und Marketingaufgaben) gewinnen betriebliche Daten immer mehr an Bedeutung und sind maßgebliche Hilfsmittel im Wettbewerb mit Konkurrenzunternehmen. Vielfach sind die benötigten Datenbestände in den Organisationen zwar vorhanden, aufgrund der Verteilung auf verschiedene Rechner sowie wegen inkompatibler Datenstrukturen und/oder Speicherungsformaten nicht oder nur

---

[10] Der Einsatz von Arbeitsplatzrechnern ermöglichte — unabhängig von deren Leistungsklasse — lokale Erfassungs-, Speicher-, Übertragungs- und/oder Transformationsfunktionen und brachte damit eine funktionale Erweiterung sowie ein höheres Maß an Benutzerangepaßtheit mit sich. Damit ergab sich eine sprunghafte Verbesserung der Nutzungssituation, die bis dahin lediglich durch einen Rechnerzugang vom Arbeitsplatz aus (Terminalanschluß) gekennzeichnet war.

[11] Das vielzitierte Schlagwort „Wildwuchs", das die unkontrollierte Ausbreitung von Arbeitsplatzrechnern in den Organisationen bezeichnet, ist ein Indiz dafür, daß die unbefriedigende Situation auch heute vielfach noch nicht überwunden ist.

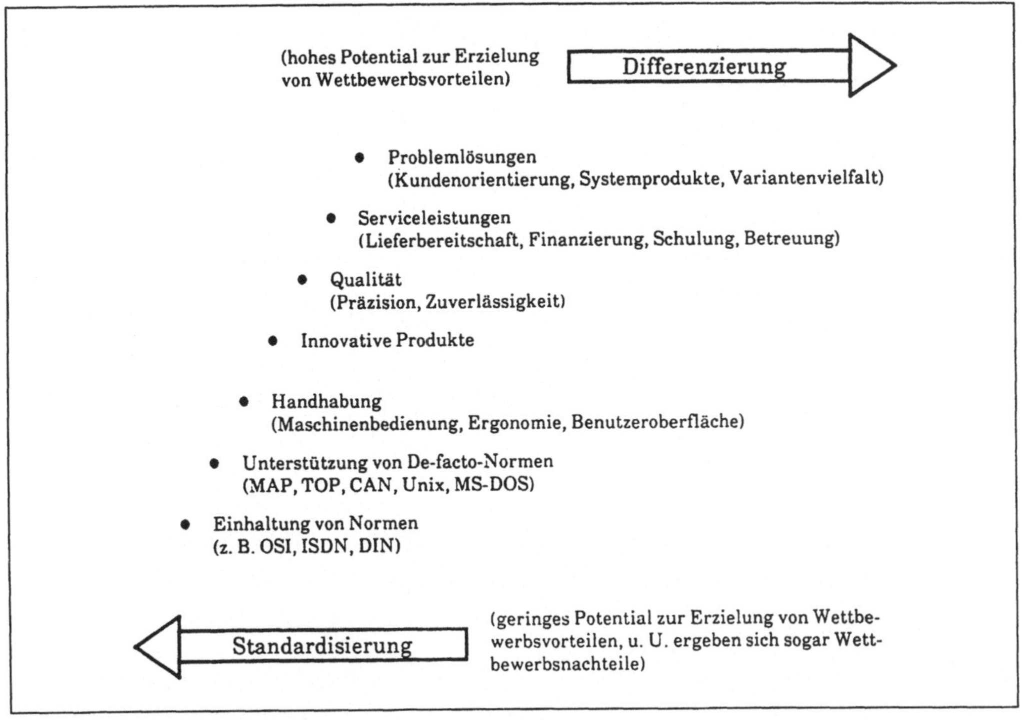

Abbildung 2.2: Strategische Differenzierung vs. IS–Standards (Quelle: [KlSt 90] S. 12)

mit hohem Aufwand zugänglich (vgl. dazu das Szenario in Abb. 2.3). Auch für dieses Problem fehlen — zumindest in der Praxis — entsprechende Planungsüberlegungen.

Einen weiteren Problembereich, der erst durch die starke Durchdringung der Organisationen mit Informationstechnik zum Tragen kommt, stellt die enge **Verzahnung der SISP mit der strategischen Unternehmenssplanung** dar. Diese zweiseitige Abhängigkeit bedeutet einerseits, daß Unternehmensziele, -richtlinien und -strategien wesentliche Vorgabe für die SISP sind und daher in geeigneter Form in langfristige IV–Konzepte einfließen müssen. Diese Notwendigkeit wurde bisher vielfach nicht erkannt und findet ihren Niederschlag in den unternehmerischen Bedürfnissen nur unzureichend angepaßten IS. Andererseits müssen sich — soferne man IV als organisationsweite Serviceleistung ansieht — durch den Umfang und den Einfluß der Maßnahmen, die sich aus einem IV–Konzept ergeben, zwangsläufig wesentliche Rückwirkungen auf die strategische Unternehmensplanung ergeben. Darüber hinaus besteht die Notwendigkeit, laufend den Markt für Informationstechnik zu beobachten und das angebotene Produktspektrum danach zu analysieren, ob sich daraus neue organisationsstrategische Möglichkeiten ergeben können. Diese zweiseitige Beziehung zwischen

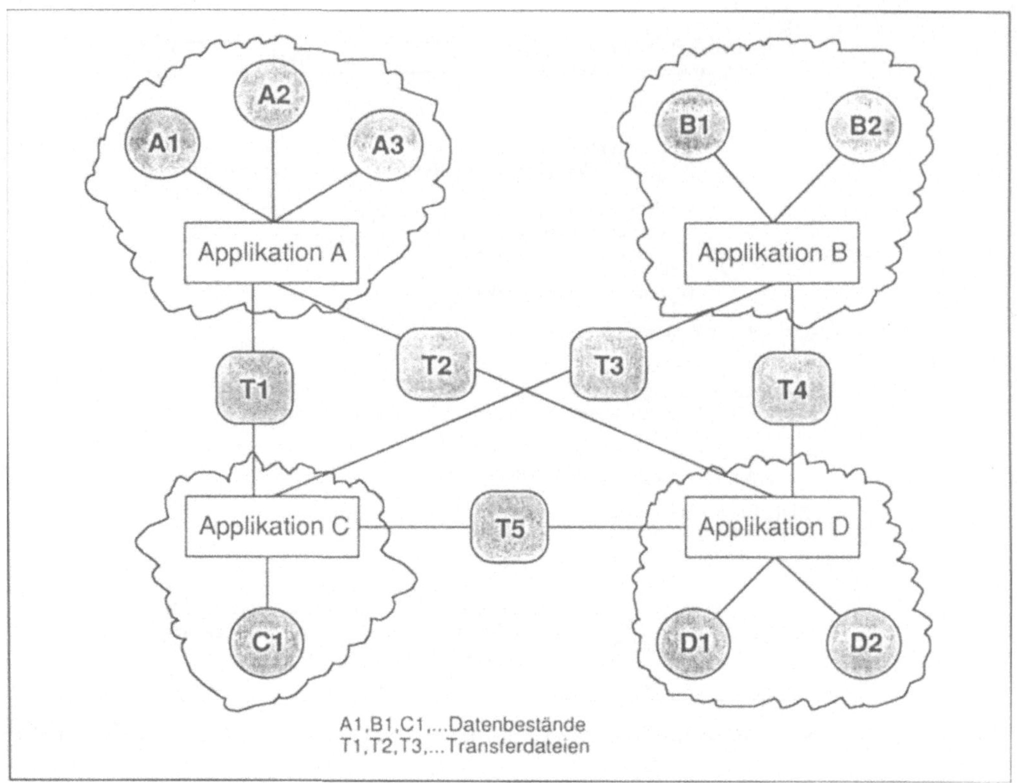

Abbildung 2.3: Datenchaos erschwert die effiziente Datennutzung

strategischer Unternehmensplanung (SUP) und SISP ist in Abbildung 2.4 dargestellt.

Neben dem eingangs bereits erwähnten Wachstum in die Breite und in die Tiefe,
das sich aus den Rationalisierungs- und Automatisierungsbestrebungen ergab,
setzt sich angesichts der technologischen Möglichkeiten nach und nach die Erkenntnis durch, daß die **IV für eine Organisation strategische Bedeutung**
hat. Mit ihrer Hilfe wird es möglich, auf neuen Wegen Wettbewerbsvorteile
zu erzielen und sich damit von der Konkurrenz abzusetzen.[12] Entscheidungen
über die Entwicklung und den Einsatz von strategischen IS reichen aber im
allgemeinen über die Kompetenz des IV–Bereichs hinaus und können nur auf
der Ebene der Organisationsleitung getroffen werden. Häufig fehlt jedoch dort
das informationstechnische bzw. methodenbezogene Wissen, das erforderlich ist,
um das strategische Potential von IS entsprechend beurteilen und die Durch-
führbarkeit derartiger Vorhaben abschätzen zu können. So blieben in der Ver-

---

[12]Beispiele dafür sind das Platzbuchungssystem *Sabre* der American Airlines, das *Cash Management Account* der Merril Lynch & Co. sowie das System *AutoPart* der VW AG.

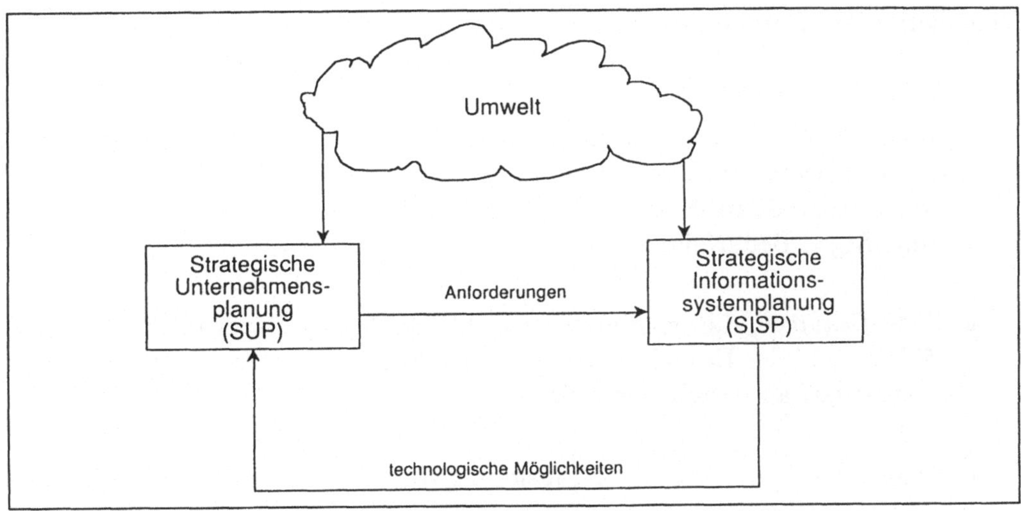

Abbildung 2.4: Gegenseitige Beeinflussung von SUP und SISP (Quelle: [SzKo 78] S. 79)

gangenheit zweifellos eine Reihe von strategisch bedeutsamen IS aufgrund der geschilderten Verständigungsschwierigkeiten zwischen Organisationsleitung und IV–Bereich auf der Strecke, obwohl sich aufgrund der technischen Möglichkeiten generell die in Abbildung 2.5 dargestellte Verschiebung der Zielrichtung von IS voraussagen läßt.

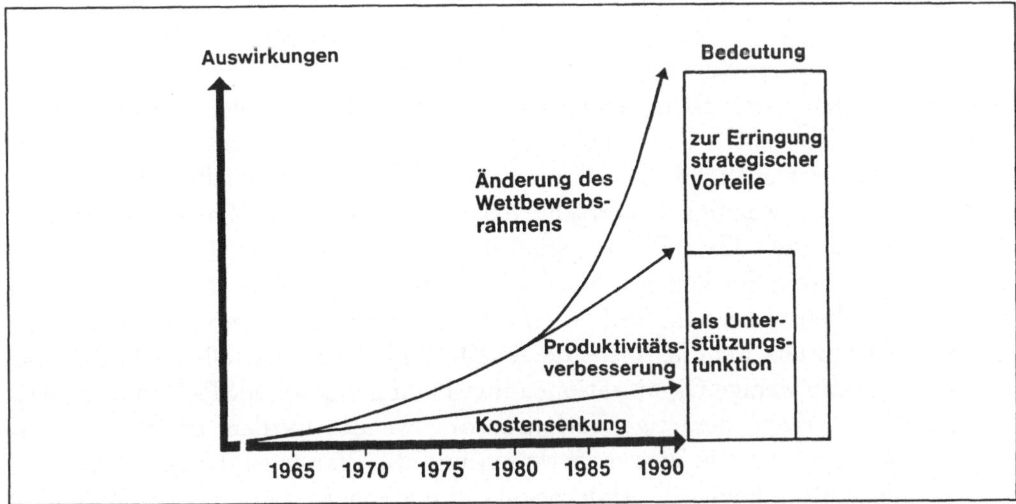

Abbildung 2.5: Verschiebung der Zielrichtung von IS (Quelle: [Nage 88] S. 27)

Zusammenfassend lassen sich die Problemfelder, denen sich die IV–Leitung heute gegenübersieht und deren Bedeutung in Zukunft zweifellos noch steigen wird, folgendermaßen charakterisieren:

- *Komplexe IS–Umwelt* mit einer Vielzahl verschiedener Applikationssysteme, Hardware– und Software–Komponenten sowie einer Reihe von IV–Ressourcen: Diese IS–Umwelt ist zu gestalten, zu administrieren und den zukünftigen Bedürfnissen entsprechend anzupassen.

- *Viele Benutzer*, d.h. eine große Anzahl von Applikationswünschen: Dazu zählt sowohl der Bedarf an neuen IS als auch der Wartungs- und Adaptierungsbedarf an bestehenden IS.

- *Knappe Ressourcen* für die Realisierung sämtlicher IS–Anforderungen.

- *Etliche Realisierungsalternativen* für die gewünschten IS.

- *Steigender externer Druck*, vor allem von Kunden- und Lieferantenseite in bezug auf elektronische Kommunikation und Datenaustausch.

- *Verstärkte Notwendigkeit einer strategischen Ausrichtung der IV*, um den Anforderungen des Wettbewerbs gerecht zu werden und damit die wirtschaftliche Basis der Organisation langfristig zu sichern.

Die beschriebene Entwicklung sowie das eben skizzierte Problemszenario haben allgemein zur Einsicht geführt, daß die vielfältigen Schwierigkeiten nur mit Hilfe eines systematischen Verfahrens zu lösen sind. Obwohl prinzipielles Einverständnis über diese Notwendigkeit herrscht, existiert weder in der Forschung noch in der Praxis Einigkeit über Planungsmethoden und -inhalte. Diese Uneinigkeit zeigt sich einerseits an den Publikationen zum Thema SISP, die sich in bezug auf die Vorgehensweise zum Teil erheblich unterscheiden. Andererseits wird die fehlende Akzeptanz für die vorhandenen Methoden dadurch offensichtlich, daß allgemein relativ wenige Organisationen ihre IV anhand von SISP–Verfahren weiterentwickeln. Wenn derartige Verfahren angewendet werden, so ist einerseits festzustellen, daß sich die Vorgehensweisen und die Planungsinhalte beträchtlich voneinander unterscheiden.[13] Andererseits ist ein hoher Grad an Unzufriedenheit mit den verwendeten Methoden festzustellen.[14]

---

[13]Entsprechende Untersuchungen zumindest für den deutschsprachigen Raum wurden von [Krus 87] und [Lind 88] durchgeführt.

[14]Vgl. die diesbezüglichen Untersuchungen in [LeSe 88] S. 445 ff.

2.2 Entwicklung von SISP–Ansätzen

Die Entwicklung von SISP–Ansätzen läßt sich anhand der allgemein zugänglichen Literatur nachvollziehen.[15] Auffallend ist die große Vielfalt der Publikationen in bezug auf Inhalt und Umfang. So findet man eine Vielzahl von *Einzelvorschlägen*, die Empfehlungen für eine bestimmte SISP–Phase und/oder Gestaltungshinweise für das Vorgehen enthalten.[16] Demgegenüber stehen nur wenige *Gesamtvorschläge*, die Empfehlungen für die Vorgehensweise in allen SISP–Phasen und zum Teil auch ausführliche gestalterische Hinweise enthalten.[17] Das Fehlen geeigneter operationalisierter, umfassender und begründeter Verfahren, die für die Beteiligten auch akzeptable und nachvollziehbare Ergebnisse liefern, dürfte die oben bereits erwähnte Akzeptanzlücke von SISP erklären. Erst in jüngerer Zeit sind einige brauchbare SISP–Ansätze vorgeschlagen worden.[18]

Es würde den Rahmen dieser Arbeit bei weitem sprengen, würde man hier auf sämtliche Publikationen eingehen, die sich mit SISP befassen. Zudem wurden die relevanten Ansätze von verschiedenen Autoren bereits recht ausführlich klassifiziert und kritisiert.[19] Anstelle einer lückenlosen Darstellung sollen anhand einer im amerikanischen Raum durchgeführten Untersuchung die wichtigsten „SISP–Strömungen" vorgestellt und im Zuge dessen die wesentlichen Planungsansätze diskutiert werden.[20] Darüber hinaus sollen auch neuere SISP–Ansätze präsentiert werden.

Sullivan stellte bei einer Untersuchung von großen Unternehmen in den USA einen auffälligen Zusammenhang zwischen der Systemumgebung[21] und der verwendeten Planungsmethodik fest. Zur Veranschaulichung der Ergebnisse unterscheidet Sullivan für die gefundenen Systemumgebungen die Dimensionen Infu-

---

[15]Aus dieser Betrachtung müssen Ansätze und Methoden, die von einschlägigen Unternehmensberatern entwickelt wurden, ausgeklammert bleiben, weil sie nicht allgemein zugänglich sind und damit auch dem Autor nicht zur Verfügung standen. Die Methodeninformation, die über „Hochglanzprospekte" zur Verfügung stand, war zu wenig aussagekräftig, um sie in die weiteren Betrachtungen aufzunehmen.

[16]Ein Beispiel für einen Einzelvorschlag ist die *Strategy Set Transformation*, die eine strukturierte Übertragung von Organisationszielen in IV–Ziele darstellt (vgl. [King 78] S. 27 und Abschnitt 4.3.3).

[17]*Business Systems Planning* von IBM ist z.B. der Gruppe der Gesamtvorschläge zuzurechnen und stellt einen operationalen, gut dokumentierten SISP–Ansatz dar (vgl. [IBM 79] und Abschnitt 2.2.2).

[18]Vgl. z.B. [Krus 87], [KlSt 90] und mit Einschränkungen [Mart 86].

[19]Detaillierte Darstellungen finden sich z.B. in [Esch 85] S. 234 ff., [HoKo 86] S. 25 ff., [Lind 88] S. 37 ff. und [Saue 89] S. 104 ff.

[20]Vgl. [Sull 85] S. 3 ff.

[21]Mit *Systemumgebung* bezeichnet Sullivan die eingesetzten Hardware-, Software- und Applikationssysteme sowie die Verteilung der IV–Komponenten und der IV–Kompetenzen auf die Organisation.

sion und Diffusion. Sie geben an, in welchem Ausmaß und in welcher Form Informationstechnik in einer Organisation verbreitet ist. *Infusion* ist dabei gleichzusetzen mit dem Durchdringungsgrad in funktioneller Hinsicht und gibt Aufschluß über die strategische Bedeutung, die Auswirkung und die Reichweite der IV für die betrachtete Organisation. Organisationen mit niedriger Infusion haben — wenn überhaupt — nur Routinefunktionen (z.B. Buchhaltung, Kostenrechnung, Fakturierung) automatisiert, während Organisationen mit hoher Infusion ihre IS verstärkt wettbewerbsorientiert einsetzen (z.B. kunden-, markt- und konkurrenzorientierte IS). *Diffusion* gibt den Dezentralisierungsgrad in räumlicher Hinsicht an und ist ein Maß dafür, wie stark Informationstechnik innerhalb der Organisation verbreitet ist. Organisationen mit niedriger Diffusion verfügen über zentrale IV–Konzepte (Zentralrechner, zentralistisch organisierter IV–Bereich), während Organisationen mit hoher Diffusion verteilte IV–Konzepte (Abteilungs- und Arbeitsplatzrechner, verteilte IV–Kompetenzen) realisiert haben.

Die Untersuchung ergab eine auffällige Korrelation zwischen der Komplexität der Systemumgebung in den Organisationen und der verwendeten Methode. Abbildung 2.6 zeigt in Form eines Portfolios die vier Systemumgebungen und die jeweils schwerpunktmäßig verwendeten Planungsansätze. Nachfolgend werden zunächst die vier Planungsrichtungen näher beschrieben, anschließend werden im Abschnitt 2.2.5 neuere Ansätze vorgestellt.

2.2.1 Ansätze auf der Basis von IV–Entwicklungsstufen

2.2.1.1 Darstellung

Diesen Ansätzen liegt die Annahme zugrunde, daß alle Organisationen in bezug auf ihr IV–Wachstum ähnliche *Entwicklungsstufen* mit vergleichbaren charakteristischen Ausprägungen durchlaufen.[22] Daraus ergibt sich auch, daß die IV–Kostenentwicklung über verschiedene Organisationen hinweg vergleichbar ist. Für die SISP ergibt sich demnach die Notwendigkeit, die Entwicklungsstufen mit ihren charakteristischen Szenarien hinlänglich gut zu kennen, um die eigene Organisation im Wachstumszyklus richtig zu positionieren. Nach Nolan weisen die einzelnen Entwicklungsstufen folgende Merkmale auf (vgl. dazu Abb. 2.7, die darüber hinaus auch die typische Entwicklungsstruktur der IV–Kosten zeigt):[23]

---

[22]Zum Teil wird die IV-Entwicklung auch anhand von Lernkurven erklärt, wobei auf den Unterschied zwischen individuellem Lernen und „Organizational Learning" sowie auf die Diskrepanz zwischen dem Lernen aus Büchern etc. und dem Erwerb von Erfahrungen hingewiesen wird (vgl. dazu [Wild 85] S. 21 ff.).

[23]Vgl. dazu [Nola 79] S. 115 ff., die Erweiterungen des Modells in [Wild 85] S. 21 ff., [Ricc 78] S. 160 ff. sowie die Kritik am ursprünglichen Modell in [KiKr 84] S. 466 ff.

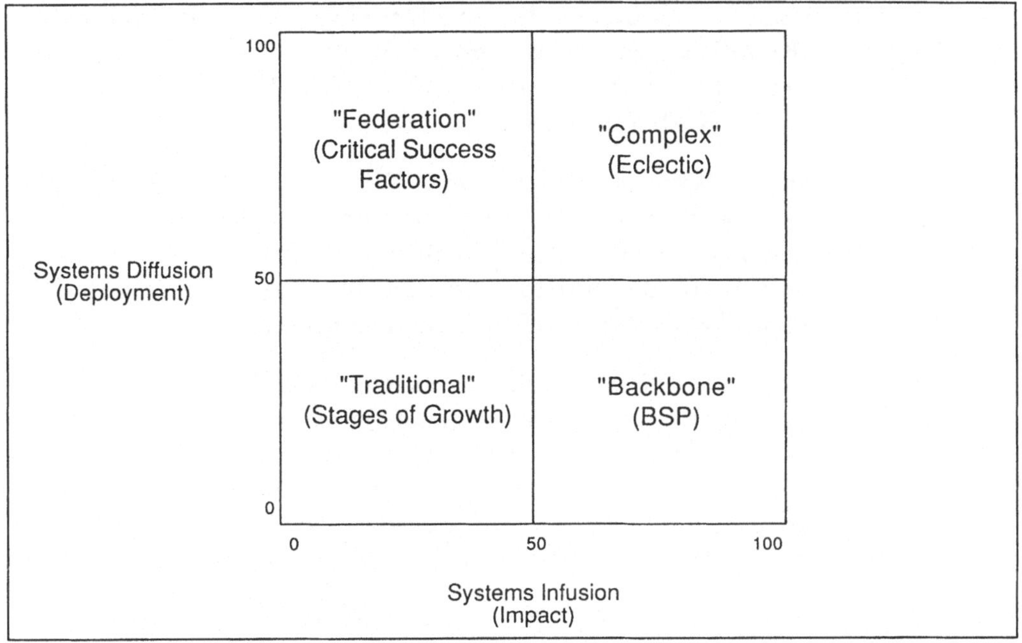

Abbildung 2.6: Zusammenhang zwischen Systemumgebung und verwendetem Planungsansatz (Quelle: [Sull 85] S. 7)

- *Einführung (Initiation):* Mit den vorhandenen Applikationen wird in erster Linie das Ziel verfolgt, Kosten zu reduzieren. Die Funktionen IV–Planung und –Kontrolle sind kaum vorhanden, die Organisation orientiert sich an der Informationstechnik. Die Einstellung der Benutzer ist „Hände weg von der IV".

- *Ausbreitung (Contagion):* Die entwickelten Anwendungen beginnen die gesamte Organisation zu durchdringen, verstärkt kommen Anforderungen aus den Fachabteilungen. Die Entwickler orientieren sich zunehmend an den Bedürfnissen der Benutzer. IV–Planung und –Kontrolle sind noch schwach ausgeprägt. Die Benutzer sind generell enthusiastisch.

- *Kontrolle (Control):* Die verwendeten Applikationen werden ausführlich dokumentiert, existierende Applikationen werden zum Teil bereits neu entwickelt. Die Leiter der IV–Bereiche gehören im allgemeinen dem mittleren Management an. Nach und nach werden formalisierte Planungs- und Kontrollverfahren in der IV–Organisation eingeführt. Es wird generell begonnen, die Benutzer mit IV–Kosten zu belasten.

- *Integration (Integration):* Die existierenden Applikationen werden an die verfügbare Datenbanktechnologie angepaßt. Es werden spezielle Organisationsformen zur Unterstützung der Benutzer eingeführt (z.B. Information Center, IV–Koordinatoren) und es werden maßgeschneiderte Planungs- und Kontrollsysteme für den IV–Bereich eingeführt. Die Benutzer werden nun allgemein mit IV–Kosten belastet.

- *Datenverwaltung (Data Administration):* Die bestehenden Applikationssysteme werden konsolidiert und integriert. Im Zuge dessen wird begonnen, organisationsüberspannende Datenbanken aufzubauen. Der Zugriff auf diese Datenbestände wird für alle Fachabteilungen ermöglicht. Die Verrechnung der IV–Kosten wird umfassend eingeführt.

- *Reifezustand (Maturity):* Es kommt zu einer vollständigen Integration der Applikationssysteme und der Datenbestände, IS spiegeln den Informationsfluß in der Organisation wider. Es wird allgemein ein organisationsweites Information Resource Management verbunden mit einer strategischen Planung und Kontrolle der IV realisiert. Bestehende IV–Kostenverrechnungssysteme werden so gestaltet, daß eine gerechte Verteilung der Kosten möglich ist.

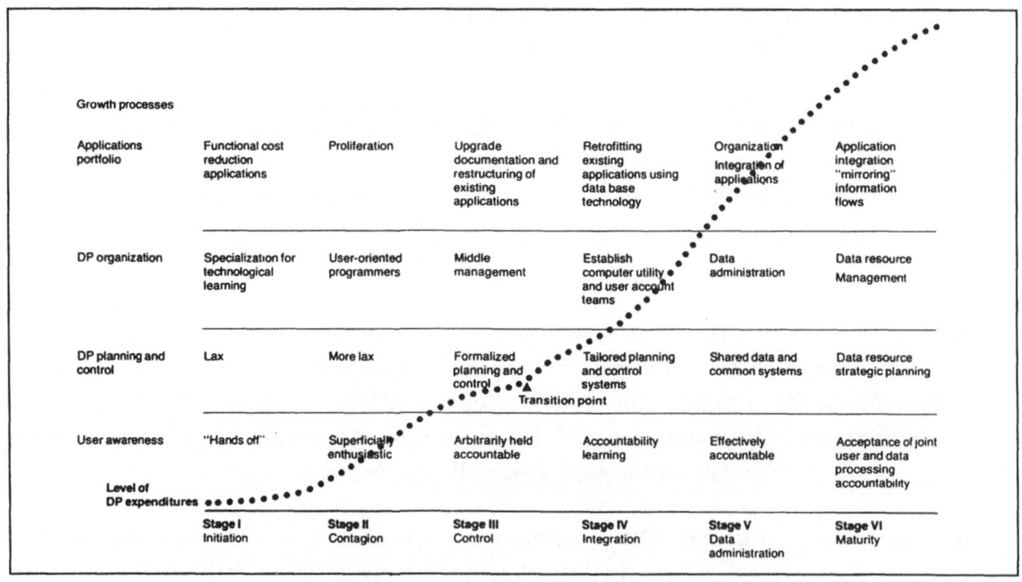

Abbildung 2.7: IV–Entwicklungsstufen (Quelle: [Nola 79] S. 117)

Mit dem vorliegenden Ansatz kann, ausgehend von der derzeitigen Position, anhand von *Benchmarks*[24] die zukünftige Entwicklung vorausgesagt werden. Für

---

[24]Unter *Benchmarks* sind hier Miniaturszenarien zu verstehen, die Nolan aufgrund seiner empirischen Untersuchung gefunden hat und die die Einstufung der Organisation erlauben.

die Erstellung von kurz-, mittel- und langfristigen Prognosen ist die Kenntnis der in Abbildung 2.8 dargestellten Parameter erforderlich.

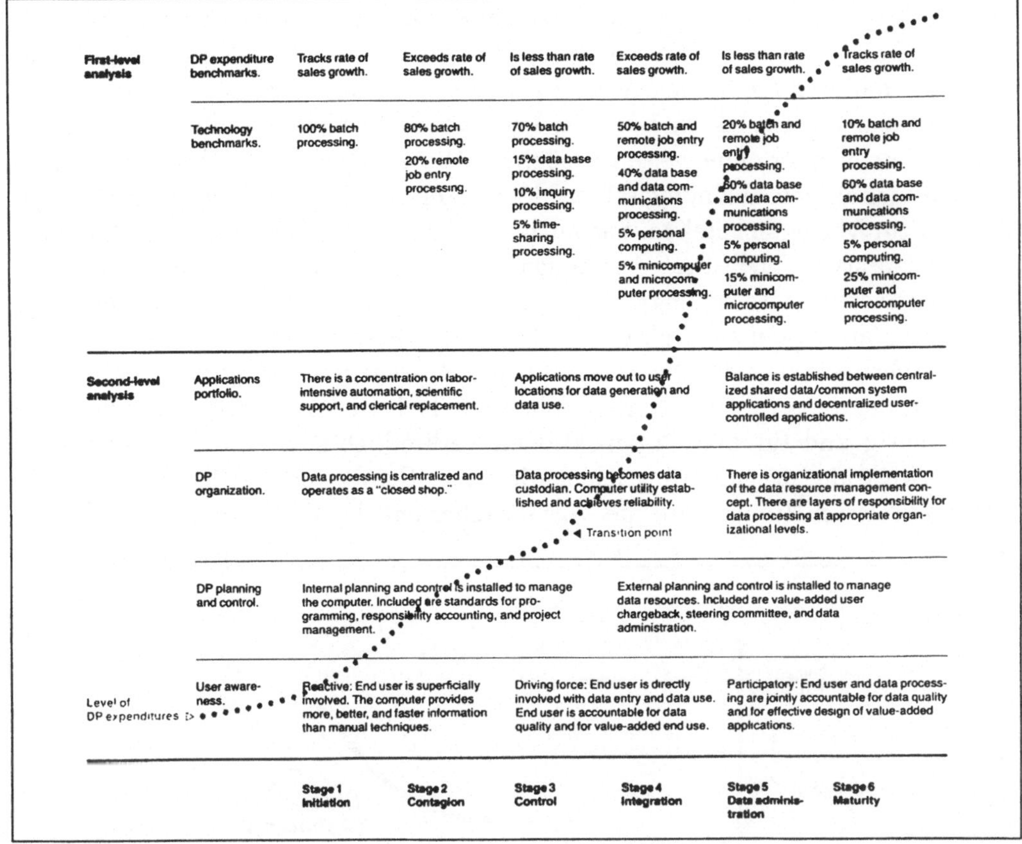

Abbildung 2.8: Benchmarks für die Ermittlung der IV–Entwicklungsstufe (Quelle: [Nola 79] S. 121)

2.2.1.2 Kritik

Obwohl das Modell der IV–Entwicklungsstufen an sich interessant ist,[25] ist es als eigenständige SISP-Methode nicht brauchbar. Die von Nolan durchgeführten Untersuchungen stammen aus den sechziger und siebziger Jahren, also aus einer Phase, in der die IV durch den Einsatz großer Zentralrechner geprägt war. Verteilte Systeme, individuelle IV, hochentwickelte Peripheriegeräte, Bürokommunikationssysteme und andere Alternativen zur klassischen IV waren damals

---

[25] Das ist auch der Grund dafür, daß dieser Ansatz im Abschnitt 4.1.4.3 für die Standortbestimmung im Rahmen der SISP-Phase *Vorbereitung* wieder aufgegriffen wird.

noch nicht im Einsatz. Somit ist zwar das Prinzip der Entwicklungsstufen nicht in Frage gestellt, es muß jedoch bezweifelt werden, daß die Struktur der von Nolan postulierten IV–Kostenentwicklung auch nur halbwegs den heutigen Rahmenbedingungen entspricht. Die Alternativenvielfalt bei der Rechnerunterstützung betrieblicher Aufgaben führt zu wesentlich komplexeren IS–Umgebungen und verändert dadurch die homogene und prognostizierbare Kostenentwicklung. Damit sind aber auch Rückschlüsse und Vergleiche zwischen verschiedenen Organisationen nicht mehr ohne weiteres möglich. Diesen Mangel des Modells, der sich aus den vielfältigen technologischen Möglichkeiten ergibt, die heute einer Organisation zur Verfügung stehen, hat auch Wilder erkannt.[26] Er ist der Auffassung, daß die klassische „DP–Era" Vergangenheit ist und daß wir uns heute in einer „Era of Diversified Technology" befinden, in der eine andere IV–Kostenentwicklungskurve anzulegen ist (vgl. dazu Abb. 2.9). Diese Erweiterung stellt zweifellos eine Verbesserung des Ansatzes dar, die Kostenentwicklung dürfte aber aufgrund der heute gegebenen technischen Vielfalt der IV–Alternativen nicht mehr so eindeutig und für alle Organisationen verbindlich sein, wie zum Zeitpunkt der Entwicklung des ursprünglichen Modells. Somit verliert das Modell seine Aussagekraft im Hinblick auf die Vorhersagbarkeit der IV–Kostenentwicklung.

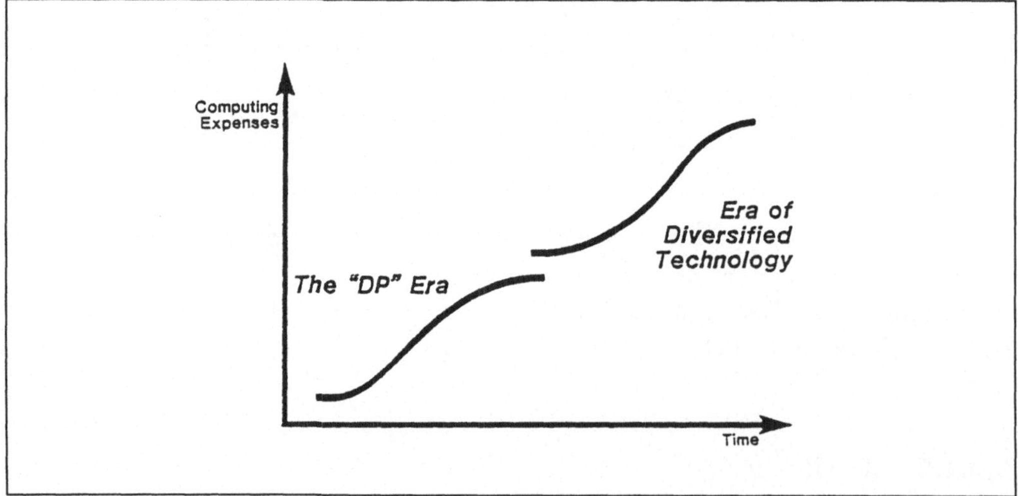

Abbildung 2.9: Erweitertes Modell der IV–Entwicklungsstufen (Quelle: [Wild 85] S. 21)

Der zweite Schwachpunkt ergibt sich daraus, daß der vorliegende Ansatz zwar Aussagen in bezug auf die organisatorische Entwicklung zuläßt. Hinsichtlich der Applikationsentwicklung und der IV–Ressourcen sind jedoch nur sehr vage Prognosen möglich. Das bedeutet aber, daß zu wesentlichen Inhalten eines lang-

---

[26]Vgl. [Wild 85] S. 21 ff.

fristigen IV–Konzepts keine oder nur sehr oberflächliche Aussagen möglich sind und damit der Ansatz die Anforderungen an die SISP nur unzureichend erfüllt.[27]

Zusammenfassend kann man die Ansätze auf Basis von IV–Entwicklungsstufen als brauchbares Werkzeug zum Erkennen und Aufzeigen des Standorts einer Organisation in bezug auf ihre IV bezeichnen. Als eigentliche SISP–Methode sind sie trotz ihrer in der Vergangenheit weiten Verbreitung (zumindest im angloamerikanischen Raum) nicht brauchbar.

2.2.2   Ansätze auf der Basis von Daten-/Prozeßmodellen

Diese Ansätze wurden aufgrund der Erkenntnis entwickelt, daß Information einen Vermögenswert der Organisation darstellt. Sie stellen die Analyse und Gestaltung der organisationsweiten Informationsressourcen — vor allem der Daten und der Prozesse — in den Mittelpunkt ihrer Betrachtung.[28] Daten- bzw. prozeßorientierte Ansätze gehen von der Annahme aus, daß betriebliche Daten bzw. Prozesse der wesentliche Ansatzpunkt für die Planungsüberlegungen im Rahmen der SISP sind.[29] Alle übrigen Planungsgrößen ergeben sich nach dieser Auffassung aus den Ergebnissen der organisationsweiten Daten- und Prozeßmodellierung. Daten- bzw. prozeßorientierte Methoden unterscheiden sich in erster Linie in bezug auf den vorgeschriebenen Detaillierungsgrad in der Modellierung der Organisation.

2.2.2.1   Darstellung von Business Systems Planning

Stellvertretend für eine Reihe von ähnlichen Methoden bzw. von Ansätzen, die Weiterentwicklungen des Verfahrens darstellen,[30] soll hier *Business Systems Planning (BSP)* vorgestellt werden, um das Prinzip derartiger Ansätze zu verdeutlichen.[31] BSP wurde deshalb gewählt, weil es in der Gruppe der daten- bzw.

---

[27]Im Abschnitt 3.2 werden die Anforderungen an SISP-Methoden im Detail erörtert.

[28]In der Literatur sind derartige Verfahren auch unter dem Begriff *Information Resource Management* zu finden (vgl. z.B. [Niem 87] S. 10 ff.).

[29]Vetter spricht im Zusammenhang mit betrieblichen Daten sogar von einem „Dreh- und Angelpunkt" (vgl. dazu [Vett 88] S. 23). Für den Begriff *Prozeß* existiert keine allgemein anerkannte Definition. Er wird für die Bezeichnung von Aufgabenkomplexen (z.B. Verkauf abwickeln) bis hin zu nicht mehr zerlegbaren Elementaraufgaben (z.B. Rechnungssumme prüfen) zum Teil unscharf verwendet. Damit ist die Bedeutung des Begriffs jeweils nur für eine bestimmte Methode eindeutig festgelegt.

[30]Ähnliche Verfahren sind z.B. *Strategic Data Planning* von Martin (vgl. [Mart 82]), eine Weiterentwicklung von Business Systems Planning ist z.B. die *Informations–System–Studie* (vgl. [Wall 87]).

[31]Vgl. [IBM 79].

prozeßorientierten Ansätze die meistverbreitete Methode ist und auch in bezug auf die Operationalität sehr weit fortgeschritten ist.[32] Oberstes Ziel von BSP ist „... die Erstellung eines Informationssystemplanes, der den kurzfristigen und langfristigen Informationsbedarf abdeckt und der ein integraler Bestandteil des Unternehmensplans ist."[33] Als weitere Leistungsmerkmale nennt die IBM:[34]

- Formale, objektive Methode, die für das Management verständlich ist und das Setzen von Entwicklungsprioritäten ohne die Berücksichtigung von abteilungsspezifischen Interessen erlaubt,

- Identifizierung von langlebigen Applikationen, die eine Sicherung der Investitionen in die Systementwicklung garantiert,

- effiziente und effektive Lenkung der für die IV eingesetzten Ressourcen zur Unterstützung der Organisationsziele,

- steigendes Vertrauen der Führungskräfte der Organisation in die Profitabilität und Bedeutung der zu entwickelnden Applikationen,

- Verbesserung des Verhältnisses zwischen dem IV–Bereich und den übrigen Mitarbeitern der Organisation,

- Behandlung der betrieblichen Informationen als eine Ressource, die zu planen und zu steuern ist mit der Zielsetzung der effektiven Nutzung durch alle Mitglieder der Organisation.

Abbildung 2.10 zeigt den Ablauf einer BSP–Studie. Diese besteht insgesamt aus 13 Phasen, wobei zunächst zwei Vorbereitungsschritte erforderlich sind.[35] Herzstück der Studie sind die Phasen *Definition von Unternehmensprozessen, Definition von Datenklassen, Analyse der Unternehmens-/Systembeziehungen* und *Definition der Informationsarchitektur*, sodaß nachfolgend nur mehr diese Verfahrensschritte behandelt werden.

Unter Prozessen wird im Zusammenhang mit BSP eine Gruppe von logisch zusammenhängenden Entscheidungen und Aktivitäten verstanden, die zur Steuerung der Ressourcen einer Organisation erforderlich sind. In der Phase *Definition von Unternehmensprozessen* werden Prozesse für die Planung und Kontrolle, für

---

[32] Das zeigt sich auch darin, daß ein entsprechend umfangreiches Handbuch sowie eine Reihe von Erfahrungsberichten über abgeschlossene BSP–Studien vorliegen.

[33] Vgl. [IBM 79] S. 9.

[34] Vgl. [IBM 79] S. 9 und [Saue 89] S. 114.

[35] Diese beiden einleitenden Phasen sind in Abbildung 2.10 strichliert umrahmt.

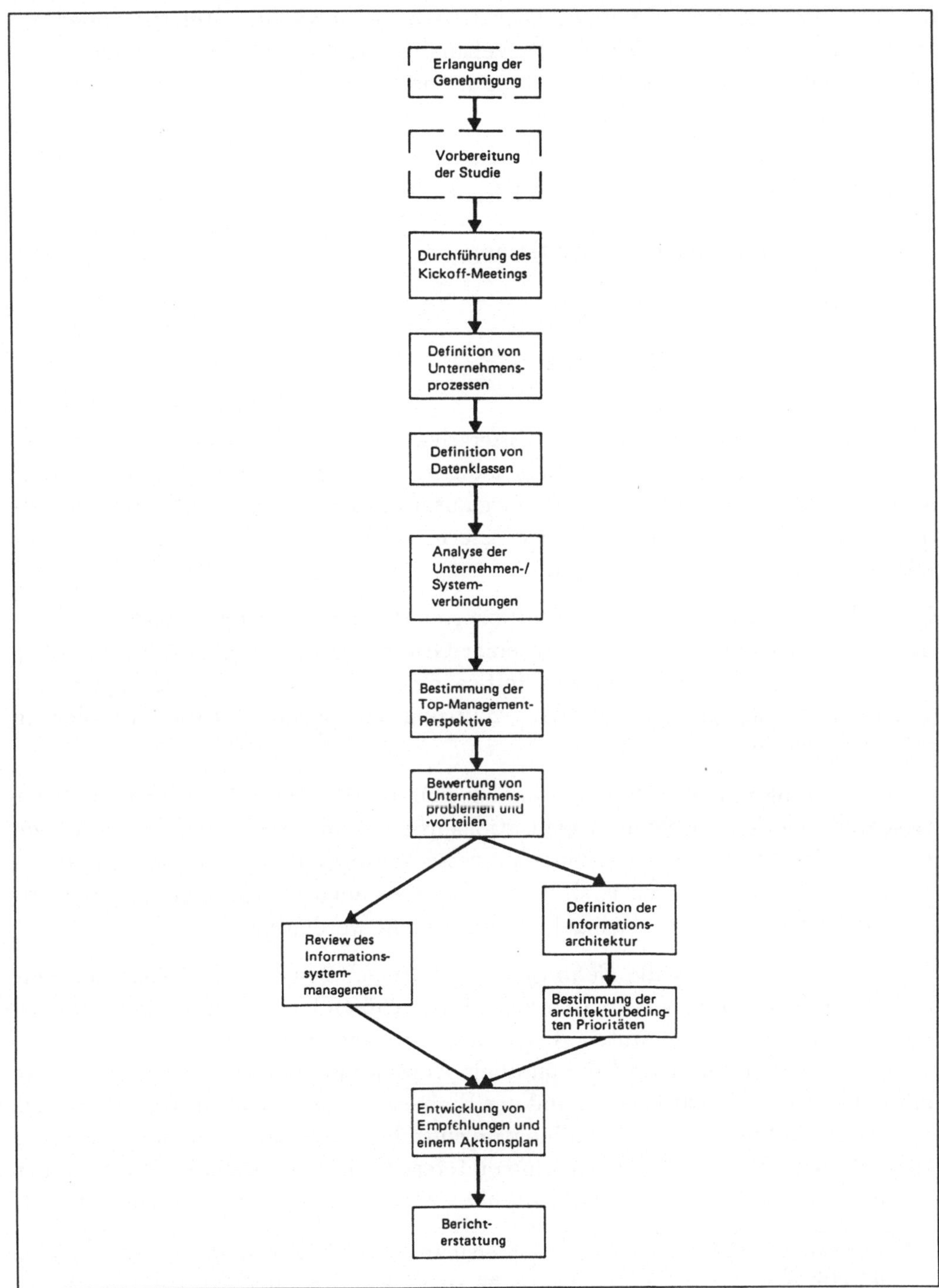

Abbildung 2.10: Ablauf einer BSP–Studie (Quelle: [IBM 79] S. 18)

die Erstellung von Produkten und Dienstleistungen sowie für unterstützende Ressourcen unterschieden.[36] Für die Prozeßanalyse wird empfohlen, vom folgenden vierstufigen Lebenszyklus von Produkten und Dienstleistungen sowie der unterstützenden Ressourcen auszugehen:

- Bedarf, Planung, Messung und Kontrolle,

- Beschaffung oder Implementierung,

- Verwaltung und

- Beendigung oder Disposition.

Diese beiden Klassifikationen, die Unterscheidung von Prozeßarten und die Betrachtung des Lebenszyklus, dienen lediglich als Strukturierungshilfe und sollen die vollständige Erfassung aller Organisationsprozesse gewährleisten. Abbildung 2.11 zeigt ein Beispiel für Prozesse in jedem Abschnitt des Lebenszyklus aller unterstützenden Ressourcen.

Im nächsten Schritt werden die identifizierten Prozesse derart geordnet, daß fachlich zusammengehörige Prozesse in einer Gruppe zusammengefaßt werden. Die maximale Anzahl der Prozesse wird mit ca. 60, die Anzahl der Prozeßgruppen mit vier bis zwölf angegeben. Abbildung 2.12 zeigt ein Beispiel für die Gruppierung von Organisationsprozessen.

An die Gruppierung der Prozesse schließt sich im nächsten Schritt die detaillierte Beschreibung der einzelnen Organisationsprozesse an. Abschließend werden gemeinsam im Studienteam Schlüsselprozesse ausgewählt, die für den Organisationserfolg besonders wichtig sind und daher — auch im Hinblick auf architekturbedingte Prioritäten — eingehend untersucht werden müssen.

Der nächste Schritt ist die *Definition von Datenklassen*. Mit Datenklassen werden dabei Kategorien von logisch zusammengehörenden Informationen bezeichnet (z.B. Kunden, Lieferanten, Produkte, Aufträge, Bestände). Für die Ableitung von Datenklassen wird die parallele Anwendung von zwei Vorgehensweisen empfohlen: Einmal wird sie anhand der Einheiten einer Organisation aufgezogen. Einheiten sind in der BSP–Terminologie einfache Dinge, an denen eine Organisation oder ein Wirtschaftsunternehmen interessiert ist und deshalb Informationen darüber speichert (z.B. Kunden, Produkte, Material, Personal). Im Durchschnitt

---

[36]Innerhalb von BSP werden die Grundressourcen Material, Kapital, Anlagen und Personal unterschieden. Darüber hinaus werden als ergänzende Ressourcen der Markt (Öffentlichkeit, potentielle Kunden, Kunden), Lieferanten, dokumentiertes Wissen (Design, Spezifikationen, Literatur, Verfahren, Patente) und das Gesellschaftsimage (am Aktienmarkt, in der Öffentlichkeit, bei Kunden, Lieferanten und Mitarbeitern) angegeben.

| Ressource | Lebenszyklusstufen | | | |
	Bedarf	Beschaffung	Verwaltung	Abschluß
Geld	Finanz- planung Kosten- über- wachung	Kapital- beschaffung Forderungen	Finanz- mittel- management Bankverkehr Kosten- rechnung	Kredit- form
Personal	Personal- planung Gehalts- abrech- nung	Anwerbung Versetzun- gen	Entlohnung und Sonder- leistungen Laufbahn- förderung	Beschäfti- tigungs- beendigung Pensionie- rung
Material	Bedarfs- generie- rung	Einkauf Annahme	Bestands- über- wachung	Auftrags- über- wachung Marktver- änderungen
Einrich- tungen	Anlage- planung	Anlagenkauf Gebäude- verwaltung	Maschinen- wartung Inventar- verwaltung	Inventar- verwertung

Abbildung 2.11: Identifizierung von Organisationsprozessen (Quelle: [IBM 79] S. 40)

werden für eine Organisation 7 bis 15 Einheiten identifiziert. Für jede Einheit ist nun zu untersuchen, welche Datenklassen benötigt werden. Zur Gewährleistung der vollständigen Erfassung ist eine Orientierung an den Kategorien Planungs- und Modelldaten, Statistik- und Berichtsdaten, Bestandsdaten sowie Transaktionsdaten sinnvoll. Abbildung 2.13 zeigt ein Beispiel für das Ergebnis dieser an den Organisationseinheiten orientierten Analyse.

Bei der zweiten empfohlenen Vorgehensweise wird von den vorher definierten Organisationsprozessen ausgegangen. In der Folge wird überprüft, welche Daten von einem Prozeß erzeugt und welche von ihm verwendet werden. Diese Analyse wird durch die Erstellung von Eingabe-/Verarbeitung-/Ausgabediagrammen für jeden Prozeß unterstützt. Abbildung 2.14 zeigt dazu einige Beispiele.

Nach einem Abgleich der aus den beiden Vorgehensweisen gewonnenen Datenklassen, bei dem Redundanzen eliminiert und Inkonsistenzen aufgedeckt werden, gelangt man schließlich zu einer überschaubaren Anzahl von 30 bis 60 Datenklassen. Ergebnis der Prozeß- und Datenklassenanalyse ist eine Übersicht, aus der hervorgeht, welche Prozesse welche Datenklassen erzeugen bzw. nutzen.[37]

---

[37] „C" (create) steht dabei für *erzeugen*, „U" (use) steht für *verwenden*.

Marketing	**Anlagenmanagement**
Planung	Arbeitsflußplanung
Forschung	Wartung
Vorhersage	Leistungsüberwachung
Vertrieb	**Verwaltung**
Gebietsmanagement	Kostenrechnung
Verkauf	Kostenplanung
Verwaltung	Budgetrechnung
Auftragsabwicklung	
Engineering	**Finanzen**
Design und Entwicklung	Finanzplanung
Produktspezifikation	Kapitalbeschaffung
Informationsbeschaffung	Kapitalkontenmanagement
Produktion	**Personal**
Terminierung	Personalplanung
Kapazitätsplanung	Anwerbung/Förderung
Materialbedarf	Entlohnung
Fertigung	
Materialmanagement	**Management**
Einkauf	Unternehmensplanung
Annahme	Organisationsanalyse
Bestandsüberwachung	Review und Kontrolle
Versand	Risikobewertung

Abbildung 2.12: Prozesse und Prozeßgruppen (Quelle: [IBM 79] S. 40)

Abbildung 2.15 zeigt beispielhaft eine derartige Darstellung in Matrixform.

In der anschließenden BSP–Phase *Analyse der Unternehmens-/Systembeziehungen* wird ermittelt, in welcher Form die IV die Organisationsaufgaben derzeit unterstützt. Dabei wird untersucht, welche organisatorischen Einheiten an welchen Prozessen beteiligt sind, welche vorhandenen oder geplanten Systeme von welchen organisatorischen Einheiten verwendet werden,[38] welche vorhandenen oder geplanten Systeme welche Prozesse unterstützen und welche vorhandenen Systeme welche Datenbestände benutzen. Die gefundenen Zusammenhänge werden jeweils in Matrixform dargestellt (vgl. Abb. 2.16).

Die bis dahin gesammelten Daten- und Prozeßstrukturen sowie die identifizierten Unternehmens-/Systembeziehungen sind Ausgangspunkt für eine Interviewrunde mit der Organisationsleitung. Dabei werden keine weiteren Details aufgenommen, sondern es sollen die gesammelten, analysierten und in diversen Darstellungsformen dokumentierten Daten überprüft und bestätigt werden. Darüber hinaus sollen der individuelle Informationsbedarf, die persönlichen Probleme und

---

[38]Unter *System* wird im Rahmen von BSP eine Anwendung oder eine Gruppe mehrerer logisch zusammengehöriger Anwendungen verstanden.

UNTER-NEHMENS-EINHEI-TEN / DATEN-KLASSEN-TYPEN	Produkt	Kunde	Anlagen	Material	Lieferant	Geld	Personal
Pläne/ Modelle	Produkt-pläne	Verkaufs-gebiet Marketing-pläne	Anlagen-pläne Kapazitäts-pläne	Material-bedarf Produktions-plan		Budget	Personal-pläne
Statistik/ Berichte	Produkt-nachfrage	Erzielte Verkäufe	Produktions-volumen Anlagen-auslastung	Offener Bedarf	Lieferanten-zuverlässig-keit	Finanz-statistiken	Produktivität
Bestände	Produkte Fertigwaren Teilekatalog	Kunde	Anlagen Maschinen-beanspruchung Arbeitspläne	Rohmaterial Kosten Stücklisten	Lieferant	Finanzmittel Hauptbuch-führung	Beschäftigte Gehalts-abrechnung Fähigkeiten
Trans-aktionen	Auftrag	Versand		Einkaufs-auftrag	Waren-annahme	Rechnungen Zahlungen	

Abbildung 2.13: Datenklassentypen vs. Organisationseinheiten (Quelle: [IBM 79] S. 46)

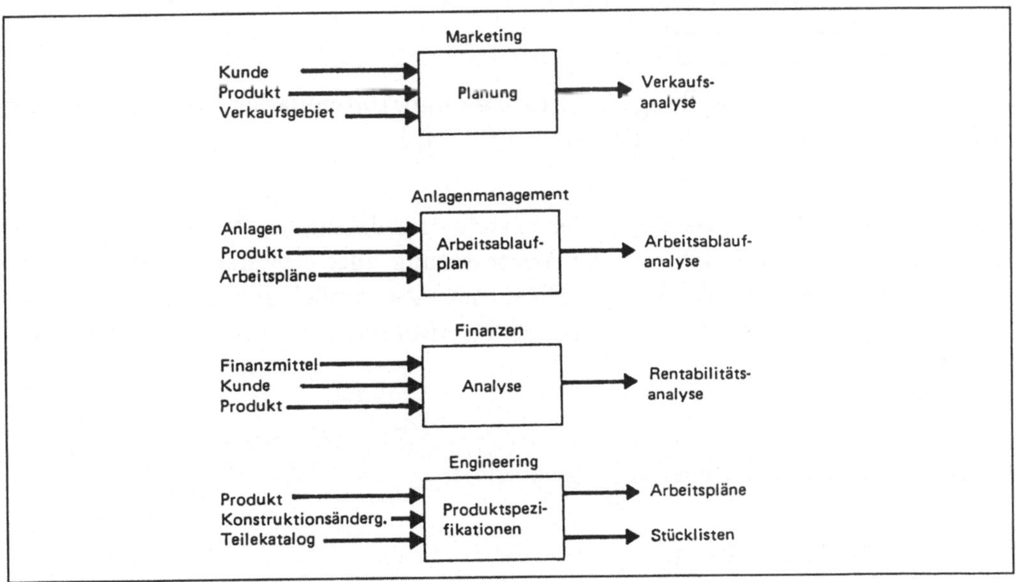

Abbildung 2.14: Beispiele zur Eingabe-/Verarbeitung-/Ausgabeanalyse (Quelle: [IBM 79] S. 47)

PROZESS \ DATENKLASSE	Kunde	Auftrag	Lieferant	Produkt	Arbeitspläne	Stücklisten	Kosten	Teilekatalog	Rohmaterialbestand	Fertigfabrikatbestand	Beschäftigte	Verkaufsgebiet	Finanzmittel	Planung	Produktionsvolumen	Anlagen	Offener Bedarf	Maschinenbelastung
Unternehmensplanung							U						U	C				
Organisationsanalyse														U				
Review und Kontrolle													U	U				
Finanzplanung											U		U	C	U			
Kapitalbeschaffung													C					
Forschung				U								U						
Vorhersage	U			U								U		U				
Design und Entwicklung	U			C		U		C										
Produktspezifikation			U	U		C		C										
Einkauf			C			U												
Annahme			U						U									
Bestandsüberwachung									C	C					U			
Arbeitsflußplan				U	U											C		
Terminierung				U	U										C	U		U
Kapazitätsplanung				U	U											U	U	C
Materialbedarf				U	U	U											C	
Fertigung					C										U		U	U
Gebietsmanagement	C	U		U														
Verkauf	U	U		U									C					
Verkaufsadministration		U											U					
Auftragsbearbeitung	U	C		U														
Versand		U		U						U								
Buchhaltung	U		U										U	U				
Kostenplanung		U	U				C											
Budgetabrechnung							U						U	U	U	U		
Personalplanung													C	U				
Anwerbung/Förderung													U					
Entlohnung													U	U				

Abbildung 2.15: Darstellung der Prozesse und Datenklassen mit Datenentstehung und -verwendung (Quelle: [IBM 79] S. 48)

die subjektive Prioritätssetzung der einzelnen Führungskräfte bestimmt und es muß der Nutzen, der sich aus der Verbesserung oder Neuerstellung von Systemen ergibt, abgeschätzt werden. Diese Aspekte ermöglichen eine strukturierte Interviewauswertung. Aus dem erhobenen Material werden für jedes ermittelte Problem

- eine mögliche Problemlösung skizziert,

- der Nutzen aufgezeigt,

- die Vorbedingungen für eine Problemlösung angeführt und

- die betroffenen sowie die verursachenden Prozeßgruppen ermittelt.

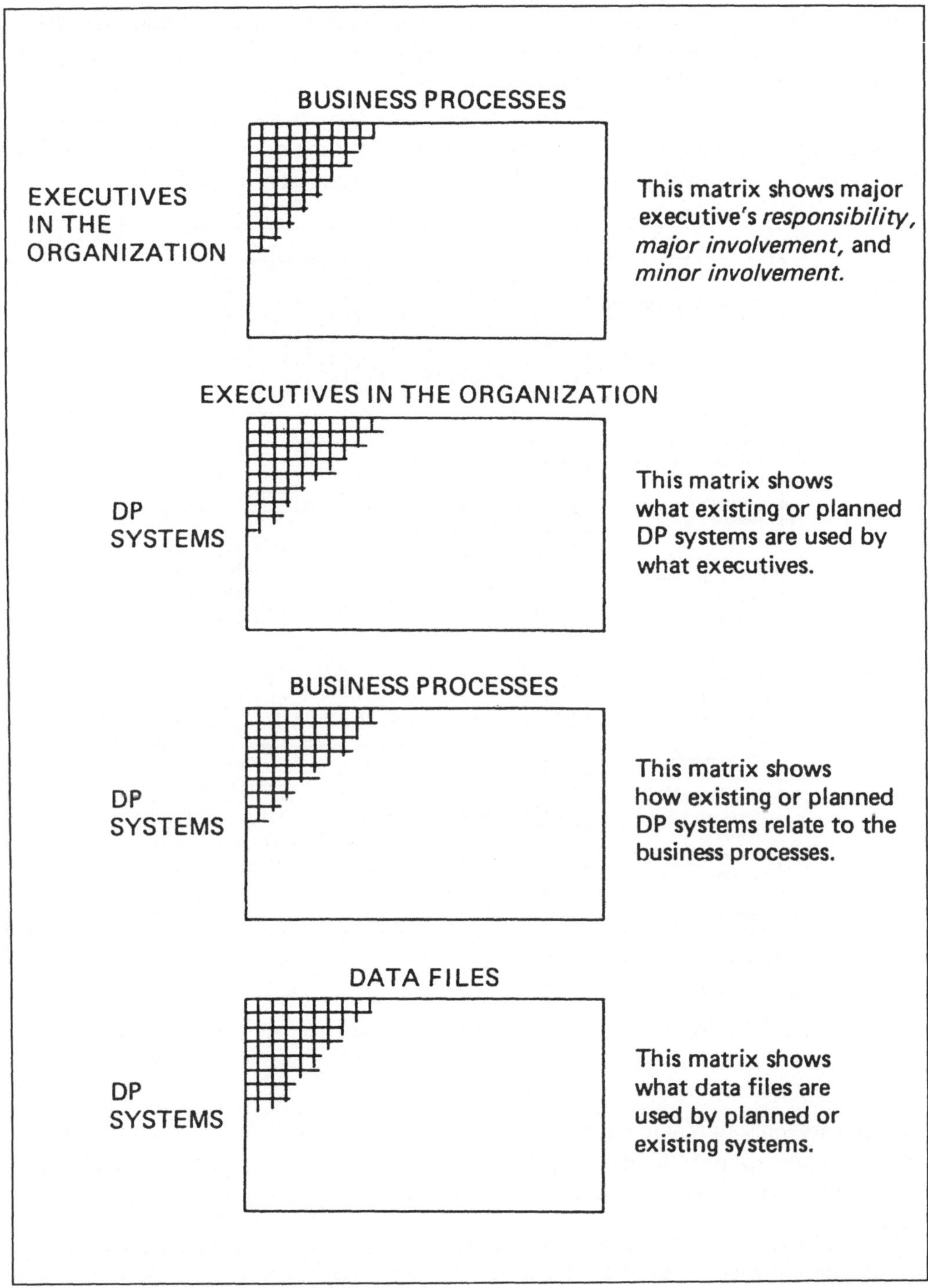

Abbildung 2.16: Matrixdarstellung der verschiedenen Unternehmens-/Systembeziehungen (Quelle: [Mart 82] S. 88)

Die derart verifizierte Matrix mit Unternehmensprozessen und Datenklassen stellt die Grundlage für die nachfolgende Phase *Definition der Systemarchitektur* dar.[39] In einem iterativen Verfahren werden die Zeilen und Spalten der Matrix derart umgeordnet, daß sich abgrenzbare Teilbereiche ergeben, in denen sich die Beziehungen zwischen Prozessen und Datenklassen (Nutzung oder Erzeugung) häufen. Abbildung 2.17 zeigt das Ergebnis dieses Bearbeitungsschrittes.[40]

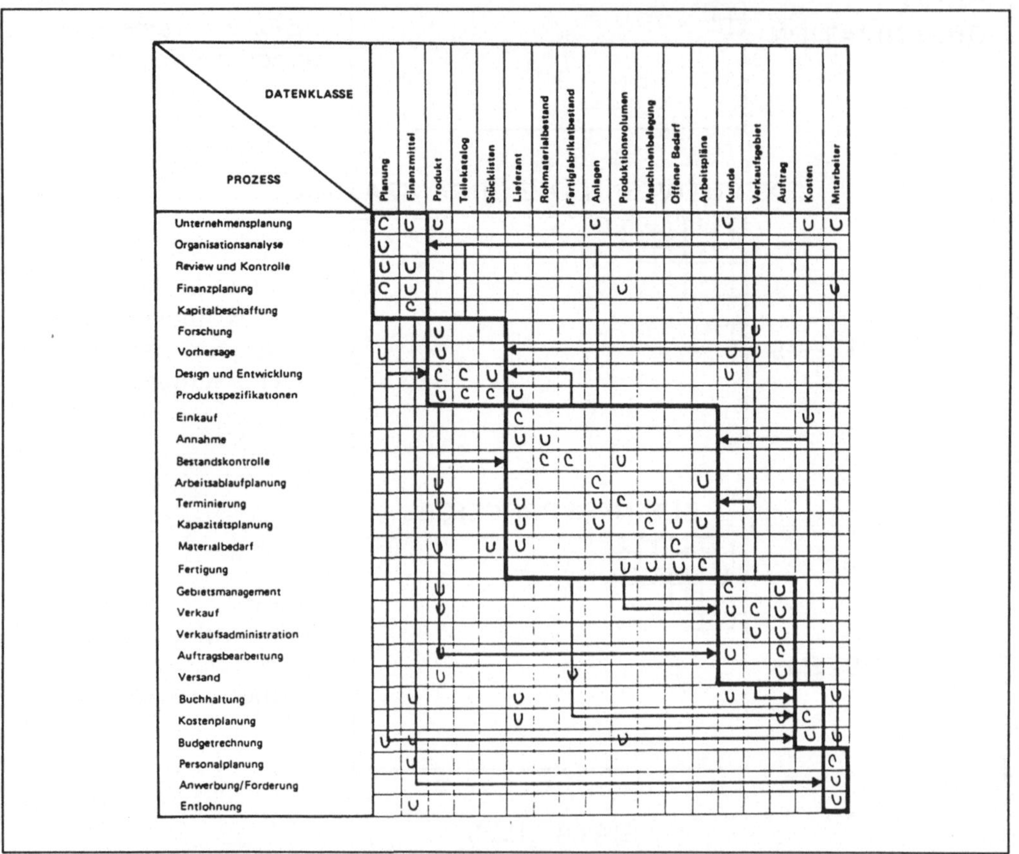

Abbildung 2.17: Entwicklung der Informationsarchitektur (Quelle: [IBM 79] S. 69)

Die derart enstandenen Cluster — in BSP als Systembereiche bezeichnet — sind Ausgangspunkt für die Applikationsentwicklung. Das bedeutet nicht, daß ein Systembereich zur Gänze in einer Applikation abgebildet werden muß, son-

---

[39]Im Rahmen von BSP wird mit *Systemarchitektur* eine möglichst günstige Zuordnung von Unternehmensprozessen zu Datenklassen bezeichnet, die wiederum Basis für die Applikationsentwicklung ist. Die Begriffe Systemarchitektur und *Informationsarchitektur* werden synonym verwendet.

[40]Vgl. Abb. 2.15 bezüglich der ursprünglichen Anordnung von Zeilen und Spalten der Matrix.

dern soll lediglich den logischen Zusammenhalt der zu entwickelnden Applikationssysteme gewährleisten. Da es offensichtlich kaum möglich ist, sämtliche Prozeß-/Datenbeziehungen innerhalb der entstandenen Cluster unterzubringen, ergeben sich zwischen den Systembereichen Austauschbeziehungen. Diese Datenflüsse stellen die erforderlichen Schnittstellen zwischen den einzelnen Applikationsbereichen dar. Abbildung 2.18 zeigt eine Überblicksdarstellung der abgeleiteten Informationsarchitektur.

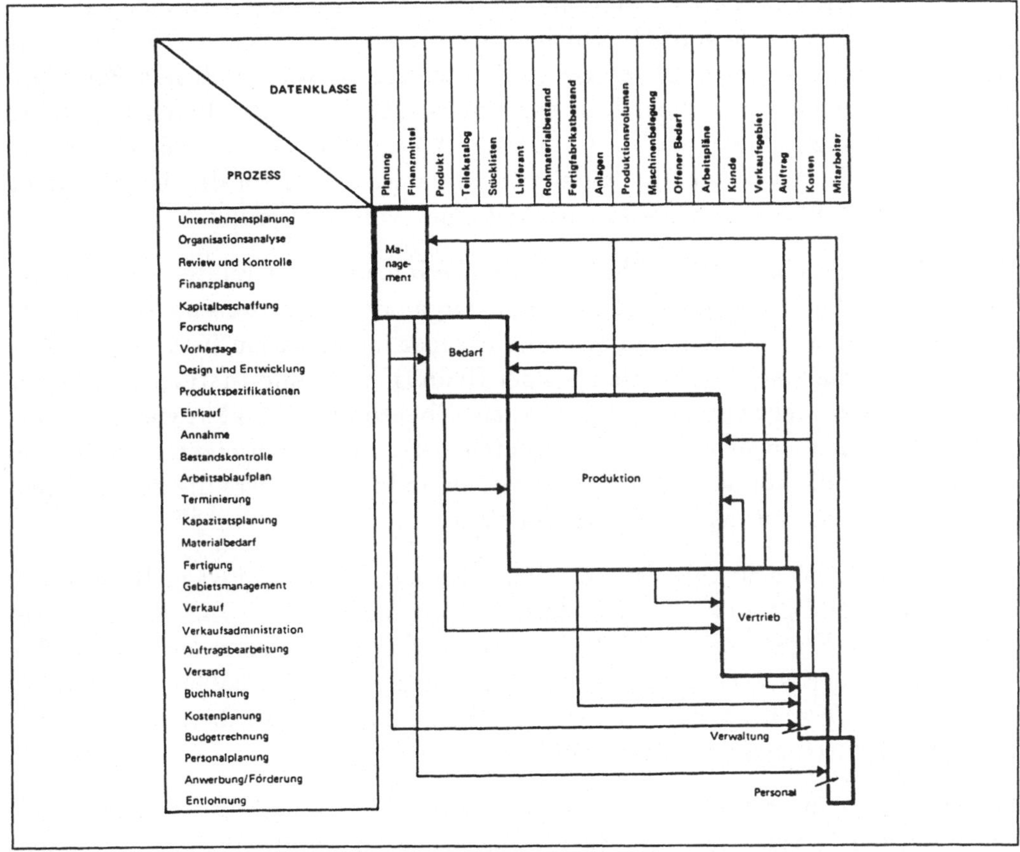

Abbildung 2.18: Informationsarchitektur in Überblicksdarstellung (Quelle: [IBM 79] S. 71)

Mit der Fertigstellung der Informationsarchitektur ist die BSP–Studie im wesentlichen abgeschlossen. In den folgenden Phasen ist noch vorgesehen, die Prioritäten für die Applikationsentwicklung zu vergeben, einen Aktionsplan für die Realisierung zu erarbeiten und die Endergebnisse dem Management zu präsentieren.

2.2.2.2 Kritik an Business Systems Planning

BSP ist im Gegensatz zu den zuvor dargestellten Ansätzen auf Basis von IV–Entwicklungsstufen als SISP–Methode zu bezeichnen. Dies ist gerechtfertigt, weil das Verfahren ausreichend operational ist, d.h. einer systematischen und entsprechend ausformulierten Vorgehensweise folgt. Die Vorgehensweise ist durch ein klares Vorgehensmodell mit detaillierten Aufgabenbeschreibungen für jeden Verfahrensschritt gekennzeichnet. Ein weiterer Vorteil ist der, daß BSP ausreichend dokumentiert ist: Die Methode ist über ein Planungshandbuch, das die Schritte der Studie ausführlich und in einer für alle Betroffenen (IV–Mitarbeiter, Organisationsleitung, Leiter der Fachabteilungen) verständlichen Form beschreibt, allgemein zugänglich. Darüber hinaus enthält das Handbuch eine Reihe von Hinweisen zur praktischen Abwicklung. Weiters liegt eine Vielzahl von Erfahrungsberichten vor, da BSP bereits häufig angewendet wurde. Damit bietet sich für den Erstanwender die Möglichkeit einer Vororientierung.

Wesentliches Ergebnis einer BSP–Studie ist die Informationsarchitektur, also eine Gegenüberstellung von Datenklassen und Organisationsprozessen. Hierzu muß kritisch angemerkt werden, daß zwar die in einer Organisation bestehenden Applikationen erfaßt werden, sie aber bei der Definition der Informationsarchitektur in keiner Weise mehr berücksichtigt werden. Ebenso bleibt unklar, wie die ermittelten Datenklassen in verarbeitbare Datenstrukturen umzusetzen sind und ob und inwieweit die vorhandenen Applikationen und insbesondere die vorhandenen Datenstrukturen mit der Informationsarchitektur vereinbar sind.[41]

Ein weiterer Schwachpunkt ist darin zu sehen, daß BSP nur vage Hinweise in bezug auf die Migration vom Ist- zum Sollzustand enthält. Das hat dazu geführt, daß die Ergebnisse von BSP–Studien häufig nicht zu einer entsprechenden Adaptierung der Daten- und Applikationsstrukturen geführt haben.[42] Vor allem fehlen auch Vorschläge dazu, in welcher Form und mit welchem Zeithorizont obsolete IS durch neue abzulösen sind.[43]

Schließlich ist die schwache strategische Ausrichtung von BSP zu bemängeln. Zwar werden in Interviewform die Organisationsziele und -strategien erhoben,

---

[41]Vgl. dazu auch [Saue 89] S. 126 ff.

[42]Vgl. dazu [Mart 82] S. 99, wo dieses Problem mit der Aussage eines BSP–Anwenders folgendermaßen illustriert wird: „We spent $ 180.000 on doing a BSP study. Everybody's congratulating everybody else, saying what a good study it is, but frankly I don't know what to do with it. It doesn't tell me how to set about designing the data base we already knew we needed."

[43]Vgl. dazu [Sull 85] S. 4, wo angemerkt wird, daß BSP diesbezüglich idealistische Annahmen trifft: „...it assumes — quite incorrectly in most cases — the opportunity to rationalize data structures as if there were no legacy from the past. With sales to fulfill and books to close, it is a rare firm that can afford to build a corporate database in one dramatic effort."

die Ergebnisse werden aber nur zur Überprüfung der inhaltlichen Richtigkeit und der Vollständigkeit der bis dahin ermittelten Datenklassen und Organisationsprozesse herangezogen bzw. werden sie bei der Auswahl der Applikationsvorschläge berücksichtigt. Für die Ermittlung potentieller Anwendungsmöglichkeiten der IV finden sie jedoch keine Verwendung. Ebenso werden externe Faktoren, wie die Entwicklung am Markt für Informationstechnik[44] sowie Chancen und Risiken aus der allgemeinen Organisationsumwelt, kaum berücksichtigt.[45]

Zusammenfassend läßt sich feststellen, daß BSP ein gut operationalisiertes Instrument für die Definition der Informationsarchitektur darstellt. Damit ist eine wesentliche Basis für die Entwicklung von Daten- und Applikationsstrukturen geschaffen. Allerdings muß einerseits die unzureichende Berücksichtigung des Istzustands der IS-Umwelt einer Organisation sowie das Fehlen strategischer (vor allem wettbewerbsorientierter) Überlegungen im Vorfeld der Definition der Informationsarchitektur kritisiert werden. Andererseits ist der Weg von der Informationsarchitektur hin zu konkreten Daten- und Applikationsstrukturen unzureichend operational vorgegeben. Auch ein entsprechend ausführlicher Realisierungsplan als Endergebnis, in dem auch auf Konsequenzen für die IV-Ressourcensituation eingegangen wird, ist bei BSP nicht vorgesehen. Vor allem wird auch die Ermittlung des zeitlichen, personellen und finanziellen Aufwands bei der Realisierung vermißt, sodaß — wie die Praxis zeigt — die Informationsarchitektur häufig der Endpunkt von BSP bleibt.

2.2.3 Ansätze auf Basis von kritischen Erfolgsfaktoren

2.2.3.1 Darstellung

In stark dezentralisierten IS-Umgebungen mit einer Vielzahl verschiedener Datenbestände tritt die Frage nach dem organisatorischen und insbesonders nach dem individuellen Informationsbedarf in den Vordergrund.[46] Dieser Entwicklung versuchen Ansätze zu entsprechen, die *kritische Erfolgsfaktoren* zur Ableitung von IS-Strukturen heranziehen. Ursprünglich wurden kritische Erfolgsfaktoren für die Gestaltung von sogenannten Management Control Systems vorgeschlagen. Dabei sollten einige wenige Schlüsselfaktoren, nämlich genau jene, die für eine erfolgreiche Führung einer Organisation erforderlich sind, analysiert und zu einem

---

[44]Eine Erklärung dafür ist u.a. sicherlich darin zu sehen, daß BSP von einem Hersteller stammt, der kein besonderes Interesse haben kann, den Markt vor allem bezüglich Konkurrenzprodukten allzu genau zu analysieren. Letztlich sollte doch ein Nebeneffekt einer BSP-Studie die Beschaffung von Hardware- und Software-Produkten der IBM sein.
[45]Vgl. Abschnitt 3.2 bezüglich der Anforderungen an SISP-Methoden.
[46]Vgl. [Niem 87] S. 15.

Führungssystem zusammengestellt werden.[47] Später wurde die Anwendung des Instruments für die Feststellung des Informationsbedarfs von Führungskräften und in weiterer Folge als Werkzeug im Rahmen der Anforderungsanalyse für die Entwicklung von rechnerunterstützten IS vorgeschlagen.[48] Kritische Erfolgsfaktoren (Critical Success Factors (CSF)) sind

> „...those characteristics, conditions, or variables that when properly sustained, maintained, or managed can have a significant impact on the success of a firm competing in a particular interest. A CSF can be a characteristic such as price advantage, it can also be a condition such as capital structure or advantageous customer mix; or an industry structural characteristic such as vertical integration."[49]

Der Ansatz der kritischen Erfolgsfaktoren besteht aus vier Schritten. In einer ersten Interviewrunde werden die Zielsetzungen der Organisation ermittelt und die den Zielen entsprechenden Erfolgsfaktoren erarbeitet. Abbildung 2.19 zeigt dazu Beispiele aus einer Reihe von Organisationen.

Im Rahmen der Ermittlung der kritischen Erfolgsfaktoren werden bereits Meßkriterien diskutiert, mit deren Hilfe der Erfüllungsgrad der gefundenen Faktoren beobachtet und gesteuert werden kann. Für die Ermittlung von kritischen Erfolgsfaktoren kommen vier Quellen in Frage (vgl. dazu auch Abb. 2.20):

1. *Branchenstruktur:* Danach besitzt jede Branche Charakteristika, die für die Führung einer Organisation in eben diesem Sektor unabhängig von den internen Gegebenheiten unbedingt beachtet werden müssen.

2. *Wettbewerbsstrategie, Position innerhalb der Branche und geographischer Standort:* Aspekte, wie die historische Entwicklung einer Organisation, ihre Wettbewerbsposition in Relation zu anderen Organisationen[50] und die geographische Lage, können zu kritischen Erfolgsfaktoren werden.

3. *Umweltfaktoren:* Hiezu sind wirtschaftliche, politische und gesellschaftliche Faktoren zu zählen, die sich von der Organisation nicht beeinflussen lassen, die aber sehr wohl kritisch sein können (z.B. die Energie- und Rohstoffversorgung).

---

[47]Vgl. [LeBr 84] S. 23 ff. und die dort angegebene Literatur.
[48]Vgl. [Rock 79] S. 81 ff.
[49]Vgl. [LeBr 84] S. 24.
[50]Bei Industrieunternehmen ist z.B. die *Marktposition* ein guter Indikator für die relative Stellung eines Unternehmens. Für ein kleineres Unternehmen können z.B. die *Beziehungen zu Konkurrenzbetrieben* maßgebliche Faktoren darstellen.

Company	Critical Success Factors
Company A: Railroad	Effective Management of Human Resources I/S Priorities Aligned with Business Delivery of Service Users — Especially the CEO — Having Favorable Perception of I/S Continued Direct Reporting Link with CEO
Company B: Major Bank	Reliable, High Quality I/S Service Communication of Service Quality and Reliability to Top Line High Quality I/S Human Resources Ensuring I/S Services Evolves with Needs/Capabilities One I/S Executive in Top Management Inner Circle
Company C: High Technology Manufacturing	Successful Implementation of Two New Key Systems Top Management Communication Top Management Education Meeting Service Standards Human Resources
Company D: Airline	Increased Visibility for I/S within Company Good & Better Operating Performance More Involvement in Corporate Planning Process I/S Morale Downplay Responding to Users: Increasingly Taking Leadership in Helping Users Define Information Needs Restructuring I/S in Line with New Technology
Company E: Insurance	Maintaining Top Management User Contact Other Top Management to Review I/S Planning for Approval & Visibility Providing Planning Role Model for Company I/S Planning — I/S Leadership Increase User "Direction" of I/S Projects Maintaining Managerial Perspective
Company F: Manufacturing	Retaining Trained, High Quality Personnel Ability to Interact with Top Management Improving "Software/Hardware" Enhancing Job Satisfaction for I/S Personnel Improving Management Control
Company G: Bank	High Quality Personnel User & Top Management Satisfaction & Involvement Efficient Use of Human Resources Service Level (Actual and Perceived) I/S Value Perceived by Organization New I/S Role Communication to Top Management

Abbildung 2.19: Kritische Erfolgsfaktoren verschiedener Organisationen (Quelle: [Rock 82] S. 6)

4. *Zeitliche Faktoren:* Diese Gruppe umfaßt Faktoren, die nur temporär den Status „kritisch" annehmen (z.B. stellt die Rohstoffversorgung für die Organisationsleitung nur dann einen kritischen Erfolgsfaktor dar, wenn sie weit über oder weit unter den normalen Werten liegt).

In einer zweiten Interviewrunde werden die konsolidierten Ergebnisse der ersten Runde präsentiert sowie Vorschläge zur Präzisierung gefundener Erfolgsfaktoren gemacht. Darüber hinaus werden die Meßkriterien und die Konzeption des dafür erforderlichen Berichtswesens festgelegt. In einer weiteren Interviewrunde kann, je nach Umfang der Erhebung und in Abhängigkeit vom gewünschten Detaillierungsgrad, eine zusätzliche Vertiefung der Ergebnisse vorgenommen werden.

Im vierten Schritt werden Berichtsformate und -normen sowie IS vereinbart, die das derart konzipierte Berichtswesen unterstützen. Dazu ist es auch notwendig, die bestehenden IS und die eingesetzten IV–Ressourcen auf ihren Beitrag

Abbildung 2.20: Bestimmungsgrößen für kritische Erfolgsfaktoren (Quelle: [Niem 87] S. 15)

zu den kritischen Erfolgsfaktoren zu untersuchen. Die Entwicklung neuer bzw. Adaptierung bestehender IS sowie die Bereitstellung entsprechender Ressourcen beschließt das Verfahren.[51]

2.2.3.2 Kritik

Ansätze auf Basis kritischer Erfolgsfaktoren sind dazu geeignet, den Informationsbedarf von Führungskräften auf allen Ebenen einer Organisation zu ermitteln und davon ausgehend einen entsprechenden IS–Bedarf abzuleiten. Es werden dabei keine umfassenden Prozeß- und Datenanalysen wie bei BSP durchgeführt, sondern lediglich das Aufgabenspektrum von Führungskräften durchleuchtet und auf diesem Weg relevante Schlüsselgrößen ermittelt. Aus dieser beschränkten Betrachtungsweise ergibt sich ein Schwachpunkt dieser Ansätze: Es wird nicht die gesamte Organisation betrachtet, sondern es werden nur ausgesuchte Benutzer interviewt und deren subjektiver Informationsbedarf ermittelt. Darüber hinaus begünstigen diese Ansätze eine Konzentration auf den Ausbau der Entscheidungsunterstützung, operativen Anforderungen wird dagegen kaum Bedeutung

---

[51]Vgl. dazu auch die Ausführungen in [Bull 86] S. 90 ff.

beigemessen.[52] Damit ist die Anwendung von Ansätzen auf Basis kritischer Erfolgsfaktoren Organisationen vorbehalten, deren operative Applikationen in jeder Hinsicht zufriedenstellend sind, da für eine Definition von Daten- und Applikationsstrukturen in diesem Bereich keine Unterstützung vorgesehen ist.

Ansätze auf Basis kritischer Erfolgsfaktoren sind nur sehr schwach operationalisiert. Für die konkrete Vorgehensweise gibt es zwar Vorschläge, ein Vorgehensmodell wie z.B. bei BSP existiert nicht. Dies trifft einerseits auf die Berücksichtigung des Status quo einer Organisation in bezug auf die IV und auf die Miteinbeziehung von Umweltfaktoren zu. Diese werden über die ermittelten kritischen Erfolgsfaktoren nur in einer sehr subjektiven Sicht berücksichtigt. Andererseits enthalten die Ansätze keinerlei Vorschläge zur Umsetzung der gewonnenen kritischen Erfolgsfaktoren in greifbare Daten- und Applikationsstrukturen. Auch die strategische Orientierung ist nur schwach ausgeprägt, weil wettbewerbsbezogene Ziele und Strategien nur über die Ermittlung der individuellen kritischen Erfolgsfaktoren berücksichtigt werden.[53]

Zusammenfassend sind Ansätze auf der Basis kritischer Erfolgsfaktoren für die Ermittlung von Anforderungen an IS für Führungskräfte als gut geeignet zu bezeichnen. Als SISP–Methode sind sie dagegen nicht brauchbar. Diese Beurteilung ergibt sich aus der „engen" Sichtweise, die diese Ansätze vorschlagen. Vor allem sind aber auch der fehlende umfassende Aufgabenbezug, die mangelhafte Operationalität und die Tatsache, daß sich nur für einen begrenzten Bereich einer Organisation Aussagen in Hinblick auf Daten- und Applikationsstrukturen machen lassen, zu kritisieren. Die Erstellung eines Realisierungskonzeptes, das Aussagen über die zeitliche Dauer, die benötigten Ressourcen und den finanziellen Aufwand enthält, ist ebenfalls nicht vorgesehen. Damit können die Ansätze auf Basis kritischer Erfolgsfaktoren zwar strategische Anknüpfungspunkte ergeben, nicht aber eine umfassende SISP–Methode ersetzen.

2.2.4 Ansätze auf Basis von Wettbewerbsstrategien

Das Ziel wettbewerbsorientierter Ansätze ist die Ausrichtung der IV–Planung nach den Erfordernissen des wirtschaftlichen Wettbewerbs. Im Vordergrund steht dabei die Identifikation von Anwendungsmöglichkeiten der IV, mit denen Wettbewerbsvorteile erzielt und nach Möglichkeit gehalten werden können. Kennzeichnend für diese Ansätze ist die direkte Orientierung an der Organisationsstrategie. Die IV–Aktivitäten werden maßgeblich durch diese Strategien bestimmt bzw. haben selbst wesentliche Rückwirkungen auf die Organisationsstrategie. Die

---

[52]Diese Tendenz erklärt sich aus der ursprünglichen Verwendung von kritischen Erfolgsfaktoren zum Aufbau von Führungssystemen.

[53]Vgl. Abschnitt 3.2 bezüglich der Anforderungen an SISP–Methoden.

Verfahren, die dieser Klasse zugeordnet werden können, sind in bezug auf die vorgeschlagene Vorgehensweise recht unterschiedlich. Anschließend soll der Ansatz
von Porter/Millar[54] diskutiert werden,[55] da er die größte Bedeutung in dieser
Gruppe von Methoden erlangt hat.[56]

2.2.4.1 Darstellung des Untersuchungsrahmens für strategische IS

Im Mittelpunkt des Untersuchungsrahmens steht die *Wertkette*[57] einer Organisation. Danach setzt sich eine Organisation aus einer Menge von Aktivitäten
zusammen, durch die ihre Produkte und Dienstleistungen entwickelt, produziert,
vertrieben, distribuiert und gewartet werden. Die einzelnen Aktivitäten sind
nun hinsichtlich der Möglichkeit zu untersuchen, sie besser oder billiger als die
Konkurrenz durchzuführen, um auf diesem Weg Wettbewerbsvorteile zu erzielen. Die einzelnen Aktivitäten bieten zudem die Chance, sich in bezug auf ihre
Durchführung von der Konkurrenz abzuheben und damit eine Differenzierung zu
bewirken.

Die Untersuchung der Aktivitäten geschieht unabhängig von der gegebenen Organisationsstruktur. So können einzelne Organisationseinheiten durchaus mehrere oder auch nur Teile einzelner Aktivitäten durchführen. Analysiert man die
Wertkette, so gelangt man zu einer Darstellung der Organisation in Form von
Prozeßstrukturen, wobei der Schwerpunkt auf operativen Prozessen, d.h. physi-
kalischen Transformationsaktivitäten und administrativen Aktivitäten liegt.[58]

Nach Porter sind die Aktivitäten der Wertkette die Bausteine zum Aufbau von
Wettbewerbsvorteilen. Daraus ergibt sich die Notwendigkeit, die Aktivitäten der
Organisation genau zu analysieren. Zur Strukturierung der Wertkette schlägt
Porter eine Gliederung in fünf primäre und vier sekundäre (unterstützende) Ak-
tivitätengruppen vor (vgl. Abb. 2.21).[59]

---

[54]Vgl. [PoMi 85].

[55]Mangels einer eigenen Bezeichnung wurde die Beschreibung des Verfahrens als
„...framework for analyzing the strategic significance of the new information technology"
(vgl. [PoMi 85] S. 149 ff.) mit „Untersuchungsrahmen für strategische IS" übersetzt.

[56]Weitere Ansätze, die sich dieser Gruppe von Ansätzen zurechnen lassen, sind der *Customer
Resource Life Cycle* von Ives/Learmonth (vgl. [IvLe 84]), das *Value Analysis Framework*
von Robinson (vgl. [Robi 84]) und das Instrumentarium von Fischbacher (vgl. [Fisc 87]).
Zur kritischen Beurteilung der genannten Ansätze vgl. [Saue 89] S. 104 ff.

[57]Manche Autoren verwenden für den ursprünglichen Begriff der *Value Chain* auch den
Ausdruck *Wertschöpfungskette*.

[58]Vgl. dazu [KlSt 90] S. 32 ff.

[59]Die strichlierten Linien in Abbildung 2.21 bringen zum Ausdruck, daß die jeweiligen unterstützenden Aktivitäten sowohl auf die gesamte Wertkette als auch auf einzelne primäre
Aktivitäten bezogen werden können. Lediglich die Unternehmensinfrastruktur unterstützt
die gesamte Wertkette der Organisation.

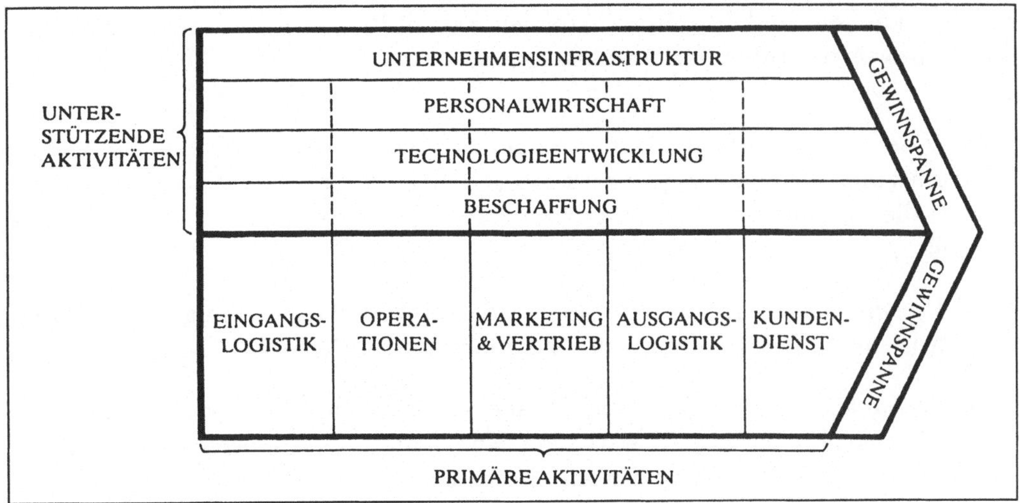

Abbildung 2.21: Modell der Wertkette (Quelle: [Port 86] S. 62)

Die primären Aktivitäten der Wertkette sind:

- *Eingangslogistik,* umfaßt alle Aktivitäten zur Akquisition, Lagerung und internen Verteilung von eingehenden Gütern und Dienstleistungen (z.B. Transportwesen, Lagerhaltung, Bestandsführung, Lieferantenkontakte).

- *Operationen,* umfaßt alle Aktivitäten der Transformation der eingelangten Güter und Dienstleistungen in Endprodukte (z.B. Fertigung und Montage, Verpackung, Qualitätskontrolle, Betrieb und Instandhaltung der Produktionsanlagen).[60]

- *Marketing/Vertrieb,* umfaßt alle Aktivitäten zur Vorbereitung, Förderung und Durchführung des Absatzes der Endprodukte (z.B. Werbung, Verkaufsförderung, Preispolitik, Planung der Vertriebswege).

- *Ausgangslogistik,* umfaßt alle Aktivitäten der Lagerung sowie der Distribution der Endprodukte zu den Kunden (z.B. Lagerhaltung, Transportplanung, Auftragsabwicklung).

- *Kundendienst,* umfaßt alle Aktivitäten zur Förderung und zur Werterhaltung der Produkte bei den Kunden (z.B. Installation, Reparatur, Wartung, Ersatzteillieferung, Schulung).

Im Gegensatz zu den primären Aktivitäten, die zwar bei allen Organisationen vorhanden sind, jedoch hinsichtlich ihrer Wichtigkeit von Branche zu Branche

---

[60]Klotz/Strauch bezeichnen diese primäre Aktivität mit *Produktion* (vgl. [KlSt 90] S. 33).

variieren können, sind die unterstützenden Aktivitäten branchenunabhängig. Die sekundären Aktivitäten der Wertkette sind:

- *Unternehmensinfrastruktur,* umfaßt alle zentralen Aktivitäten zur Unterstützung der gesamten Wertkette (Geschäftsführung, Planung und Kontrolle, Finanz- und Rechnungswesen, Öffentlichkeitsarbeit, Rechtsfragen etc.).

- *Personalwirtschaft,* umfaßt alle Aktivitäten der Anwerbung, Einstellung, Aus- und Weiterbildung sowie Entlohnung des Personals.

- *Technologieentwicklung,* umfaßt alle Aktivitäten zur Produkt- und Verfahrensverbesserung (Erwerb von Know–how, Optimierung von Arbeitsabläufen, Verbesserung der verfahrenstechnischen Ausrüstung etc.).[61]

- *Beschaffung,* umfaßt alle Aktivitäten des Einkaufs von eingehenden Gütern und Dienstleistungen für die gesamte Wertkette (Roh-, Hilfs- und Betriebsstoffe, Maschinen, Gebäude, Dienste etc.).

Nach Porter bestimmt der Aufwand zur Durchführung aller Aktivitäten die Gesamtkosten der Wertkette. Der jeweilige Beitrag einer Aktivität zur Wertschöpfung macht den Wert dieser Aktivität aus. Die Gewinnspanne ergibt sich dann als Differenz aus dem Gesamtwert und den Gesamtkosten aller Aktivitäten der Wertkette. In jeder Kategorie, also der primären und sekundären Aktivitäten, unterscheidet Porter die drei folgenden Aktivitätstypen:[62]

- *Direkte Aktivitäten,* die direkt an der Wertbildung für den Kunden beteiligt sind (z.B. Produktgestaltung, Fertigung und Montage, Werbung).

- *Indirekte Aktivitäten,* die die kontinuierliche Ausführung der direkten Aktivitäten ermöglichen (z.B. Betrieb der Produktionsanlagen, Instandhaltung, Verwaltung).

- *Aktivitäten,* die die *Qualität* der anderen Aktivitäten *sichern* (z.B. Qualitätsüberwachung und -test, Überarbeitungsaktivitäten).

Wesentlich bei der Analyse dieser drei Aktivitätstypen ist die Berücksichtigung der Wechselwirkungen, die häufig zwischen direkten und indirekten Aktivitäten

---

[61]Der Funktionsumfang dieser sekundären Aktivität umfaßt damit mehr als das Aufgabenspektrum, das üblicherweise von einer Abteilung „Forschung und Entwicklung" abgedeckt wird.

[62]Vgl. dazu [Port 86] S. 71 ff.

bestehen. Diese lassen sich als Alternativen beschreiben (z.B. wirken sich Instandhaltungsmaßnahmen kostensenkend aus auf Kosten, die in der Fertigung entstehen). Genauso wirken sich qualitätssichernde Aktivitäten „...oft auf Kosten und Wirkungsgrad anderer Aktivitäten aus, und die Art und Weise der Ausführung anderer Aktivitäten beeinflußt umgekehrt die erforderlichen Typen qualitätssichernder Aktivitäten".[63] Um zu greifbaren strategischen Aussagen zu gelangen, wird empfohlen, die Wertkette in weitere Aktivitäten zu zerlegen. Abbildung 2.22 zeigt dies beispielhaft für die Aktivitätengruppe „Marketing/Vertrieb".

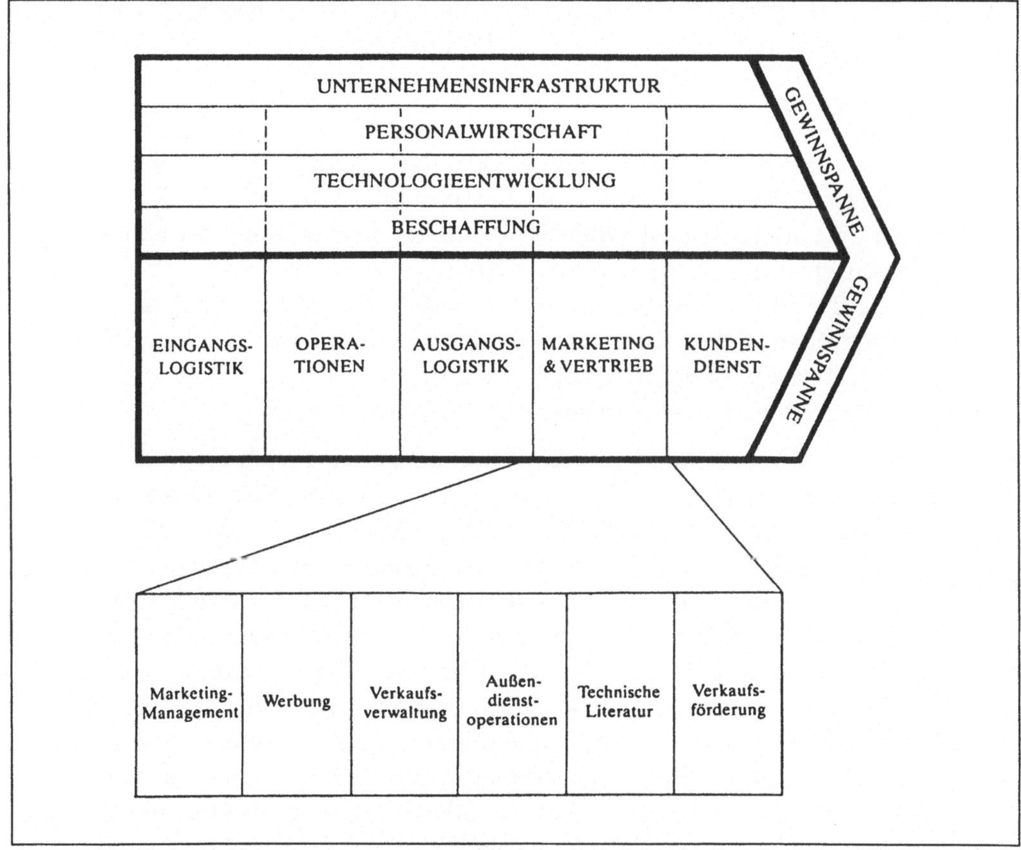

Abbildung 2.22: Verfeinerung der Wertkette am Beispiel „Marketing/Vertrieb" (Quelle: [Port 86] S. 74)

Die derart erhaltenen Tätigkeiten sind unter Wettbewerbsaspekten dann relevant, wenn sie spezifische wirtschaftliche Zusammenhänge umfassen, wenn sie ein hohes Potential für die Differenzierung gegenüber den Wettbewerbern bieten oder wenn sie einen wesentlichen Anteil an den Gesamtkosten der Wert-

---

[63]Vgl. dazu [Port 86] S. 72.

kette verursachen.[64] Auf diese Weise werden mit dem Konzept der Wertkette „... immer feinere Unterscheidungen herausgearbeitet, wenn sich aus der Analyse wettbewerbsrelevante Unterschiede ergeben; andere Aktivitäten werden zusammengefaßt, weil sie sich als irrelevant für den Wettbewerb erweisen oder ähnlichen wirtschaftlichen Regeln folgen."[65] Somit ist es möglich, jede Tätigkeit der Organisation einer primären oder sekundären Aktivität zuzuordnen. Entsprechend ihrer wettbewerbsstrategischen Bedeutung werden sie entweder als einzelne Aktivitäten betrachtet oder zu einer Aktivität zusammengefaßt. Derart entsteht bei konsequenter Analyse sämtlicher Aktivitäten eine die gesamte Organisation umfassende Aufteilung nach Unternehmensaktivitäten.[66] Nach Klotz/Strauch bietet ein detailliertes Wertkettenmodell für die IS–Planung folgende zwei Ansatzpunkte:[67]

> „Erstens lassen sich die einzelnen Aktivitäten bzw. die Kombinationen aus primären und sekundären Aktivitäten als potentielle Einsatzfelder für informationstechnische Produkte betrachten. So können z.B. durch die Definition einer Aktivität „Verkaufsförderung" (vgl. Abb. 2.22) Ideen zum Einsatz rechnerunterstützter Präsentationshilfen entstehen. Schon die Zuordnung bestehender IS zu den einzelnen Aktivitäten der Wertkette läßt Lücken in der derzeitigen Rechnerunterstützung des Unternehmensgeschäfts deutlich werden.

> Der zweite Ansatzpunkt für die IS–Planung berücksichtigt, daß Aktivitäten der Wertkette keine sequentielle Abfolge repräsentieren, sondern vielmehr netzwerkartig miteinander verknüpft sind. „Verknüpfungen sind die Beziehungen, die zwischen einer Wertaktivität und den Kosten der Durchführung einer anderen bestehen."[68] Die Betrachtung von Verknüpfungen vermeidet eine isolierte Betrachtung einzelner Aktivitäten und ermöglicht die Untersuchung von ganzheitlichen Abläufen. Dies ist deshalb von entscheidender Bedeutung, da eine solche Analyse Voraussetzung für die integrative Planung des Einsatzes von IS im Unternehmen ist. Verknüpfungen können eine Koordination zwischen Aktivitäten erfordern, oder sie müssen als Optimierung auf ein gemeinsames Ziel hin ausgerichtet werden. Gelingt es, die Verknüpfungen zwischen Aktivitäten zu unterstützen, führt dies zu Kosteneinsparungen und einer Differenzierung gegenüber den Wettbewerbern. Relevanz für die IS–Planung erreichen diese Verknüpfun-

---

[64]Vgl. [Port 86] S. 72.

[65]Vgl. [Port 86] S. 73.

[66]Man beachte den Unterschied der Betrachtungsweise hinsichtlich Inhalt und Umfang zwischen *Prozessen* bei BSP und *Aktivitäten* der Wertkette.

[67]Vgl. [KlSt 90] S. 36 ff.

[68]Vgl. [Port 86] S. 78.

gen nun dadurch, daß IS die Nutzung von Verknüpfungen zwischen Aktivitäten ermöglichen. Hierfür müssen IS insbesondere in der Lage sein, organisatorische Grenzen zu überschreiten."

Für die konkrete Vorgehensweise bei der Suche nach strategisch attraktiven IS wird von Porter/Millar das folgende fünfstufige Verfahren vorgeschlagen:[69]

1. *Bewertung der Informationsintensität in den Organisationsprozessen sowie des Informationsgehalts in den Produkten:*

   - Eine potentiell hohe Informationsintensität in den Organisationsprozessen resultiert z.B. aus einer großen Anzahl von Kunden und Lieferanten, mit denen Geschäftsbeziehungen bestehen, einem hohen Informationsbedarf beim Verkauf der Produkte, einer umfangreichen Produktpalette mit vielen „Sondermodellen", einem teileintensiven Produktspektrum, einem vielstufigen Produktionsprozeß sowie einer langen Auslieferungszeit (Durchlaufzeit zwischen erster Bestellung und geliefertem Produkt).

   - Ein potentiell hoher Informationsgehalt im Produkt besteht dann, wenn Produkte primär Information beinhalten, die Erstellung oder Produktion von Produkten im wesentlichen erst durch den Einsatz von IV möglich ist, Produkte erst durch die zusätzliche Bereitstellung von Information genutzt werden können, Produkte nur durch kostspielige Benutzerschulung absetzbar sind, Produkte für sehr unterschiedliche Zwecke eingesetzt werden können und wenn die Abnehmer ihrerseits einer informationsintensiven Branche angehören.

2. *Bestimmung der Rolle der IV in der Branche:* Mit Hilfe der Branchenstrukturanalyse[70] wird der IV–Einfluß auf Produkte und Dienstleistungen, auf die Nachfrage und auf die Produktionswirtschaft analysiert.

---

[69]Vgl. [PoMi 85] S. 158 ff.

[70]Dabei handelt es sich um eine Analyse des Wettbewerbs innerhalb der Branche, der von den *Wettbewerbskräften* „Bedrohung durch den Markteintritt neuer Konkurrenten, Bedrohung durch Ersatzprodukte und/oder Dienstleistungen, Verhandlungsstärke der Abnehmer, Verhandlungsstärke der Lieferanten und Rivalität der vorhandenen Wettbewerber" bestimmt wird. Die Stärke der Wettbewerbskräfte hängt von der Branchenstruktur oder den zugrundeliegenden wirtschaftlichen und technischen Merkmalen der Branche ab. Die Branchenstrukturanalyse erlaubt es einer Organisation, „...sowohl komplexe Erscheinungen zu durchschauen und die für den Wettbewerb in der eigenen Branche entscheidenden Faktoren herauszufinden, als auch diejenigen strategischen Innovationen zu entdecken, welche die Rentabilität der Branche — und die des eigenen Unternehmens — am meisten verbessern würden" (vgl. [Port 86] S. 23 ff.).

3. *Analyse der Möglichkeiten und Bewertung der Alternativen für den Einsatz der IV zum Erlangen von Wettbewerbsvorteilen:* Für diese wohl wesentlichste Aufgabe des vorgeschlagenen Verfahrens wird das Konzept der Wertkette verwendet. Zusätzlich dazu sollte die Veränderung des Wettbewerbsumfelds durch IV–Einsatz anhand folgender Aspekte analysiert werden:

   - Eignet sich die IV dazu, neue Segmente zu bedienen?

   - Erlaubt die Flexibilität der IV, Märkte zu bedienen, die zuvor Nischenanbietern vorbehalten waren?

   - Liefert die IV Ansatzpunkte, um die Geschäftstätigkeit global auszuweiten?

   - Kann die IV dazu benutzt werden, um Beziehungen zwischen Branchen auszunutzen?

   - Soll die IV dazu genutzt werden, den bestehenden Markt einzuengen?

   Darüber hinaus sind die Produkte der Organisation zu untersuchen:

   - Kann mehr Information in das Produkt gepackt werden?

   - Ist das Produkt stärker in Informationstechnologie einzubetten?

4. *Untersuchung der Möglichkeiten, durch IV neue Geschäftszweige hervorzubringen:* Dazu sind folgende Fragestellungen zu beantworten:

   - Welche Informationen, die in der Organisation anfallen, könnten verkauft werden?

   - Welche Art und wieviel der bestehenden IV–Kapazität ist für die Unterstützung neuer Geschäftszweige frei?

   - Welche neuen Produkte mit unmittelbarer Ähnlichkeit zur bestehenden Produktpalette könnten mittels IV angeboten werden?

5. *Entwicklung eines Aktionsplans,* um die ermittelten potentiellen Wettbewerbsvorteile zu realisieren.

2.2.4.2 Kritik am Untersuchungsrahmen für strategische IS

Der Untersuchungsrahmen und insbesondere das Instrument der Wertkette bieten einer Organisation die Chance, ihr Aktivitätenspektrum strukturiert zu analysieren und dabei sämtliche Möglichkeiten bzw. Notwendigkeiten für strategische IS aufzudecken. Dabei werden alle Aktivitäten der Organisation und darüber hinaus auch die Schnittstellen zur Umwelt berücksichtigt. Damit stellt die Strukturierung der Organisation anhand der Wertkette eine Vorgehensweise dar, die mit der Prozeßanalyse bei BSP vergleichbar ist.

Allerdings geht das Konzept über derartige Prozeßanalysen hinaus, weil mit dem Instrument der Wertkette die Aufspaltung der Aktivitäten nach strategischen Gesichtspunkten vorgenommen wird. Das Ergebnis dieser Prozeßanalyse ist die fein- und u.U. neustrukturierte Wertkette der Organisation. Sie besteht aus Aktivitäten, deren Abgrenzung sich an der Bedeutung für das Erzielen von Wettbewerbsvorteilen orientiert hat. Für jede Aktivität wird ermittelt und festgelegt, welche Rolle ihr im Rahmen der Organisationsstrategie für das Erzielen von Kostenvorteilen und/oder für die Differenzierung zur Konkurrenz zukommt bzw. zukünftig zukommen soll. Die Abgrenzung der Aktivitäten, die sich in der Strukturierung der Wertkette widerspiegelt, orientiert sich an diesen beiden Strategietypen. Daraus ergibt sich die wesentliche Stärke dieses Ansatzes, nämlich die direkte Kopplung von Organisationsstrategien und Identifizierung von strategisch attraktiven IS.[71]

Stellt das Konzept der Wertkette ein mächtiges Instrument dar, das in erster Linie geeignet ist, den Bereich der strategischen Organisationsplanung und der daraus abzuleitenden IV–Bedürfnissen zu unterstützen,[72] so müssen doch unter IV–Gesichtspunkten erhebliche Mängel angeführt werden. Vermißt wird auch bei diesem Ansatz die Berücksichtigung der Ausgangssituation. Weder die verfügbaren Daten- und Applikationsstrukturen noch die vorhandenen IV–Ressourcen fließen in die weiteren Betrachtungen ein. Auch der Weg von der fein- oder neustrukturierten Wertkette zu einem Realisierungsplan ist in keiner Weise vorgegeben. Lediglich die eigentliche strategische Untersuchung ist einigermaßen klar operationalisiert.

Ein weiterer Schwachpunkt ist die ausschließliche Konzentration auf wettbewerbsrelevante Strategien bzw. die daraus abgeleiteten IS. Zwar ist eine stärkere Orientierung der IV an Erfordernissen des Wettbewerbs eine wesentliche Richtlinie für viele Organisationen und wird heute zum Teil noch zu wenig beachtet. Trotzdem muß eine SISP-Methode auch die strukturierte Analyse von operativen und nicht unmittelbar unter Wettbewerbsgesichtspunkten wesentlichen IS

---

[71]Vgl. [Saue 89] S. 198 ff.

[72]Vgl. dazu die Bewertung von Kreikebaum ([Krei 87] S. 93): „Mit der Wertschöpfungskette wird zum ersten Mal ein relativ ausgefeiltes Diagnoseinstrument vorgelegt, das es erlaubt, den Innenbereich einer Unternehmung unter strategischen Gesichtspunkten (als Quelle von Wettbewerbsvorteilen) zu durchleuchten. Dies füllt deshalb eine Lücke, weil in der strategischen Unternehmensplanung bisher überwiegend Produkt-/Marktprobleme im Mittelpunkt standen. Der Weg zu einer empirisch fundierten Theorie der strategischen Unternehmensführung ist allerdings noch weit. Dazu müssen die überwiegend qualitativen Aussagen von Porter zunächst präzisiert und dann einem empirischen Test unterzogen werden. Für den Praktiker, der in seinem Unternehmen Wettbewerbsvorteile aufzubauen versucht, liefert die Analyse der Wertschöpfungskette wertvolle Anregungen zur Offenlegung der strategischen Hebelpunkte.“

unterstützen.[73]

Somit läßt sich der Untersuchungsrahmen zusammenfassend als vielversprechender Ansatz für den Entwurf von Organisationsstrategien und die Identifizierung von strategisch attraktiven Applikationen einstufen. Insbesondere die Kopplung zwischen diesen beiden Aufgaben erscheint gut möglich. Als vollständige SISP–Methode kann der Untersuchungsrahmen aufgrund der fehlenden Berücksichtigung des IV–Istzustandes, der mangelnden Operationalität und der allein wettbewerbsbezogenen Sichtweise nicht bezeichnet werden.

2.2.5 Neuere Ansätze

Haben die vier vorstehend beschriebenen Gruppen von Ansätzen eindimensionale Zielsetzungen verfolgt,[74] so zeichnen sich die neueren Ansätze generell dadurch aus, daß sie eine Reihe von durchaus unterschiedlichen Zielen anstreben. Nach Lederer/Sethi existieren bei solchen SISP–Ansätzen dichotome Zielsetzungen:[75]

> „On one side of the dichotomy, SISP refers to the process of identifying a portfolio of computer–based applications that will assist an organization in executing its business plans and consequently realizing its business goals. SISP also entails the definition of databases and systems to support those applications, almost as if from a list, that would best fit the current and projected needs of the organization.
>
> On the other side of the dichotomy, SISP can also entail searching for applications with a high impact and the ability to create an advantage over competitors. SISP can help organizations use information systems in innovative ways to build barriers against new entrants, change the basis of competition, generate new products, build in switching costs, or change the balance of power in supplier rela-

---

[73]Vgl. Abschnitt 3.2 bezüglich der Anforderungen an SISP-Methoden.

[74]Diese Zielsetzungen sind für Entwicklungsstufenansätze eine Evaluation des derzeitigen Entwicklungsstandes und dessen Konsequenzen für das zu erwartende IV–Wachstum, für Daten-/Prozeßmodellansätze die Ableitung einer IS–Architektur, für Erfolgsfaktoransätze die Ermittlung des kritischen Informationsbedarfs und für wettbewerbsstrategische Ansätze die Ermittlung strategischer IS.

[75]Vgl. [LeSe 88] S. 446.

tionships. As such, SISP promotes innovation and creativity."[76]

Das bedeutet, daß es z.B. Ziel der SISP sein kann, eine Informationsarchitektur[77] zu entwickeln, strategische IS zu ermitteln und den kritischen Informationsbedarf von bestimmten Führungskräften zu erheben. Diese unterschiedlichen Zielsetzungen lassen es auch plausibel erscheinen, daß die vier „klassischen" Ansätze mit wenigen Techniken auskommen, während neuere Ansätze die Anwendung einer Vielzahl von Techniken vorsehen. Dabei handelt es sich keineswegs um vollkommen neue Verfahren, vielmehr werden bestehende Techniken adaptiert, aufeinander abgestimmt bzw. integriert und zu einer durchgängigen Methode kombiniert. Das innovative Element dieser Ansätze liegt daher nicht in erster Linie in der Präsentation neuer Techniken, sondern in der verbesserten Anwendung traditioneller Vorgehensweisen. Zwar begünstigen die neueren Ansätze nach wie vor bestimmte Sichtweisen und damit die Anwendung spezifischer Techniken, die generelle Richtlinie ist jedoch die, ein möglichst ganzheitliches IV-Konzept zu erstellen. Daher werden die Ergebnisse, die sich durch die Anwendung verschiedener Methoden dieser Klasse ergeben, weniger voneinander abweichen als die Resultate der „klassischen" Ansätze.

Nachfolgend werden zwei Methoden vorgestellt, die eindeutig der Gruppe der neueren Ansätze zuzurechnen sind. *Information Engineering* ist in der Terminologie von Lederer/Sethi eher „align-orientiert", während die *strategieorientierte IS-Planung*[78] eher „impact-orientiert" ist.

---

[76] Lederer/Sethi bezeichnen die beiden Sichtweisen der SISP als „alignment mode", wenn Ziele und Strategien lediglich in IV-Konzepte übersetzt werden, bzw. als „impact mode", wenn IS für die Erlangung von Wettbewerbsvorteilen eingesetzt werden (vgl. [LeSe 88] S. 445). Eine ähnliche Abgrenzung findet sich bei Kruse. Er unterscheidet eine „Istperspektive", bei der organisationsstrategische Vorgaben als gegeben angesehen werden und lediglich auf deren optimale Unterstützung abgezielt wird, von der „Kannperspektive", bei der versucht wird, die am Markt verfügbare Informationstechnik für die Entwicklung von Organisationsstrategien offensiv zu nutzen (vgl. [Krus 87] S. 169).

[77] Vgl. dazu Abschnitt 2.2.2.1.

[78] Die ursprüngliche Bezeichnung für diese Methode ist „Strategieorientierte Planung von Informations- und Kommunikationssystemen (IKS)" (vgl. [KlSt 90]). Zur Vereinheitlichung der Terminologie in dieser Arbeit wurde IKS zu IS verkürzt.

2.2.5.1   Darstellung von Information Engineering

Ziel des *Information Engineering*[79] ist in erster Linie die Entwicklung von IS, die einerseits den strategischen Vorgaben einer Organisation und andererseits den Bedürfnissen der Benutzer besser angepaßt sind als dies bei Anwendung konventioneller Methoden möglich ist. Darüber hinaus soll mittels Information Engineering der Entwicklungsprozeß im Vergleich zu traditionellen Ansätzen kurz-, mittel- und langfristig wirtschaftlicher gestaltet werden können.[80] Strategische Überlegungen sind daher für Information Engineering kein Selbstzweck, sie sollen vielmehr Garantie dafür sein, daß die abgeleiteten Daten- und Applikationsstrukturen „stabiler" sind, d.h. über einen längeren Zeitraum aktuell bleiben und den Anforderungen der Benutzer besser entsprechen. Diesen Überlegungen folgend, kann Information Engineering als Pyramide aufgefaßt werden, die sich aus vier Schichten zusammensetzt (vgl. Abb. 2.23).

Zu wesentlichen Aussagen gelangt man im Rahmen von Information Engineering in bezug auf die Dimensionen Daten, Funktionen und Informationstechnik, wobei der jeweilige Detaillierungsgrad von der Phase abhängt, in der entsprechende Pläne bzw. Modelle erarbeitet werden (vgl. dazu Abb. 2.24).

Folgende vier Phasen sind beim Information Engineering–Ansatz top down zu durchlaufen (vgl. dazu auch Abb. 2.25):

1. *Information Strategy Planning:* In dieser Phase werden die Ziele und die kritischen Erfolgsfaktoren der Organisationsleitung erarbeitet. Darüber hinaus wird die verfügbare Informationstechnik hinsichtlich der Möglichkeiten eines wettbewerbsorientierten Einsatzes geprüft. Ergebnis dieser Phase ist ein genereller Überblick über die Organisation, ihre Funktionen und ihre

---

[79] *Information Engineering* bezeichnet nicht eine eindeutig definierte Methode, sondern eher ein Methodenkonzept, das von verschiedenen Autoren mit- und weiterentwickelt wurde und noch wird (vgl. z.B. [Macd 86]). Deshalb werden die methodischen Feinheiten sowie die exakte Vorgehensweise von verschiedenen Autoren unterschiedlich interpretiert. Einheitlich sind im großen und ganzen das Vorgehensmodell sowie die einzelnen verwendeten Techniken. Vor allem mit der Entwicklung von Werkzeugen für rechnerunterstützte Analyse und Design von IS hat Information Engineering in letzter Zeit wieder große Beachtung erlangt, weil es die theoretische Grundlage für die Anwendung einer Reihe derartiger Werkzeuge darstellt. In dieser Arbeit soll Information Engineering in der „Fassung" von Martin diskutiert werden, weil er einer der Begründer dieses Ansatzes war (vgl. [Mart 86]). Zum Wesen des Information Engineering vgl. weiters [Macd 86], [Inmo 88] und [Fink 89].

[80] Eine kurzfristige Verbesserung der Wirtschaftlichkeit wäre durch die Verkürzung der Entwicklungszeiten für Applikationen zu realisieren. Mittel- und langfristige Rationalisierungseffekte ergeben sich z.B. dann, wenn aufgrund vermehrter und verbesserter Analyse- sowie Designanstrengungen der Aufwand für Wartungs- und Anpassungsarbeiten an den Applikationssystemen reduziert werden kann.

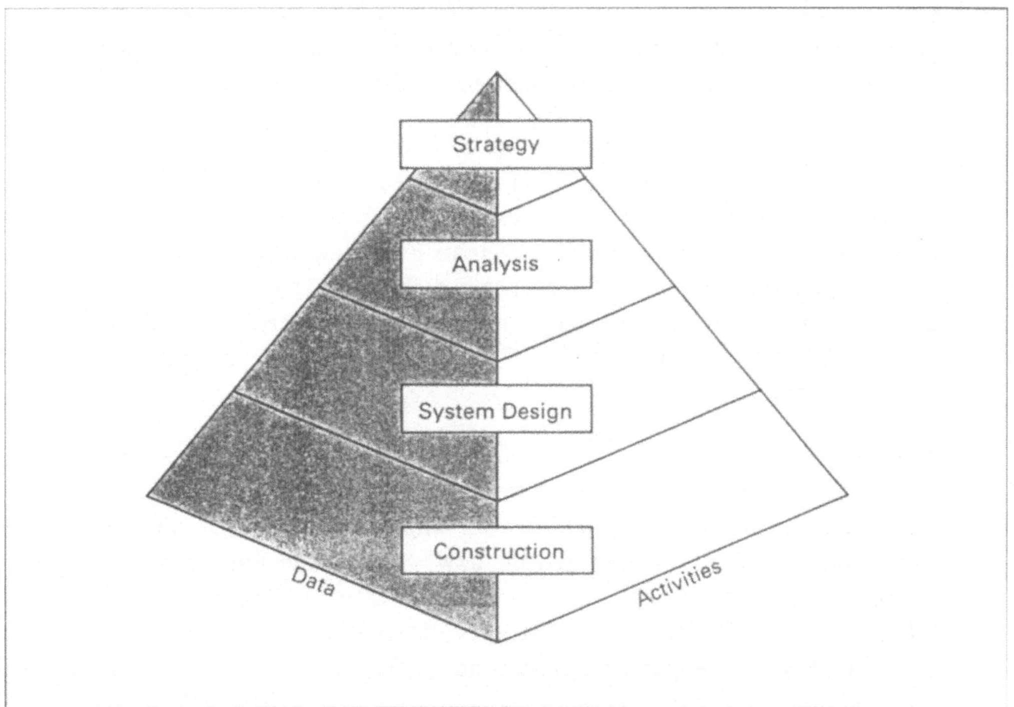

Abbildung 2.23: Schematische Darstellung von Information Engineering (Quelle: [Mart 89] S. 4)

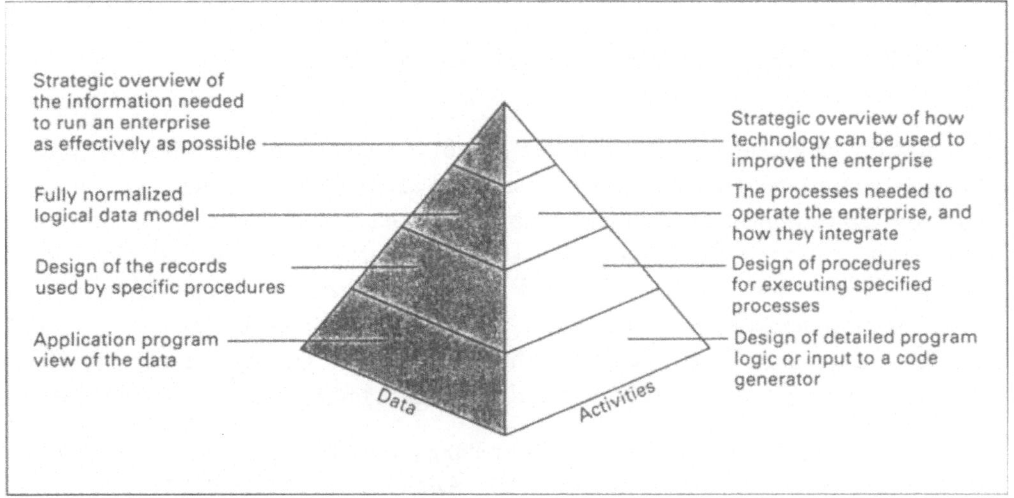

Abbildung 2.24: Ergebnisse des Information Engineering nach Phase und Dimension (Quelle: [Mart 89] S. 4)

Daten sowie die bestehenden Informationsbedürfnisse. Die gewonnenen Ergebnisse werden in Form von Organigrammen, Dekompositionsdiagrammen und Entity Relationship–Diagrammen festgehalten.[81]

2. *Business Area Analysis:* Aufbauend auf der organisationsweiten Untersuchung bzw. den daraus abgeleiteten strategischen Vorgaben werden in dieser Phase einzelne Geschäftsbereiche (Business Areas) selektiert und detailliert analysiert. Dabei wird geprüft, welche Funktionen erforderlich sind, um einen Geschäftsbereich zu führen, wie diese Funktionen zusammenhängen und welche Daten für Planung, Steuerung und Kontrolle erforderlich sind. Die Dokumentation dieser Phase enthält bereits sehr detaillierte Daten- und Prozeßmodelle.

3. *System Design:* Beim System Design werden die Erkenntnisse umgesetzt, die im Rahmen der Geschäftsbereichsanalyse gewonnen wurden. Dabei wird u.a. auch untersucht, welche der analysierten Funktionen in welcher Form automatisiert werden sollten bzw. für welche Funktionen eine Verbesserung der derzeitigen Rechnerunterstützung notwendig ist. In dieser Phase ist vor allem auch eine intensive Mitsprache der Benutzer erforderlich, um Prototypen der Applikationen, Bildschirmmasken, Dialogabläufe etc. entwerfen zu können.

4. *Construction:* In dieser Phase werden die in der vorhergehenden Phase entworfenen Applikationssysteme und Datenstrukturen tatsächlich realisiert. Über die Technik des Prototyping ist die Verbindung zur Phase *System Design* hergestellt. Für die Phase *Construction* wird die Anwendung einer Reihe von Programmierwerkzeugen empfohlen.

Information Engineering geht von der Annahme aus, daß grafische Darstellungen exakter und weniger speicherintensiv sind als verbale Aufzeichnung und eine derartige Dokumentation darüber hinaus eine bessere Grundlage für die Kommunikation zwischen Entwickler und Benutzer darstellt. Daher ist der Ansatz stark grafikorientiert, die vielfältigen Phasenergebnisse werden großteils in Diagrammform, ansonsten in textueller Repräsentation abgelegt (vgl. Abb. 2.26).[82] Die Erstellung und Wartung der grafischen Modelle ist ohne geeignete Rechnerunterstützung nicht denkbar. In der Vergangenheit wurde eine Reihe von

---

[81] *Dekompositionsdiagramme* dienen zur Darstellung von Funktions- und Aufgabenstrukturen der Organisation. Mit *Entity Relationship–Diagrammen* werden die wesentlichen Datenstrukturen (Informationsobjekte und deren Beziehungen untereinander) dargestellt.

[82] Auf die im Rahmen von Information Engineering verwendeten Modellierungs- und Diagrammtechniken soll hier nicht näher eingegangen werden, da sie entweder an anderer Stelle ausführlich diskutiert werden oder aber für die weiteren SISP-Ausführungen ohne wesentliche Bedeutung sind.

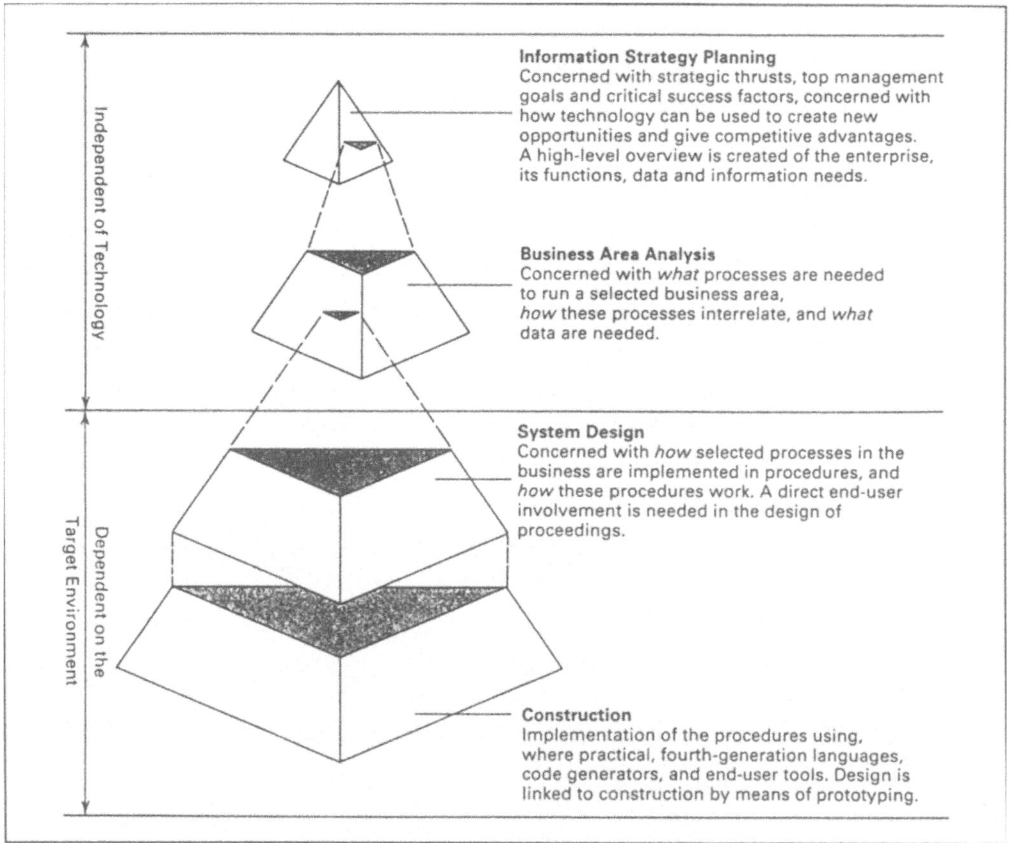

Abbildung 2.25: Phasen von Information Engineering (Quelle: [Mart 89] S. 12)

rechnerunterstützten Werkzeugen (CASE–Tools) entwickelt, die entweder einzelne Aufgaben bzw. Phasen oder auch den gesamten Information Engineering–Entwicklungszyklus unterstützen.

Aufgrund der Tatsache, daß in erster Linie die Phase *Information Strategy Planning* für die weiteren Betrachtungen von Bedeutung ist, soll nachfolgend nur mehr diese Phase diskutiert werden. Zweck dieser Phase ist einerseits die Herstellung einer Verbindung zur strategischen Organisationsplanung. Dazu werden Ziele, Probleme und kritische Erfolgsfaktoren bei der Organisationsleitung ermittelt sowie informationstechnologische Auswirkungen auf die Organisationsstrategie erhoben und in die weiteren Überlegungen aufgenommen. Andererseits wird in dieser Phase ein Abbild der Organisation in Form verschiedener grafischer Darstellungen und Matrizen hergestellt.[83] Damit soll unter anderem die Integration der IS, die in späteren Phasen separat entwickelt werden, gewährleistet werden.

---

[83]Martin bezeichnet dieses Abbild als *Architectural Framework* (vgl. [Mart 86] S. 283.).

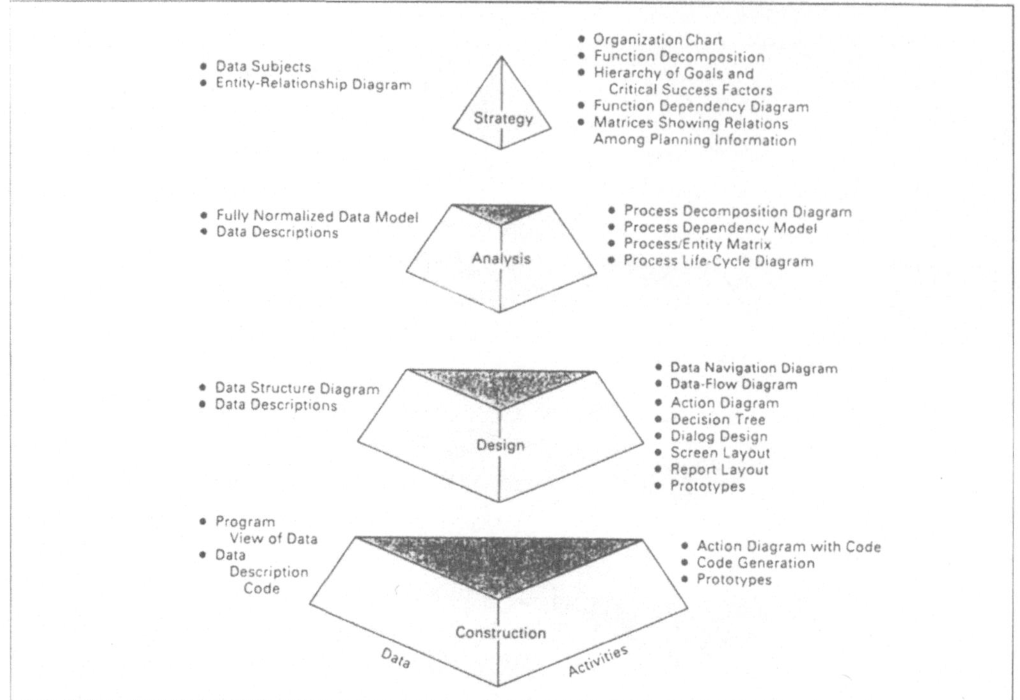

Abbildung 2.26: Darstellungsarten von Information Engineering (Quelle: [Mart 89] S. 87)

Abbildung 2.27 verdeutlicht die Aufgaben, die innerhalb der Phase *Information Strategy Planning* durchzuführen sind, und zeigt ein Vorgehensmodell mit den einzelnen Schritten.

Im Schritt *Create an Overview Model of the Enterprise* werden zunächst die Organisationseinheiten sowie Standorte, Funktionen (Aufgaben) und Datenklassen[84] der Organisation festgehalten. Darüber hinaus werden einer Reihe von Beziehungen zwischen diesen Beschreibungsmerkmalen analysiert und dokumentiert.

Im darauffolgenden Schritt *Create initial Entity–Relationship Diagram* werden die in der vorangegangenen Phase ermittelten Datenklassen und deren Beziehungen untereinander analysiert und in Form eines Entity Relationship–Diagramms dokumentiert. Im Schritt *Perform initial Clustering into Business Areas* werden dann die ermittelten Funktionen den Datenklassen gegenübergestellt und zunächst als Matrix dargestellt. Anschließend wird — analog zur Vorgehensweise bei BSP — durch Umgruppieren von Zeilen und Spalten eine Informationsarchitektur abgeleitet. Damit ist die Erstellung des *Architectural Framework* abgeschlossen.

---

[84]Vgl. dazu die Definition im Abschnitt 2.2.2.1.

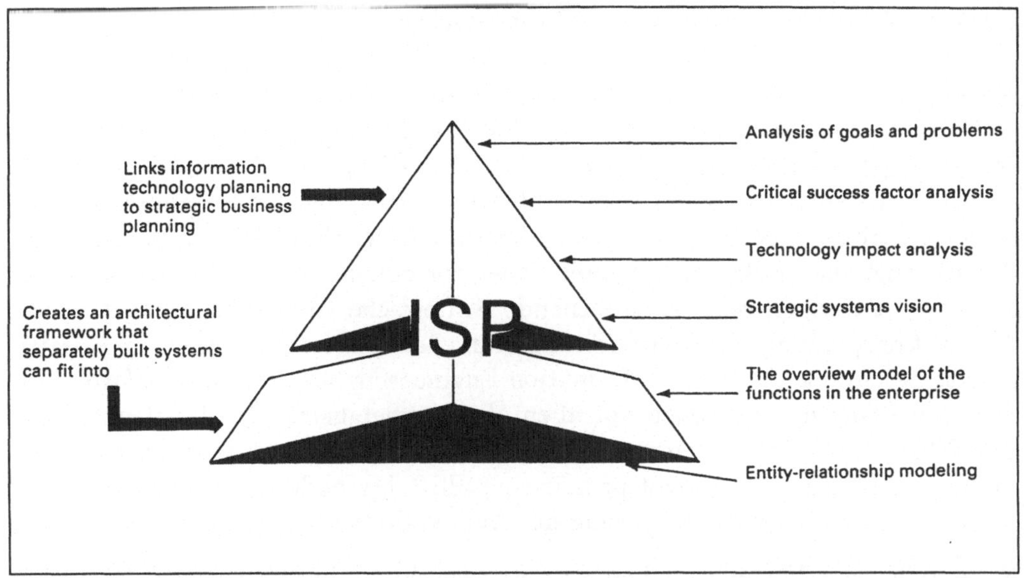

Abbildung 2.27: Aufgaben in der Phase *Information Strategy Planning* (Quelle: [Mart 90] S. 18)

Die drei folgenden Schritte sehen die Erhebung und Dokumentation von Zielen, Problemen und kritischen Erfolgsfaktoren der Organisationsleitung sowie die Analyse der informationstechnologischen Auswirkungen auf die Organisationsstrategie vor. Die Erhebung der Fakten erfolgt in Form eines umfangreichen Interviewzyklus mit den Führungskräften der Organisation. Die Dokumentation erfolgt wie schon in den vorangegangenen Phasen in Form von unterschiedlichen Matrizen. Mit den Schritten *Perform Analysis of Goals and Problems, Perform Technology Impact Analysis* und *Perform Critical Success Factor Analysis* sind die Aufgaben abgeschlossen, die eine Verbindung zur strategischen Unternehmensplanung herstellen sollen.

In den abschließenden Schritten *Refine the Business Area Sub Division* und *Establish Priorities for Business Area Analysis* wird zunächst überprüft, ob die bei der Entwicklung der Informationsarchitektur ermittelten Geschäftsbereiche derart abgegrenzt wurden, daß die Business Area Analysis sinnvoll durchgeführt werden kann. Dabei wird z.B. untersucht, ob die Schnittstellen zwischen den Business Areas „sauber" definiert wurden bzw. daß sie sich nicht überlappen. Anschließend werden die Geschäftsbereiche ausgewählt, die für die nachfolgende Business Area Analysis in Frage kommen. Kriterien für die Selektion sind z.B. der Return on Investment einer neuen Applikation, die prognostizierte Wahrscheinlichkeit des Projekterfolgs oder die Verfügbarkeit der Ressourcen, die für die Realisierung notwendig sind.

2.2.5.2 Kritik an Information Engineering

Information Engineering wird zwar in der Literatur als SISP–Methode bezeich-net,[85] tatsächlich stellt es jedoch eher eine Erweiterung klassischer Ansätze des Software Engineering dar. War es das Ziel des Software Engineering, quali-tativ bessere Software herzustellen und die Entwicklung der Produkte effizien-ter zu gestalten,[86] so ist es ein wesentliches, zusätzliches Ziel von Information Engineering, die „richtigen" Applikationen zu entwickeln.[87] Dieses Ziel kann nur erreicht werden, wenn entsprechende strategische Überlegungen auch in die Applikationsplanung und -entwicklung einfließen. Diese strategischen Ansatz-punkte beschränken sich bei Information Engineering auf die Phase *Information Strategy Planning* und sollen vor allem die Langlebigkeit und die Benutzeran-gepaßtheit der zu entwickelnden IS sicherstellen. Damit wird aber deutlich, daß Information Engineering nicht primär eine SISP–Methode ist, sondern in erster Linie ein Konzept zur Verbesserung der Applikationsentwicklung darstellt.

Eine Reihe von Vorteilen haben zu einer weiten Verbreitung von Information Engineering beigetragen. An erster Stelle ist die hohe Operationalität sowie die gute Dokumentation des Verfahrens zu nennen. Im Gegensatz zu den vorher beschriebenen Ansätzen existiert eine Reihe von Publikationen, die jeweils ge-naue Anleitungen zur Vorgehensweise enthalten.[88] Aufgrund der relativ weiten Verbreitung des Verfahrens besteht zudem eine breite Erfahrungsbasis in bezug auf die Vorgehensweise und die relevanten Rahmenbedingungen beim Einsatz der Methode. Diese stellen für den Erstanwender eine wertvolle Orientierungs-hilfe dar. Darüber hinaus hat die allgemeine Verfügbarkeit von CASE–Tools, die die Durchführung von Information Engineering–Vorhaben unterstützt bzw. erst sinnvoll möglich macht, erheblich zur Akzeptanz von Information Engineering und damit zu seiner Verbreitung beigetragen. Vor allem aber die im Vergleich zu den vorher dargestellten Ansätzen problemlose Überführung von strategischen Ansätzen und einfache Transformation von Ergebnissen der verschiedenen Mo-dellierungsschritte (Organisations-, Daten- und Prozeßmodelle) in greifbare Vor-gaben für die Applikationsentwicklung ist ein wesentlicher Pluspunkt dieser Me-thode.

Positiv anzumerken ist auch der Vorschlag, die informationstechnologische Ent-wicklung und ihre Auswirkung auf die Organisation zu evaluieren. Allerdings werden diesbezüglich keine konkreten Hinweise für die Vorgehensweise angeführt. Obwohl Information Engineering über die Ermittlung kritischer Erfolgsfaktoren bereits eine strategische Perspektive zu bescheinigen ist, bleibt diese im Vergeich

---

[85]Vgl. z.B. [LeSe 88] S. 448.
[86]Im Sinne von „Do the things right".
[87]Im Sinne von „Do the right things".
[88]Vgl. z.B. [Mart 86], [Inmo 88] oder [Fink 89].

zum Ansatz von Porter/Millar doch eher oberflächlich. Vor allem stellt sich die Frage, wie die ermittelten Ergebnisse in den weiteren Phasen des Verfahrens umgesetzt werden sollen. Ein weiterer Schwachpunkt ist — ebenso wie bei BSP — in der kaum vorhandenen Berücksichtigung des Status quo der IV zu sehen. Obwohl man am Ende eines Information Engineering–Projekts technisch hochdetaillierte und gut dokumentierte Vorgaben für die IS–Entwicklung zur Verfügung hat, muß doch das Fehlen eines umfassenden IV–Konzepts, das Aussagen über Aufwand und Ressourcenbedarf zuläßt, kritisiert werden.[89]

Information Engineering läßt sich abschließend aufgrund der hohen Operationalität, des umfangreichen Dokumentationsmaterials und der qualitativ hochwertigen Werkzeugunterstützung als ausgezeichnetes Instrument für die Entwicklung einer Informationsarchitektur einstufen. Auch der Weg von den verschiedenen Modellen, die die Informationsarchitektur ausmachen, hin zu entsprechenden IS ist über die verschiedenen Techniken methodisch gut vorgezeichnet. Schwächen sind dagegen bei der Berücksichtigung des Istzustandes und hinsichtlich der strategischen (vor allem wettbewerbsorientierten) Überlegungen vor der Erstellung der Informationsarchitektur zu finden. Darüber hinaus ergibt sich aus einem Information Engineering–Projekt kein Realisierungsplan, der — wie bereits gefordert — detaillierte Aussagen zu Ressourcen sowie zeitlichem und finanziellem Aufwand enthält.

2.2.5.3 Darstellung von Strategieorientierter IS–Planung

Strategieorientierte IS–Planung[90] soll einerseits garantieren, daß die Planung des Einsatzes von IS in Organisationen auf der Basis der formulierten Wettbewerbsstrategie erfolgt. Andererseits muß bei der Entwicklung der Wettbewerbsstrategie das Potential, das die verfügbare Informationstechnik für die Unterstützung des Unternehmensgeschäfts bietet, als Einflußfaktor berücksichtigt werden. Darüber hinaus sind die Autoren der Auffassung, daß Strategieorientierte IS–Planung nur dann erfolgreich durchgeführt werden kann, wenn

- die Organisationsleitung direkt in die Planungstätigkeit einbezogen wird,

- die Kommunikation zwischen IV–Bereich und den Fachabteilungen derart funktioniert, daß einerseits den Fachabteilungen die Auswirkungen der IS–

---

[89]Vgl. Abschnitt 3.2 bezüglich der Anforderungen an SISP–Methoden.

[90]Wie bereits erwähnt, ist in der Publikation von Klotz/Strauch (vgl. [KlSt 90]) von Informations- und Kommunikationssystemen (kurz IKS) die Rede. Zur Vereinheitlichung der Terminologie in dieser Arbeit wurde stattdessen der Begriff Informationssystem (IS) gewählt.

Entwicklung auf das Unternehmensgeschäft vermittelt werden und anderseits dem IV–Bereich die Informationsbedürfnisse und die IS–Prioritäten aus Benutzersicht signalisiert werden,

- die aktuelle Situation der IV in der Organisation entsprechend berücksichtigt wird und sich auf Art und Umfang des Planungsprocederes auswirkt,

- die technische Planung, die Personalentwicklungsplanung, die Planung der Organisationsentwicklung und die Planung der Aufbauorganisation des IV–Bereichs in das Planungssystem des IV–Bereichs sowohl inhaltlich als auch zeitlich integriert sind.[91]

Abbildung 2.28 zeigt das von Klotz/Strauch vorgeschlagene Vorgehensmodell für die Strategieorientierte IS–Planung. Dabei sind folgende Phasen zu durchlaufen:[92]

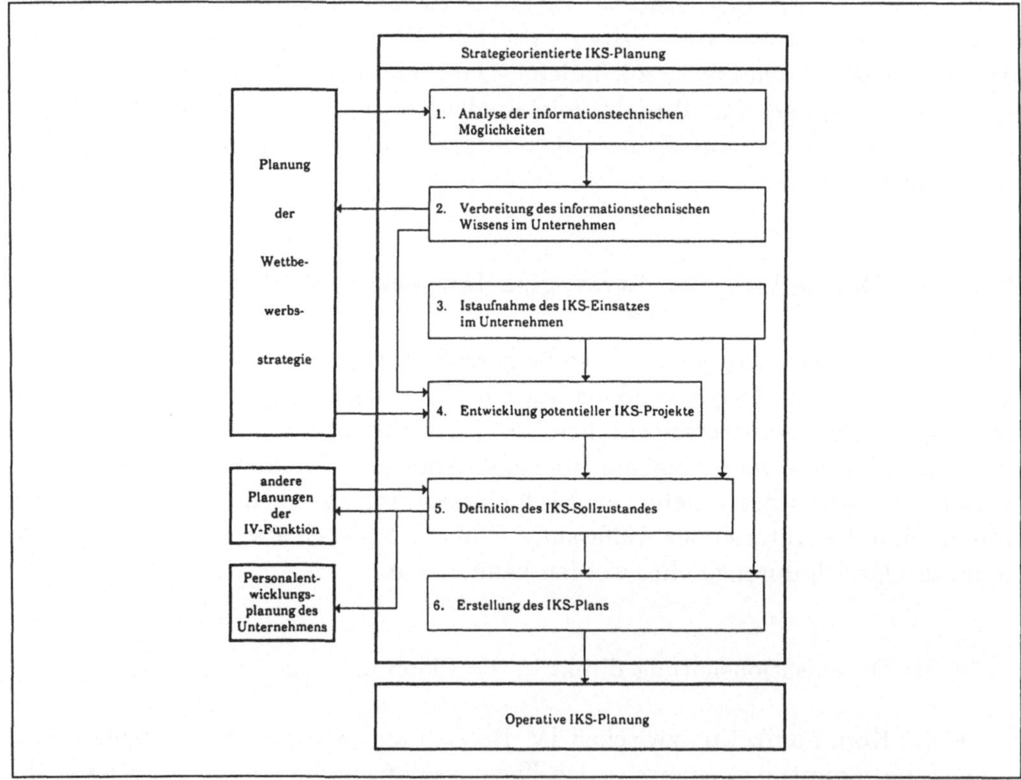

Abbildung 2.28: Vorgehensmodell der Strategieorientierten IS–Planung (Quelle: [KlSt 90] S. 28)

---

[91]Vgl. [KlSt 90] S. 19 ff.
[92]Vgl. [KlSt 90] S. 25 ff.

1. *Analyse der informationstechnischen Möglichkeiten:* Sie umfaßt das Studium des Informationstechnikeinsatzes der Wettbewerber genauso wie die ständige Beobachtung der informationstechnischen Entwicklung am Markt. Hierauf beruhen die Untersuchungen des Einflusses der Informationstechnik auf die Branche und auf die Wettbewerbsfaktoren. Daneben müssen die strategische Rolle der IV für die Organisation sowie die IV–Durchdringung der Organisation bestimmt werden. Anhand dieser Analysen kann das Potential der am Markt verfügbaren IV–Produkte und –Dienstleistungen für die Unterstützung der Organisationsaktivitäten ermittelt werden.

2. *Verbreitung des informationstechnischen Wissens in der Organisation:* Das bei der Analyse der informationstechnischen Möglichkeiten erworbene Wissen muß innerhalb der Organisation bekanntgemacht werden. Zielgruppe dieses Wissentransfers sind die Organisationsleitung und die Leiter der Fachabteilungen.

3. *Istaufnahme des IS–Einsatzes in der Organisation:* Diese Analyse bietet ein Bild der im Unternehmen derzeit eingesetzten IS sowie der in der Durchführungsphase befindlichen IS–Projekte. Darüber hinaus ergibt sich aus einer Anwenderbefragung eine Schwachstellenübersicht des derzeitigen IS–Einsatzes, die wiederum Anhaltspunkte für die Sollkonzeption liefern kann.

4. *Entwicklung potentieller IS–Projekte:* Zunächst werden die für die Organisationsaktivitäten kritischen Erfolgsfaktoren ermittelt und u.a. zum aktuellen und künftigen IS–Einsatz sowie den in der Organisation verwendeten Datenklassen in Beziehung gesetzt. Ergebnis der Abbildung dieser Zusammenhänge ist eine Informationsarchitektur. Die verschiedenen Interpretationsmöglichkeiten, die sich aus der Informationsarchitektur ergeben, verdeutlicht Abbildung 2.29.

   Mit deren Hilfe und unter Berücksichtigung der Schwachstellen des derzeitigen IS–Einsatzes werden in Zusammenarbeit zwischen dem Projektteam der IS–Planung, der Organisationsleitung sowie den Leitern der Fachabteilungen IS–Projektvorschläge entwickelt.

5. *Definition des IS–Sollzustandes:* Aus der Menge der generierten IS–Projektvorschläge werden innerhalb dieser Phase diejenigen Projekte selektiert, die als Bestandteil eines IS–Zielportfolios zu realisieren sind. Hierzu sind zuerst die Abhängigkeiten zwischen den einzelnen IS–Projektvorschlägen zu klären. Auf Basis der ermittelten Abhängigkeiten ist eine Zusammenfassung der Projektvorschläge zu potentiellen IS–Projektgruppen durchzuführen und anschließend deren Bewertung vorzunehmen. Für die Ableitung des IS–Sollzustandes werden sowohl die bestehenden IS als auch die aktuellen und potentiellen IS–Projekte bzw. –Projektgruppen in ein Istportfolio

	Aktivitäten	Organisationseinheiten	Datenklassen	kritische Erfolgsfaktoren	Anwendungssysteme	Informationstechnik	systemnahe Software
Aktivitäten	-	Organisationseinheiten, die eine Aktivität wahrnehmen	in einer Aktivität verwendete Datenklassen	für eine Aktivität maßgebliche kritische Erfolgsfaktoren	für eine Aktivität eingesetzte Anwendungssysteme	für eine Aktivität eingesetzte Informationstechnik	von einer Aktivität verwendete systemnahe Software
Organisationseinheiten	Aktivitäten einer Organisationseinheit	-	in einer Organisationseinheit verwendete Datenklassen	Kritische Erfolgsfaktoren einer Organisationseinheit	in einer Organisationseinheit eingesetzte Anwendungssysteme	in einer Organisationseinheit eingesetzte Informationstechnik	von einer Organisationseinheit verwendete systemnahe Software
Datenklassen	Aktivitäten, die eine Datenklasse verwenden	Organisationseinheiten, die eine Datenklasse verwenden	-	Kritische Erfolgsfaktoren, die auf einer Datenklasse basieren	Anwendungssysteme, die eine Datenklasse verwenden	Informationstechnik, auf der eine Datenklasse verarbeitet wird	systemnahe Software, die bei Verarbeitung einer Datenklasse eingesetzt wird
kritische Erfolgsfaktoren	Aktivitäten, für die ein kritischer Erfolgsfaktor maßgebend ist	Organisationseinheiten, für die ein kritischer Erfolgsfaktor gilt	Datenklassen, auf denen ein kritischer Erfolgsfaktor basiert	-	Anwendungssysteme, die Daten für einen kritischen Erfolgsfaktor liefern	Informationstechnik, die einen kritischen Erfolgsfaktor unterstützt	systemnahe Software, die einen kritischen Erfolgsfaktor unterstützt
Anwendungssysteme	Aktivitäten, die ein Anwendungssystem unterstützt	Organisationseinheiten, in denen ein Anwendungssystem eingesetzt wird	Datenklassen, die ein Anwendungssystem verarbeitet	Kritische Erfolgsfaktoren, für die ein Anwendungssystem Daten liefert	-	Informationstechnik, auf der ein Anwendungssystem betrieben wird	systemnahe Software, die bei Betrieb eines Anwendungssystems verwendet wird
Informationstechnik	von einer Informationstechnik unterstützte Aktivitäten	Organisationseinheiten, in denen eine Informationstechnik eingesetzt wird	von einer Informationstechnik verarbeitete Datenklassen	von einer Informationstechnik unterstützte kritische Erfolgsfaktoren	Anwendungssysteme, die auf einer Informationstechnik betrieben werden	-	systemnahe Software, die auf einer Informationstechnik betrieben wird
systemnahe Software	von einer systemnahen Software unterstützte Aktivitäten	Organisationseinheiten, für die eine systemnahe Software eingesetzt wird	Datenklassen, die auf einer systemnahen Software operieren	von einer systemnahen Software unterstützte kritische Erfolgsfaktoren	von einer systemnahen Software unterstützte Anwendungssysteme	Informationstechnik, auf der eine systemnahe Software betrieben wird	-

—————————————▶
Interpretationsrichtung

Abbildung 2.29: Interpretationsmöglichkeiten der Informationsarchitektur (Quelle: [KlSt 90] S. 46 f.)

eingeordnet. Dieses ermöglicht den Vergleich der einzelnen (vorhandenen und vorgeschlagenen) IS hinsichtlich ihrer Leistungsstärke und ihrer wettbewerbsstrategischen Bedeutung. Über eine Analyse des IS–Istportfolios wird das letztlich zu realisierende IS–Zielportfolio erstellt. Abbildung 2.30 verdeutlicht die Aussagemöglichkeiten eines derartigen IS–Portfolios.

6. *Erstellung des IS–Plans:* Der IS–Plan enthält als Maßnahmenkatalog Ziele, Vorschriften und Richtlinien für eine einheitliche Realisierung der innerhalb des Zielportfolios definierten IS–Projekte. Hierbei werden die Ziele und die personellen Verantwortlichkeiten jedes einzelnen Projekts, ein Terminplan und das Budget für das gesamte Zielportfolio sowie die bei der Projektdurchführung einzusetzenden Methoden festgelegt.

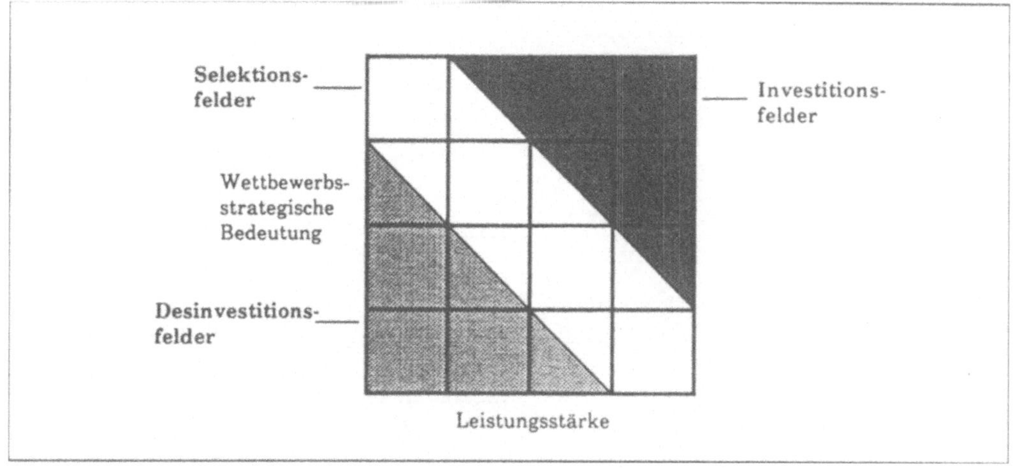

Abbildung 2.30: Interpretation der Portfoliopositionen (Quelle: [KlSt 90] S. 50)

Für die einzelnen Vorgehensschritte wird die Anwendung von vier Techniken[93] vorgeschlagen:[94] Ausgangspunkt sind die innerhalb der *Analyse der Wertkette* definierten Organisationsaktivitäten. Diese werden einerseits für die *Ermittlung der kritischen Erfolgsfaktoren* in der Relation „Organisationsaktivität — kritischer Erfolgsfaktor — Erfolgsfaktorenindikator" benötigt. Andererseits gehen sie bei der *Erstellung der Informationsarchitektur* ein. Die für jede Organisationsaktivität definierten kritischen Erfolgsfaktoren stellen jene Kriterien dar, die der wettbewerbsstrategischen Beurteilung sowohl der aktuellen IS als auch der einzelnen IS–Projektvorschläge zugrundeliegen. Diese Beurteilungen sind Voraussetzung für die Einordnung der derzeit eingesetzten IS sowie der IS–Projektvorschläge in das IS–Istportfolio, aus welchem das letztlich zu realisierende IS–Zielportfolio resultiert.

Die Informationsarchitektur beinhaltet Ergebnisse der Analysen der Wertkette und der kritischen Erfolgsfaktoren. Da sie als Hilfsmittel bei der Generierung von IS–Projektvorschlägen dient, trägt die Informationsarchitektur dazu bei, daß das am Ende erstellte IS–Zielportfolio strategierelevante, den Informationsbedürfnissen der Organisationsleitung und der Leiter der Fachabteilungen entsprechende IS–Projekte enthält. Abbildung 2.31 verdeutlicht die Integration der Konzepte.

---

[93]Die Autoren sprechen in diesem Zusammenhang nicht von Techniken, sondern von *Konzepten*.

[94]Auf die einzelnen Techniken wird hier nicht mehr näher eingegangen, weil diese großteils bereits behandelt wurden.

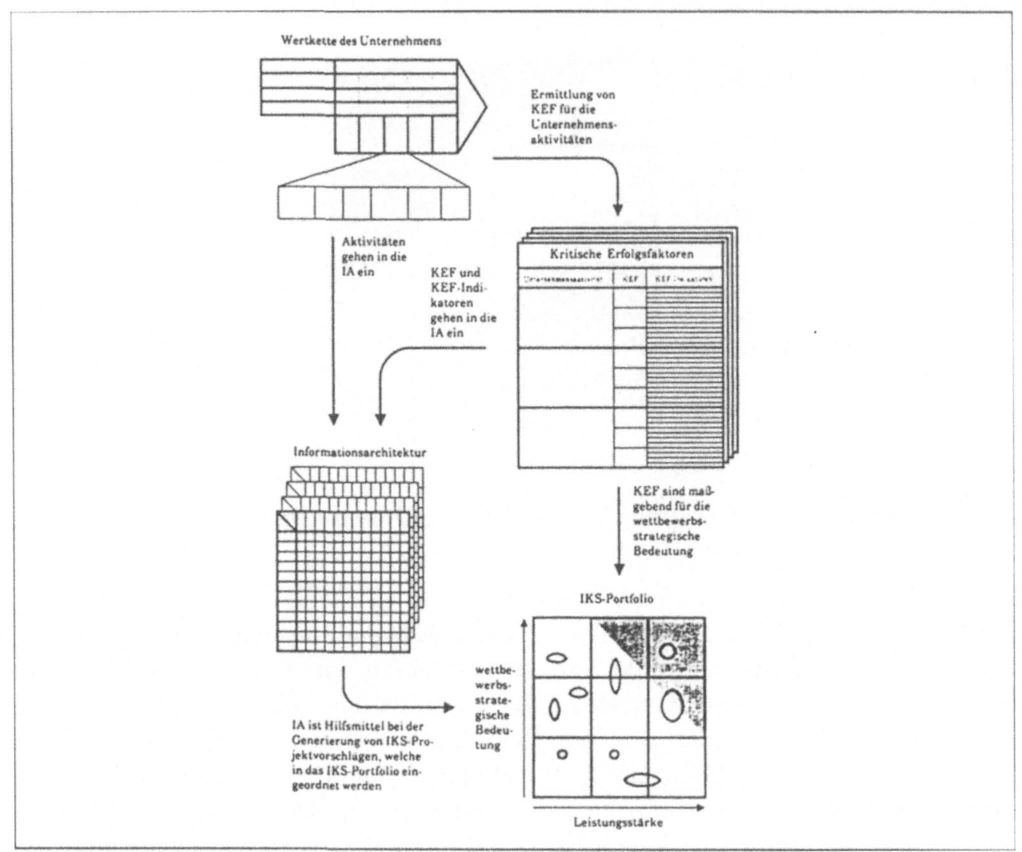

Abbildung 2.31: Integration der Techniken (Quelle: [KlSt 90] S. 56)

2.2.5.4   Kritik an Strategieorientierter IS–Planung

Der Ansatz von Klotz/Strauch stellt den Versuch dar, vier bewährte Techniken zu kombinieren und daraus eine neue SISP–Methode zu entwickeln. Dabei
gehen die Wertkette der Organisation als Voraussetzung, die kritischen Erfolgsfaktoren als Bindeglied zwischen der wettbewerbsstrategischen Planung und der
IS–Planung, die Informationsarchitektur der Organisation als Grundriß und das
IS–Portfolio als Entscheidungsgrundlage der IS–Planung in diesen Ansatz ein.[95]
Damit ist der vorliegende Ansatz in der Lage, eine Reihe von Problemstellungen
der SISP methodisch abzudecken, die von den bisher diskutierten Ansätzen nicht
bewältigt werden konnte (z.B. die strukturierte Auswahl von Applikationen, die
tatsächlich zu realisieren sind). Auch was die Operationalisierung und die Dokumentation der Vorgehensweise betrifft, ist der vorliegende Ansatz als ausgereift

---

[95]Vgl. [KlSt 90] S. 31.

zu bezeichnen. Vor allem die übersichtliche Dokumentation erlaubt ein rasches Zurechtfinden in der Methode, weil für jede Aufgabe das Ziel, eine Aufgabenbeschreibung, die Beteiligten, etwaige Beziehungen zu anderen Aufgaben und die Anforderungen an die Dokumentation angeführt sind. Allerdings sind die Aufgabenbeschreibungen in vielen Fällen sehr knapp gehalten bzw. geht aus der Beschreibung der einzelnen Verfahrensschritte nicht hervor, in welchem Umfang und bis zu welchem Detaillierungsgrad die einzelnen Techniken durchzuführen sind. Dadurch ist der Ansatz für den Praktiker zum Teil schwer nachvollziehbar. Dies trifft auch deshalb zu, weil entsprechende Hinweise zur Gestaltung der Rahmenbedingungen beim Einsatz des Verfahrens fehlen.

Als einziger wesentlicher methodischer Schwachpunkt wird die etwas einseitige Konzentration des Ansatzes auf die wettbewerbsorientierte IS–Planung angesehen. Damit verliert dieser vielversprechende Ansatz für nicht unmittelbar wettbewerbsorientiert agierende Organisationen und solche, für die auch die operative IV planerisch erfaßt werden muß (z.B. öffentliche Institutionen), erheblich an Relevanz.[96]

Zusammenfassend läßt sich die Strategieorientierte IS–Planung von allen beurteilten Ansätzen als jener bezeichnen, der den an eine SISP–Methode zu stellenden Anforderungen am ehesten gerecht wird. Dies ergibt sich in erster Linie aus der zufriedenstellenden Operationalität und der ausgereiften Abstimmung der vorgeschlagenen Techniken untereinander. Trotzdem sind in Hinblick auf die einseitige Orientierung an wettbewerbsorientierten Unternehmen und bezüglich der Präzision der Dokumentation Verbesserungen möglich. Aufgrund der Tatsache, daß Klotz/Strauch ihren Ansatz erst in jüngster Zeit publiziert haben, liegen noch keine Erfahrungsberichte vor, sodaß über die praktische Bewährung derzeit noch nichts ausgesagt werden kann.

2.2.6 Synopse der dargestellten Ansätze

Zur Wahrung des besseren Überblicks über die dargestellten Ansätze sollen sie in bezug auf die wesentlichen Charakteristika einander gegenübergestellt werden. Abbildung 2.32 verdeutlicht die Unterschiede der Methoden bezüglich der wichtigsten Merkmale.

---

[96]Vgl. Abschnitt 3.2 bezüglich der Anforderungen an SISP–Methoden.

SISP-Ansatz	"Impact" oder "Align"	Fokus	IS-Anwen-dungs-architektur	Rechner-unter-stützung
IV-Entwick-lungsstufen	—	Einstufung d. IV-Entwick-lungsstandes	nein	nein
Business Systems Planning	primär "align"	Daten und Prozesse	ja	teilweise
Kritische Erfolgsfaktoren	kann beides sein	Entschei-dungs-information	nein	nein
Untersuchungs-rahmen für strategische IS	"impact"	strategische IS	nein	nein
Information Engineering	primär "align"	Daten und Prozesse	ja	ja
Strategieorien-tierte IS-Planung	"impact"	strategische IS	grob	nein

Abbildung 2.32: Synopse der dargestellten SISP–Ansätze

2.3 Probleme mit verfügbaren SISP–Verfahren

Wurden im Abschnitt 2.2 die Entwicklung von SISP–Ansätzen beschrieben und
die wesentlichen Verfahren vorgestellt, so soll nun die aktuelle SISP–Anwen-
dungsproblematik kurz beleuchtet werden. Eine diesbezügliche Untersuchung
von Lederer/Sethi weist auf ein beträchtliches Zufriedenheitsdefizit mit den verfügbaren SISP–Methoden hin.[97] Die Abbildungen 2.33, 2.34 und 2.35 zeigen
jeweils eine Liste von Problempunkten, die sich aus den kritischen Anmerkungen verschiedener Autoren zusammensetzen.[98] Die vorliegende Aufstellung ist
in drei Abschnitte untergliedert, wobei Planungsressourcen, Planungsprozeß und
Planungsergebnisse unterschieden werden. Die vorliegende Problemsammlung
bezieht sich nicht auf eine einzelne Methode, sondern stellt einen Maximalkata-

---

[97]Vgl. [LeSe 88] S. 445 ff.

[98]Bezüglich der Zitate in den Abbildungen 2.33, 2.34 und 2.35 vgl. [LeSe 88] und die dort
angegebene Literatur.

log an Kritikpunkten dar, die bei der Anwendung verschiedener SISP–Methoden
genannt wurden.

	Resources for Implementing the Methodology	
R1	The size of the planning team is very large.	Vacca, 1983
R2	It is difficult to find a team leader who meets the criteria specified by the methodology.	Vacca, 1983
R3	It is difficult to find team members who meet the criteria specified by the methodology.	Vacca, 1983
R4	The success of the methodology is greatly dependent on the team leader.	Zachman, 1982
R5	Many support personnel are required for data gathering and analysis during the study.	Rockart, 1979
R6	The planning exercise takes very long.	Bowman, et al., 1983
R7	The planning exercise is very expensive.	Moskowitz, 1986
R8	The documentation does not adequately describe the steps that should be followed for implementing the methodology.	Zachman, 1982
R9	The methodology lacks sufficient computer support.	Zachman, 1982
R10	Adequate external consultant support is not available for implementing the methodology.	Zachman, 1982
R11	The methodology is not based on any theoretical framework.	Zachman, 1982
R12	The planning horizon considered by the methodology is inappropriate.	McLean and Soden, 1977
R13	It is difficult to convince top management to approve the methodology.	Vacca, 1983
R14	The methodology makes inappropriate assumptions about organization structure.	Yadav, 1983
R15	The methodology makes inappropriate assumptions about organization size.	Yadav, 1983

Abbildung 2.33: SISP–Probleme hinsichtlich der Planungsressourcen (Quelle:
[LeSe 88] S. 450)

Klassifiziert man die Probleme aus den Abbildungen 2.33, 2.34 und 2.35 so findet
man Schwierigkeiten, die sich aus den spezifischen Charakteristika einer Methode
ergeben und solche, die auf das jeweilige organisatorische Umfeld zurückzuführen
sind, in dem eine Methode angewendet wird. Die Konsequenzen für weitere
Überlegungen zum Vorgehen bei der SISP sind daher zweierlei: Einerseits ist eine
Methode zu entwickeln, bei der die erwähnten *methodenbedingten Schwächen* (wie
z.B. Problem P1: „The methodolgy fails to take into account organizational goals
and strategies.") behoben werden. Dies allein würde noch nicht ausreichen, den
Erfolg von SISP zu garantieren. Daraus ergibt sich, daß auch die *umfeldbezogenen
Problemstellungen* (Wie z.B. Problem R4: „The success of the methodology is
greatly dependent on the team leader.") vom IS–Planer erkannt und methodisch
berücksichtigt werden müssen.

Zusammenfassend läßt sich daher festhalten, daß sich aus den kritschen Anmerkungen zu den vorhandenen SISP-Ansätzen sowie aus den beiden zuletzt
genannten Forderungen die Rechtfertigung für die vorliegende Arbeit ergibt. Im
Abschnitt 4 wird das Vorgehenskonzept für SISP vorgestellt. Damit wird versucht, die bislang bestehenden methodenbedingten Schwächen, die u.a. auch in

<table>
<tr><td colspan="3">Planning Process Specified by the Methodology</td></tr>
<tr><td>P1</td><td>The methodology fails to take into account organizational goals and strategies.</td><td>King, 1978</td></tr>
<tr><td>P2</td><td>The methodology fails to assess the current information systems applications portfolio.</td><td>Schwartz, 1970</td></tr>
<tr><td>P3</td><td>The methodology fails to analyze the current strengths and weaknesses of the IS department.</td><td>King, 1984</td></tr>
<tr><td>P4</td><td>The methodology fails to take into account legal and environmental issues.</td><td>King, 1984</td></tr>
<tr><td>P5</td><td>The methodology fails to assess the external technological environment.</td><td>King, 1984</td></tr>
<tr><td>P6</td><td>The methodology fails to assess the organization's competitive environment.</td><td>King, 1984</td></tr>
<tr><td>P7</td><td>The methodology fails to take into account issues related to plan implementation.</td><td>Zachman, 1982</td></tr>
<tr><td>P8</td><td>The methodology fails to take into account changes in the organization during SISP.</td><td></td></tr>
<tr><td>P9</td><td>The methodology does not sufficiently involve users.</td><td>Kay, et al., 1980</td></tr>
<tr><td>P10</td><td>Managers find it difficult to answer questions specified by the methodology.</td><td>Boynton and Zmud, 1984</td></tr>
<tr><td>P11</td><td>The methodology requires too much top management involvement.</td><td>Bowman, et al., 1983</td></tr>
<tr><td>P12</td><td>The methodology requires too much user involvement.</td><td>Boynton and Zmud, 1984</td></tr>
<tr><td>P13</td><td>The planning procedure is rigid.</td><td>Zachman, 1982</td></tr>
<tr><td>P14</td><td>The methodology does not sufficiently involve top management.</td><td>Kay, et al., 1980</td></tr>
</table>

Abbildung 2.34: SISP–Probleme hinsichtlich des Planungsprozesses (Quelle: [LeSe 88] S. 450)

den diskutierten Ansätzen gefunden wurden, zu eliminieren. Im Kapitel 5 werden Vorschläge zur Beeinflussung der Rahmenbedingungen von SISP gemacht. Dieser Abschnitt stellt den Versuch dar, ein Konzept für die Vermeidung von potentiellen umfeldbezogenen Schwierigkeiten zu erarbeiten.

Output of the Planning Methodology		
O1	SISP output fails to provide a statement of organizational objectives for the IS department.	McLean and Soden, 1977
O2	SISP output fails to designate specific new steering committees.	
O3	SISP output fails to identify specific new projects.	McLean and Soden, 1977
O4	SISP output fails to determine a uniform basis for prioritizing projects.	King, 1978
O5	SISP output fails to determine an overall data architecture for the organization.	Zachman, 1982
O6	SISP output fails to provide priorities for developing specific databases.	Zachman, 1982
O7	SISP output fails to sufficiently address the need for Data Administration in the organization.	Sullivan, 1985
O8	SISP output fails to include an overall organizational hardware plan.	McLean and Soden, 1977
O9	SISP output fails to include an overall organizational data communications plan.	Sullivan, 1985
O10	SISP output fails to outline changes in the reporting relationships in the IS department.	
O11	SISP output fails to include an overall personnel and training plan for the IS department.	McLean and Soden, 1977
O12	SISP output fails to include an overall financial plan for the IS department.	McLean and Soden, 1977
O13	SISP output fails to sufficiently address the role of a permanent IS planning group.	King, 1984
O14	The output plans are not flexible enough to take into account unanticipated changes in the organization and its environment.	McLean and Soden, 1977
O15	The output is not in accordance with the expectations of top management.	Gill, 1981
O16	Implementing the projects and the data architecture identified in the SISP output requires substantial further analysis.	Zachman, 1982
O17	It is difficult to secure top management commitment for implementing the plan.	Gill, 1981
O18	The experiences from implementing the methodology are not sufficiently transferable across divisions.	Zachman, 1982
O19	The final output document is not very useful.	King, 1984
O20	The SISP output does not capture all the information that was developed during the study.	Gill, 1981

Abbildung 2.35: SISP–Probleme hinsichtlich der Planungsergebnisse (Quelle: [LeSe 88] S. 451)

Kapitel 3

Grundlagen für SISP

3.1   Versuch einer Definition

Bevor der Versuch unternommen wird, den Begriff *strategische Informationssystemplanung* zu definieren, sollen Ziele und Inhalte der SISP anhand der Begriffsbestimmungen anderer Autoren wiedergegeben werden. Auf diesem Weg soll schrittweise das Wesen der SISP erfaßt und in einer entsprechenden Definition festgehalten werden. Das erste umfassende Begriffsgebäude, auf das sich eine Reihe von Autoren bezogen haben, stammt von McLean/Soden. Sie bezeichnen in Anlehnung an die Ausführungen von Anthony[1] SISP als

> „. . . the process of deciding on objectives for the IS organization; on changes in these objectives; on the resources used to obtain these objectives, and on the policies that are to govern the acquisition, use, and disposition of the resources."[2]

Darüber hinaus unterscheiden McLean/Soden nach der Fristigkeit der Planung in lang-, mittel- und kurzfristige IS–Planung:

> „Long–range IS planning . . . is largely conceptual; . . . does not deal with specific projects, . . . but with emergint types of user needs; . . . must also plan for the IS organization of the future and for the skills and capabilities that will be needed."

---

[1] Vgl. [Anth 65] S. 15 ff.

[2] Vgl. [McSo 77] S. 23. „MIS" wurde hier zur Vereinheitlichung der Terminologie durch *IS* ersetzt.

„Medium–range IS planning ... is necessary to meet the host organizations present IS needs ... It is a portfolio of projects, ranked by importance, coupled with projections for their implementation. It also
involves the technical planning for systems and data base network
architecture, for hardware and software acquisitions and conversions,
and for the staffing ... "

„Short–range IS–planning ... involves detailed budget preparation,
manpower scheduling, and the creation of timetables for individual
projects ... It is relatively operational."[3]

Sehr ähnlich nimmt sich die Definition von Szyperski/Kolf aus. Auch sie unterscheiden zwischen strategischer und operativer sowie zwischen lang-, mittel-
und kurzfristiger IS–Planung. Nachfolgend ist nur die Begriffsbestimmung für
die SISP wiedergegeben, da sich die restlichen Definitionen inhaltlich eng an den
Ausführungen von McLean/Soden anlehnen:

„SISP ist der Entscheidungsprozeß über die Aktionsräume der IS–Organisation, ihre Ziele und Ressourcen, die für sie verfügbar sein sollten
zur Leistung ihres Beitrags für die Realisierung der Erfolgspotentiale
der Unternehmung."[4]

Beinhalten die beiden vorhergehenden Definitionen die Beschreibung des Wesens
der SISP sowie davon abgeleiteter Planungserfordernisse, so gibt Miksch in seiner
Begriffsbestimmung bereits Hinweise auf die Vorgehensweise bei der SISP:

„Unter SISP wird ein systematisch–methodisches Verfahren verstanden, das die Vorgehensweise, die zur Erreichung langfristiger Informationssystemziele notwendig ist, bestimmt. ... Als wesentliche Elemente der SISP sind zu nennen:

- Analyse des bestehenden Systems,

- Analyse der Systemumwelt,

- Definition strategischer Ziele und Entwicklung von Strategien
  zur Zielerreichung."[5]

Bei Hansen wird vor allem der Aspekt der „Ganzheitlichkeit" der SISP sowie der
Integrationsgedanke bei der Planerstellung betont, denn für ihn ist SISP

---

[3]Vgl. [McSo 77] S. 23 ff.
[4]Vgl. [SzKo 78] S. 61.
[5]Vgl. [Miks 86] S. 3 ff.

> „...ein Prozeß, bei dem Grundsatzentscheidungen über langfristig gültige Ziele und Grundsätze, Maßnahmen, Ressourcen sowie Budget und Finanzierung des IS–Bereichs eines Unternehmens getroffen werden. Erfolgreiche SISP setzt eine systematische Vorgehensweise voraus.... Sehr wesentlich für die Planerstellung ist die globale integrative Sichtweise. Sie ist durch das Bestreben gekennzeichnet, die gesamte IV eines Unternehmens planerisch zu erfassen...."[6]

Für Lederer/Sethi steht die Applikationsauswahl und die Schaffung der dafür notwendigen Hardware– und Software–Voraussetzungen im Vordergrund. Sie betonen auch die Existenz von zwei verschiedenen Sichtweisen (Dichotomy) die letztlich die Vorgehensweise bei der SISP beeinflussen.[7] Nach Lederer/Sethi kann SISP definiert werden als

> „...the process of identifying a portfolio of computer–based applications to assist an organization in executing its business plans and realizing its business goals. SISP also entails the specification of databases and systems to support those applications. SISP may mean the selection of rather prosaic applications, almost as if from a list, that would best fit the current and projected needs of the organization. SISP can also include the search for applications with a high impact and the ability to create an advantage over competitors."[8]

Nach Kruse ist SISP eine funktionale Strategie und als solche Teil der Organisationsplanung. Seiner Auffassung nach soll die SISP nicht nur die Bestimmung von strategischen Zielsetzungen und Grundsätzen, sondern auch konkrete Vorgaben zu den zu realisierenden Applikationen und den dafür erforderlichen IV–Ressourcen umfassen. Kruse definiert

> „...die inhaltlichen Aufgaben der SISP als die Bestimmung
>
> - der strategischen Zielsetzungen der Informationsverarbeitung und der Änderung dieser Ziele,
> - der Applikationen, die die Verwirklichung der Unternehmensziele und Strategien durch die bestmögliche Unterstützung der betrieblichen Aufgabenerfüllung sicherstellen sollen,
> - der Ressourcen und ihrer Gestaltung, die nötig sind, um die Ziele und Applikationen zu verwirklichen,

---

[6]Vgl. [HaRi 90] S. 661.
[7]Vgl. dazu Abschnitt 2.2.5.
[8]Vgl. [LeSe 88] S. 446.

- der Grundsätze und Richtlinien zu Ressourceneinsatz, Organisation und Führung, die die Verwirklichung dieses strategischen Programms erst möglich machen.

Eine detaillierte Definition der SISP ... muß zusätzlich die Gestaltung der SISP berücksichtigen. ... dementsprechend ist SISP als heuristisches Planungsvorgehen

- das Treffen zeitlich und sachlich koordinierter, vorverlegter Entscheide,

- die dem in der Ausgangslage durch die SISP–Analyse angemessen erforschten, in seiner zukünftigen Entwicklung aber sehr ungewissen Bereich der betrieblichen Informationsbearbeitung angepaßt sind und

- die beschränkten Fähigkeiten und jeweiligen Situationen und Interessenlagen der Handelnden berücksichtigen,

- die deshalb zwar keine optimalen, aber akzeptable und realisierbare Ziele, Maßnahmen und Mittelzuteilungen

- für die Informationssysteme, die IS–Ressourcen und die IS–Prozesse des Unternehmens ermöglichen."[9]

Zusammenfassend bezeichnet Kruse die SISP als

„... die Bestimmung der übergeordneten Vorgaben und des zu erbringenden Leistungsprogramms im IV–Bereich mit Hilfe eines geeigneten Vorgehens."[10]

Auf Basis der angeführten Begriffsbestimmungen sowie der gewonnenen Erfahrungen des Autors wird die SISP hier folgendermaßen charakterisiert:

Strategische Informationssystemplanung ist ein integraler Bestandteil der Organisationsplanung. Sie hat damit die IV einerseits *umfassend*, d.h. in einer die gesamte Organisation umspannenden Perspektive und andererseits *ganzheitlich*, d.h. in bezug auf

- die Daten-, Applikations- und Kommunikationsstrukturen,

- die IV–Ressourcen (Mitarbeiter, Hardware, Software und Budget) sowie

---

[9]Vgl. [Krus 87] S. 125 ff.
[10]Vgl. [Krus 87] S. 126.

- die IV–Organisation und –Führung

den Aufgaben einer Organisation entsprechend zu konzipieren.[11] Darüber hinaus muß die Betrachtungsweise *langfristig* orientiert sein, d.h. es sollte ein Planungshorizont von fünf bis zehn Jahren zugrunde gelegt werden. Im Rahmen der SISP ist mit Hilfe eines personen- und herstellerunabhängigen, in der Organisation allgemein bekannten, *systematisch–methodischen Verfahrens* ein Rahmenkonzept zu erarbeiten, das das Arbeitsgebiet aller an der IV beteiligten Mitarbeiter[12] für einen bestimmten Zeitraum (mindestens bis zur nächsten Planrevision) verbindlich festschreibt und damit die Mission, die Ziele, die Strategien, und die Maßnahmen im IV–Bereich sowie den damit verbundenen zeitlichen und finanziellen Aufwand ausweist. Die Vorgehensweise hat dabei die differierenden Sichtweisen von verschiedenen Führungskräften und Mitarbeitern sowie von verschiedenen Fachabteilungen zu berücksichtigen und muß gewährleisten, daß das Ergebnis der SISP *allgemein akzeptiert* und als Basis der zukünftigen Arbeit angenommen wird. Die Ergebnisse müssen nach Beendigung des SISP–Vorhabens in Form eines ausführlichen und für alle Beteiligten zugänglichen Realisierungsplanes *dokumentiert* werden, um somit die erforderliche Transparenz und Akzeptanz des Strategie- und Maßnahmenprogramms zu gewährleisten.

3.2 Anforderungen an SISP–Methoden

Aufbauend auf den kritischen Anmerkungen zu den im Abschnitt 2.2 diskutierten SISP–Ansätzen sowie auf obiger Definition soll hier versucht werden, einen Kriterienkatalog zu erstellen, der alle wesentlichen an eine SISP–Methode zu stellenden Anforderungen enthält. Dieser Anforderungskatalog soll in erster Linie auch einen Maßstab für den eigenen SISP–Ansatz darstellen und die Möglichkeit einer abschließenden Beurteilung bieten.

Generell sind bei einer solchen Betrachtung *methodenbezogene* und *umfeldbezogene* Kriterien zu unterscheiden.[13] Methodische Anforderungen an die SISP

---

[11]Damit ist nicht notwendigerweise nur die erstmalige Erstellung eines strategischen IS–Plans gemeint. SISP umfaßt selbstverständlich auch die Überarbeitung und Anpassung derartiger Pläne.

[12]D.h. strategische Pläne müssen auch für nicht unmittelbar im IV–Bereich beschäftigte Mitarbeiter verbindlich sein.

[13]Vgl. dazu die Ausführungen im Abschnitt 2.3.

können sich auf *inhaltliche* und auf *formale* Aspekte beziehen.[14] Als inhaltliche Anforderungen sind an eine SISP–Methode zu stellen:

- *Umfassender Aufgabenbezug:* Aufgrund des hohen Grades an Vernetzung von IV–Problemstellungen ist die Durchführung der SISP umfassend vorzunehmen. Diese Anforderung an eine SISP–Methode bedeutet, daß die Untersuchung der Bedingungslage, die Bestimmung von Zielen sowie die Entwicklung von Strategien und Maßnahmen nur in einer die gesamte Organisation umspannenden Perspektive sinnvoll ist.

- *Ganzheitlicher Aufgabenbezug:* Als SISP–Methode kann ein Ansatz nur dann eingestuft werden, wenn er ein Mindestmaß an Aufgabenstellungen der SISP methodisch abdeckt. Der Definition im Abschnitt 3.1 zufolge ist für die SISP

  - eine detaillierte Istanalyse durchzuführen,

  - eine Bewertung des Istzustands vorzunehmen,

  - ein IV–Leitbild und ein IV–Zielsystem zu erstellen,

  - ein Strategieprogramm bezüglich der Daten-, Applikations- und Kommunikationsstrukturen, hinsichtlich der IV–Ressourcen und in bezug auf die IV–Organisation und –Führung zu erarbeiten und

  - sämtliche für die weitere Entwicklung des IV–Bereichs relevanten Informationen (insbesondere das Strategieprogramm) in einem Realisierungsplan zu dokumentieren und in der Organisation allgemein zur Verfügung zu stellen.

- *Langfristige Untersuchungsperspektive:* Die Durchführung der SISP ist nur sinnvoll, wenn sie sich an den langfristigen Entwicklungslinien der Organisation orientiert. Damit ist für die SISP bereits eine langfristige Betrachtungsweise vorgegeben. Darüber hinaus ist eine Langfristbetrachtung deshalb sinnvoll, weil einerseits das erarbeitete strategische Programm u.U. einige Jahre für die Realisierung benötigt. Als Untergrenze kann damit ein Betrachtungszeitraum von etwa fünf Jahren genannt werden. Die Obergrenze für den Planungshorizont wird durch die Vorhersagbarkeit von organisationsinternen und -externen Faktoren (insbesondere auch der Entwicklung am Markt für Informationstechnik) bestimmt.

- *Strategische Untersuchungsperspektive:* Von einer SISP–Methode ist zu fordern, daß sie die Gestaltung der IS–Umwelt nicht nur auf Basis des gerade

---

[14]Vgl. dazu auch die Kriterienkataloge bzw. Bewertungsmaßstäbe in [Pete 83], [Esch 85], [Krus 87], [Lind 88] und [Saue 89].

aktuellen Aufgabenspektrums einer Organisation vornimmt. Vielmehr ist zu verlangen, daß Organisations- und Fachbereichsstrategien möglichst direkt in Anforderungen an die IV im allgemeinen und neue IS im besonderen übersetzt werden. Wenn diesbezügliche Maßnahmen zuerst vorgeschlagen und erst im Anschluß daran unter strategischen Gesichtspunkten bewertet werden, so wird dabei übersehen, daß Organisationsziele und -strategien selbst ein Ansatzpunkt für die Suche nach Anwendungsmöglichkeiten der IV sind. Daraus ergibt sich die Notwendigkeit, den Ziel- und Strategiekatalog einer Organisation zu analysieren und festzustellen, wo eine direkte „Transformation" in IS–Anforderungen möglich und sinnvoll ist. Weiters sollten Organisationsziele und -strategien nicht als unumstößlich festgeschrieben gelten. Da Organisationen u.U. mit der Hilfe von IS neuartige Produkte und Dienstleistungen entwickeln und neue Märkte erschließen können, ist die Ermittlung von Anwendungsbereichen für die IV auch unter diesem Gesichtspunkt zu sehen.[15]

- *Informationstechnologische Untersuchungsperspektive:* Klassische SISP–Ansätze schlagen vor, aus den Organisationszielen und -strategien den IS–Bedarf abzuleiten und auf diesem Weg auch den Bedarf an Informationstechnik zu bestimmen. Die informationstechnologische Entwicklung, insbesondere die Verschmelzung von Teiltechniken der IV[16] und das Anwachsen des Leistungsumfanges der verschiedenen Hardware- und Software–Komponenten, lassen neue Möglichkeiten der Rechnerunterstützung zu. Damit verändert sich der Gestaltungsspielraum für IS insofern, als nicht mehr nur die Aufgaben einer Organisation den IS–Bedarf bestimmen, sondern die Informationstechnik selbst einen Ansatzpunkt für die kreative Suche nach IS–Einsatzmöglichkeiten darstellt.[17] Diese Erweiterung des strategischen Suchfeldes sollte daher methodisch entsprechend unterstützt sein.

Neben den inhaltlichen Kriterien sind folgende formale Anforderungen an eine SISP–Methode zu stellen:

- *Operationalität:* Als operational kann eine Methode dann bezeichnet werden, wenn sie einzelne, nachvollziehbare Verfahrensschritte anbietet und wenn diese zusätzlich entsprechend ausführlich beschrieben sind. Ansätze, die lediglich Vorschläge zur Vorgehensweise enthalten, ohne die zeitliche Aufeinanderfolge der Teilaufgaben zu spezifizieren, gelten nicht als operational. Ebenso müssen in einem als operational zu bezeichnenden Ansatz

---

[15]Vgl. dazu auch [Saue 89] S. 112 ff.

[16]Darunter ist z.B. das Zusammenwachsen von klassischer EDV, Textverarbeitung sowie Sprach- und Bildverarbeitung zu verstehen.

[17]Vgl. dazu auch [Saue 89] S. 111 ff.

Aussagen zum zeitlichen, personellen und finanziellen Aufwand des gesamten Verfahrens bzw. der einzelnen Verfahrensschritte vorhanden sein.

- *Dokumentation:* Eine Methode ist nur dann sinnvoll einsetzbar, wenn sie entsprechend ausführlich beschrieben und damit allgemein nachvollziehbar ist. Neben einem bestimmten Umfang einer derartigen Dokumentation ist zu fordern, daß sich die Beschreibungstiefe an der jeweiligen Zielgruppe, d.h. an den in einer bestimmten Phase der SISP beteiligten Personen, orientiert. Die Dokumentation sollte darüber hinaus in einer Sprache abgefaßt sein, die für alle an der SISP beteiligten Personen, insbesondere auch für die Organisationsleitung, verständlich ist.

- *Objektivität:* Diese Eigenschaft fordert, daß verschiedene Personen beim Vorliegen der gleichen Ausgangsbedingungen zu den gleichen Ergebnissen kommen müssen. D.h. eine SISP–Methode muß personenunabhängige Ergebnisse liefern und überdies intersubjektiv nachvollziehbar sein.[18]

- *Zielgruppenangepaßtheit:* Eine Methode ist dann den Zielgruppen angepaßt, wenn die betroffenen Personen mit der Methode umgehen können. Das bedeutet nicht, daß alle an der SISP Beteiligten alle Techniken beherrschen müssen. Zumindest aber die in einer bestimmten Phase eingebundenen Personen müssen die entsprechenden Techniken anwenden können oder diese wenigstens zeitgerecht und mit vertretbarem Aufwand erlernen können.

- *Effizienz:* Die Wirtschaftlichkeit einer Methode ergibt sich aus dem Verhältnis zwischen dem Zeit- bzw. Kostenaufwand und den Ergebnissen der Methode. Zwar werden die Ergebnisse vor allem in qualitativer Hinsicht nur schwer bewertbar sein und damit die Beurteilung der Effizienz einer Methode als sehr „weiches" Kriterium erscheinen lassen. Trotz dieser Schwierigkeit sollte das Kriterium der Wirtschaftlichkeit nicht gänzlich vernachlässigt werden, weil sie immer wieder Anlaß zu Unzufriedenheit mit der verwendeten SISP–Methode gibt.[19]

---

[18]Trotz der prinzipiellen Notwendigkeit des Kriteriums der Objektivität wird die Forderung, daß verschiedene Personen beim Vorliegen der gleichen Ausgangsbedingungen zu den gleichen Ergebnissen kommen müssen, in der Praxis nur zum Teil haltbar sein. Dies liegt in erster Linie an den unterschiedlichen Fähigkeiten, fachlichen Qualifikationen und organisationsbedingten Abhängigkeitsverhältnissen der Personen, die für die Leitung eines SISP–Projekts in Frage kommen. So ist einsichtig, daß sich die Ergebnisse eines SISP–Projekts, das von einem unabhängigen Berater durchgeführt wurde, sich u.U. in wesentlichen Punkten von denen unterscheiden werden, die vom Leiter des IV–Bereichs erzielt worden wären (vgl. dazu auch die diesbezüglichen Auführungen im Abschnitt 5.2.2).

[19]Vgl. dazu die Probleme R6 und R7 in Abb. 2.33.

Auf die Existenz von umfeldbezogenen Problemen beim Einsatz der SISP wurde bereits im Abschnitt 2.3 hingewiesen. Hier sollen entsprechende Anforderungen in methodischer Hinsicht diskutiert werden:

- *Gestaltungsvorschläge:* Von einer SISP-Methode ist zu fordern, daß sie neben dem Vorgehensmodell auch brauchbare Hinweise zur konkreten Gestaltung der SISP im jeweiligen organisatorischen Umfeld umfaßt. Aufgrund der Vielzahl von organisationsspezifischen und situativen Faktoren[20] ist daher zu fordern, daß die jeweiligen Rahmenbedingungen der SISP berücksichtigt werden. Daraus ergibt sich die Notwendigkeit für entsprechende Handlungsanweisungen hinsichtlich der Organisation des SISP-Vorgehens, zu zeitlichen, personellen und kommunikativen Aspekten, zur Dokumentation der Ergebnisse, zur technischen Unterstützung der SISP etc.

- *Anpaßbarkeit:* Aufgrund der verschiedenen Organisationsszenarien, in denen eine SISP-Methode erfolgreich einsetzbar sein soll, muß auch ein Mindestmaß an Flexibilität gefordert werden. Das heißt, die Methode muß sich an bestimmte organisatorische Gegebenheiten[21] und auch an verschiedene Typen von Organisationen anpassen lassen, damit sie universell einsetzbar wird.[22]

3.3 Konsequenzen für den eigenen SISP-Ansatz

Aus der Definition in Abschnitt 3.1 und den Anforderungen an SISP-Methoden ergeben sich für den eigenen Ansatz eine Reihe von Konsequenzen. Die wichtigsten Aspekte sollen in der Folge diskutiert werden:

- *Vorgehensmodell:* Wesentliche Grundlage des hier vorzulegenden SISP-Ansatzes muß ein detailliertes Vorgehensmodell sein. Dieses Modell sollte den Aufgaben Analyse des Istzustands, Festlegen von Zielen und Entwickeln von Strategien gerecht werden. Daher sind die Phasen *Vorbereitung, Analyse der IV-Bedingungslage, Bestimmung der strategischen Richtung für*

---

[20]Darunter sind z.B. Größe, Aufbau- und Ablauforganisation, Führungsstil, Entwicklungsstand der IV zu verstehen.

[21]Darunter sind z.B. die strategische Bedeutung der IV für die Organisation, der Entwicklungsstand der IV, IV-Budget, Daten-, Applikations- und Kommunikationsstruktur zu verstehen.

[22]Darunter sind wettbewerbsorientierte und Non Profit-Organisationen sowie private und öffentliche Organisationen zu verstehen.

die IV, Entwicklung von IV–Strategien und *Realisierung von IV–Strate-gien* vorzusehen. Damit ist der Forderung nach einem umfassenden Aufga-benbezug des Ansatzes[23] nachzukommen.[24] Das Vorgehensmodell hat ein schrittweises Verfahren vorzuschlagen, bei dem alle Phasen der Reihe nach durchlaufen werden. Obwohl die letzte Phase *Realisierung von IV–Strate-gien* nicht mehr eigentlicher Bestandteil der SISP ist, da es sich hier bereits um die operative Umsetzung des strategischen Programms handelt, ist sie trotzdem in den Ansatz aufzunehmen. Sie hat Vorschläge zu enthalten, die einen klaglosen Übergang von der Planungs- in die Realisierungsphase gewährleisten.

Der Forderung nach ausreichender Operationalität und entsprechender Do-kumentation des Ansatzes muß durch eine ausführliche Beschreibung der Phasen sowie der einzelnen Teilschritte innerhalb der Phasen Rechnung getragen werden. Die Ausführungen sind in einer auch für den Nichtfach-mann verständlichen Sprache abzufassen, so daß auch das Kriterium der Zielgruppenangepaßtheit weitgehend erfüllt wird.

- *Zweiteilung des Vorgehensvorschlags:* Der zu entwickelnde Ansatz ist aus Gründen der Übersichtlichkeit zweigeteilt darzustellen: Zwar werden im Rahmen des Vorgehenskonzepts die methodischen Aspekte der SISP dar-gestellt. Allerdings können eine Reihe von Problemstellungen auf der rein methodischen Ebene nicht gelöst werden, sodaß auch Aussagen über die Rahmenbedingungen gemacht werden müssen. Derartige Rahmenbedin-gungen betreffen z.B. die Einordnung eines SISP–Projekts in das Aufga-bengefüge einer Organisation, die Dimensionierung des Planungshorizonts und der Projektdauer, die Abwicklung der verschiedenen Ergebnispräsen-tationen oder die Gliederung des Abschlußberichts. Derartige Hinweise zur Gestaltung sind aus dem Vorgehenskonzept auszugliedern und in einem eigenen Abschnitt zusammenzufassen.[25] Mit den Ausführungen zu den SISP–Rahmenbedingungen ist der Forderung nach Gestaltungsvorschlägen gerecht zu werden.

- *Flexible Gestaltungsmöglichkeit:* Der geforderten Anpaßbarkeit einer SISP–Methode muß derart entsprochen werden, daß das Vorgehenskonzept einen Maximalkatalog von Techniken anbietet. Diese Techniken müssen zum Großteil nicht neu entwickelt werden, sondern sind teilweise bereits verfüg-bar. Für den vorliegenden Ansatz müssen sie jedoch erweitert, adaptiert und zu einer praktikablen Vorgehensweise zusammengestellt werden. Der

---

[23]Vgl. Abschnitt 3.2.
[24]Eine Begründung für die hier vorgestellte Phasengliederung folgt im Kapitel 4.
[25]Vgl. dazu auch die Ausführungen von Kruse, der seinen Ansatz in ein *Gestaltungsvorgehen* und in ein *Durchführungsvorgehen* gliedert ([Krus 87] S. 389 ff.).

Einsatz der Techniken ist nicht notwendigerweise additiv, sondern meist selektiv vorzusehen und wird in erster Linie von der Bedingungslage in der jeweiligen Organisation bestimmt. Die Auswahl der erforderlichen Techniken hat für ein konkretes SISP–Projekt im Rahmen des Vorgehenskonzepts am Ende der Phase *Analyse der IV–Bedingungslage* zu erfolgen und wird erst nach einer groben Einschätzung der Ausgangssituation bestimmt.[26]

Zusammenfassend kann bezüglich der Konsequenzen, die sich aus den Abschnitten 3.1 und 3.2 für den eigenen Ansatz ergeben, folgendes festgehalten werden: Es ist ein geeignetes Vorgehensmodell zu entwickeln, das die methodischen Problemstellungen der SISP abdeckt. Hinweise bezüglich der Rahmenbedingungen sind aus Gründen der Übersichtlichkeit daraus auszugliedern und in einem eigenen Abschnitt darzulegen. Sehr praktikabel erscheint die Gestaltung des Ansatzes in Form eines „Methodenbaukastens", der je nach aktuellen Erfordernissen das richtige „Werkzeug" für die jeweilige Problemstellung zur Verfügung stellen kann. Die Realisierung des SISP–Ansatzes unter Beachtung der eben diskutierten Vorgaben ist Gegenstand der folgenden Abschnitte.

---

[26]Details dazu folgen im Abschnitt 4.2.

Kapitel 4

Vorgehenskonzept für SISP

Bisher wurden die Notwendigkeit für die Durchführung der SISP aufgezeigt, die wichtigsten bisher entwickelten Ansätze diskutiert und aus deren Schwächen sowie aus den praktischen Erfahrungen in der Anwendung Anforderungen an SISP–Methoden abgeleitet. In diesem Abschnitt soll ein eigener Vorgehensvorschlag für die Durchführung der SISP vorgestellt werden. Wie eingangs bereits erwähnt, soll die Darstellung der Vorgehensweise in Form eines Handbuchs vor allem den Praktiker bei der methodischen Durchführung der SISP unterstützen.[1] Ausschlaggebend für dieses Ziel sind die Erfahrungen mit einer Reihe von theoretischen Ansätzen aus dem Bereich der Systemanalyse. Die vorgeschlagenen Verfahren berücksichtigen in den seltensten Fällen die in der Praxis vorhandenen Einsatzbedingungen.[2] Deshalb kam es dem Autor auch darauf an, im nachfolgenden Teil den wissenschaftlichen Diskurs so knapp wie möglich zu halten und die Entwicklung des SISP–Vorgehenskonzepts unter pragmatischen Gesichtspunkten anzugehen. Wie bereits in Abschnitt 3.3 gefordert, folgt der Ansatz einem systematischen Vorgehensmodell. Diese Phasenstruktur der SISP ist in Abbildung 4.1 im Überblick dargestellt.

4.1 Vorbereitung

Ein SISP–Vorhaben ist für eine Organisation mit erheblichem finanziellen und organisatorischen Aufwand verbunden. Daher erscheint es sinnvoll, an den Beginn

---

[1] Vgl. Abschnitt 1.1.

[2] Man vergleiche hierzu die Vielzahl von Publikationen zum Thema „Verfahren und Methoden der Systemanalyse" mit dem aktuellen Wissensstand und der gängigen Planungspraxis in IV–Abteilungen, aber auch in Fachabteilungen von privaten und öffentlichen Organisationen. Siehe dazu auch die Anmerkungen in den Abschnitten 2.3 und 3.2.

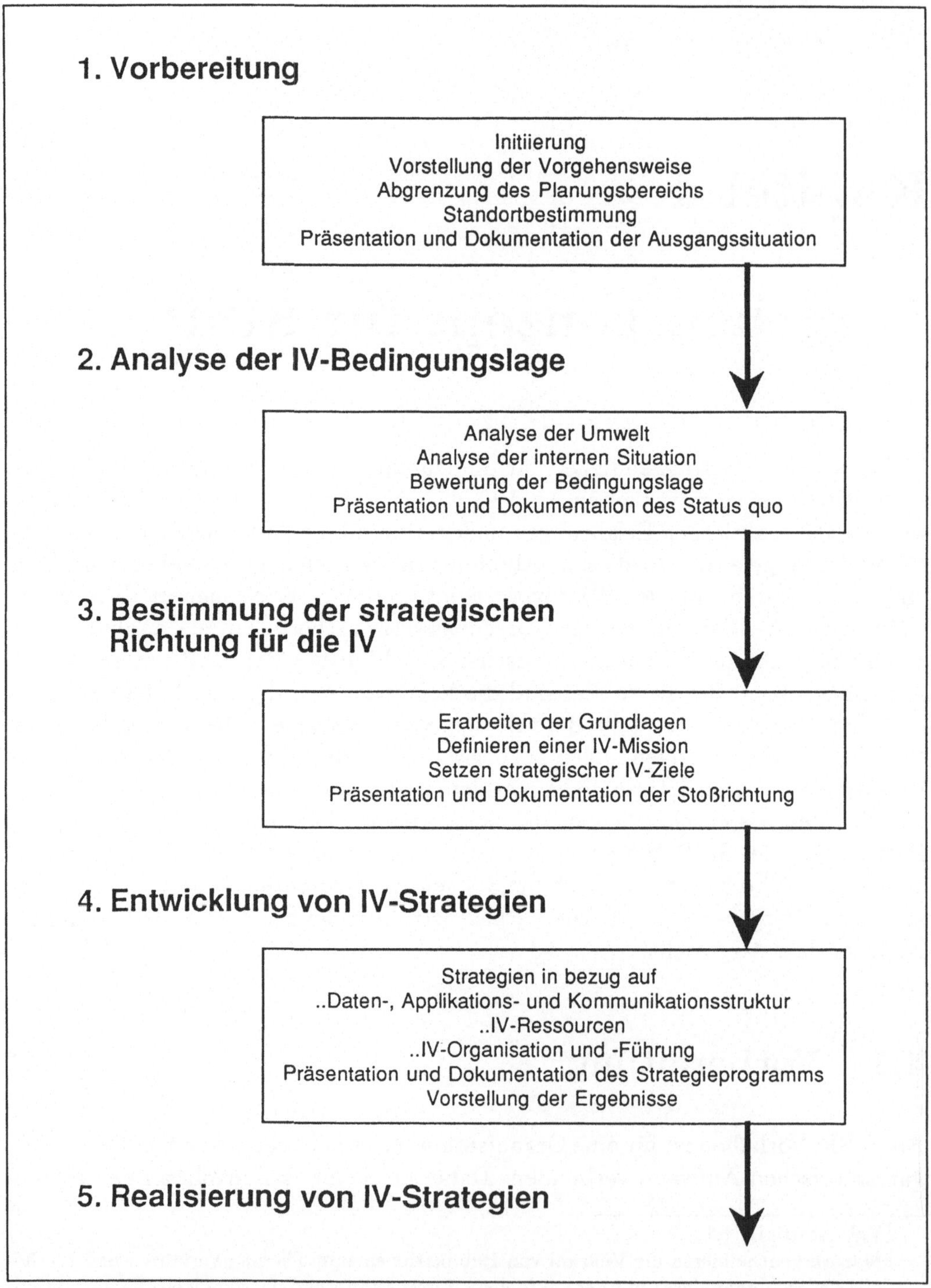

1. Vorbereitung

Initiierung
Vorstellung der Vorgehensweise
Abgrenzung des Planungsbereichs
Standortbestimmung
Präsentation und Dokumentation der Ausgangssituation

2. Analyse der IV-Bedingungslage

Analyse der Umwelt
Analyse der internen Situation
Bewertung der Bedingungslage
Präsentation und Dokumentation des Status quo

3. Bestimmung der strategischen Richtung für die IV

Erarbeiten der Grundlagen
Definieren einer IV-Mission
Setzen strategischer IV-Ziele
Präsentation und Dokumentation der Stoßrichtung

4. Entwicklung von IV-Strategien

Strategien in bezug auf
..Daten-, Applikations- und Kommunikationsstruktur
..IV-Ressourcen
..IV-Organisation und -Führung
Präsentation und Dokumentation des Strategieprogramms
Vorstellung der Ergebnisse

5. Realisierung von IV-Strategien

Abbildung 4.1: Phasen der SISP

eines derartigen Projekts[3] eine Einführungsphase zu stellen, in der eine Reihe von organisatorischen Vorarbeiten geleistet und wesentliche Vorentscheidungen getroffen werden. Dabei geht es darum, sich einen ersten Überblick über die Organisation zu verschaffen und die Vorgehensweise an die konkrete Problemsituation anzupassen. Über diese mehr ablauforientierten Tätigkeiten hinaus gilt es in dieser Phase, bei den Beteiligten einen „Bewußtwerdungsprozeß" einzuleiten, um ihr Interesse zu wecken und ihre aktive Mitarbeit zu gewährleisten.[4] Die folgende Tabelle faßt die wichtigsten Aufgaben der Phase *Vorbereitung* zusammen:

Teilschritt	Aufgaben	Beteiligte
Initiierung	Auftragserteilung	Organisationsleitung, Planungsteam
Vorstellung der Vorgehensweise	Präsentation	Planungsteam, möglichst alle Mitarbeiter
Abgrenzung des Planungsbereichs	Diskussion	Organisationsleitung, Planungsteam
IV–Standortbestimmung • Erfassung der Organisationsstruktur • Kurzdiagnose des IV–Bereichs • Bestimmung der IV–Entwicklungsstufe • Ermittlung der strategischen Bedeutung der IV	Auswertung des Sekundärmaterials, Kurzerhebung im IV–Bereich	Planungsteam, IV–Leitung, Leiter der Fachabteilungen
Präsentation und Dokumentation der Ausgangssituation	Präsentation, Diskussion, Dokumentation	Planungsteam, Organisationsleitung

4.1.1 Initiierung

„Idealerweise wird die gesamte IV–Entwicklung einer Organisation systematisch, in regelmäßigen Intervallen mit Hilfe einer umfassenden Methode langfristig geplant." Diese durchaus berechtigte Forderung wird allgemein anerkannt. Praktische Erfahrungen zeigen allerdings,[5] daß häufig nicht das Herannahen eines Termins in einem institutionalisierten IV–Planungszyklus, sondern das Auftreten

---

[3]In der Folge ist von *Projekt* die Rede, weil es sich bei der SISP im Gegensatz zu routinemäßigen Planungsaufgaben des IV–Bereichs um ein zeitlich begrenztes, einmaliges und komplexes Vorhaben handelt.

[4]Vgl. die diesbezüglichen Aussagen bei [Krus 87] S. 132.

[5]Vgl. dazu die Ergebnisse der einschlägigen empirischen Untersuchungen in [Krus 87] S. 319 ff. und [Lind 88] S. 83 ff.

von aktuellen, meist abteilungsübergreifenden Problemstellungen[6] ausschlaggebend dafür ist, daß an die Möglichkeit der SISP gedacht wird. Aus der Sicht einer
Organisation erhebt sich dann die Frage, ob ein derartiges Vorhaben intern, also
mit eigenen Mitarbeitern, oder extern (von einschlägigen Beratern) abgewickelt
werden soll. Folgende Aspekte müssen bei einer derartigen Entscheidung berücksichtigt werden:

- Methodenbezogene Kriterien, d.h.

    - allgemeine Erfahrung mit strategischer und langfristiger Planung,

    - spezielle Erfahrung mit strategischer langfristiger Planung im IV–Bereich.

- Personenbezogene Kriterien, d.h.

    - Verfügbarkeit von Mitarbeitern, die die Leitung eines SISP–Projekts
      übernehmen können und über die entsprechenden Kenntnisse (sozioökonomisches, technisches und planerisches Know–how), einschlägige Erfahrungen (vergleichbare Tätigkeiten, Referenzprojekte) und die
      nötigen Persönlichkeitsmerkmale verfügen,

    - Verfügbarkeit von Mitarbeitern für das Projektteam.

- Organisationsbezogene Kriterien, d.h.

    - „Kommunikationsqualität und -kultur" v.a. zwischen dem IV–Bereich
      und den Fachbereichen, also die Fähigkeit und die Bereitschaft miteinander zu reden und Probleme im Konsens zu lösen,

    - technischer Stand und Image des IV–Bereichs,

    - Stellenwert der Ergebnisse eines derartigen Projekts und Konsequenzen für die Organisation.

Sind die angeführten Kriterien hier auch nur recht grob skizziert, so stellen sie
doch grundlegende Anhaltspunkte für eine Entscheidung dar.[7] Unabhängig davon, wie eine derartige Entscheidung ausfällt, beginnt ein SISP–Projekt mit der

---

[6]Darunter sind z.B. Grundsatzentscheidungen im Zusammenhang mit der Beschaffung von
Hardware und Software, Festlegung von Richtlinien für die Applikationsentwicklung, Fragen bezüglich der Wirtschaftlichkeit der IV zu verstehen.
[7]Vgl. die ausführliche Diskussion im Abschnitt 5.2.2.

Auftragserteilung entweder an eine aus den eigenen Reihen gebildete Projektgruppe oder an ein externes Planungsteam.[8]

Wird die SISP nicht von Mitarbeitern der Organisation durchgeführt, dann sind vor allem organisatorische Fragen zu klären, die die Art und Weise der Zusammenarbeit regeln (z.B. Plandetaillierung, Antritts-, Zwischen- und Abschlußpräsentationen). Der wichtigste Aspekt dieser ersten Phase ist zweifellos die Erlangung der Unterstützung der Organisationsleitung.[9] Ein SISP–Vorhaben hat nur dann Aussicht auf Erfolg, wenn die Isterhebung, die Strategieentwicklung und vor allem auch die nachfolgende Durchsetzung der Maßnahmen auf breiter Basis von der gesamten Führungsmannschaft akzeptiert und unterstützt werden. Bei einer Sitzung zu Beginn des Projekts[10] mit den Führungskräften der Organisation sollte daher ein externes Planungsteam die Notwendigkeit einer derartigen Unterstützung deutlich machen, um von Anfang an die aktive Mitarbeit anzuregen. Weiters sollte es bei dieser Gelegenheit zu einer gegenseitigen Vorstellung kommen, bei der die Führungskräfte ihre Organisation sowie die anstehenden Hauptprobleme (sowohl allgemeine Schwierigkeiten als auch spezifische IV–Probleme) darstellen. Das Planungsteam sollte dabei seine Vorgehensweise zumindest in groben Umrissen darlegen.[11]

4.1.2 Vorstellung der Vorgehensweise

Zahlreiche Autoren haben auf die besondere Bedeutung des „Faktors Mensch" hingewiesen.[12] Bedauerlicherweise wird die Erkenntnis, daß gute Leistungen nur von entsprechend motivierten und vor allem ausreichend informierten Mitarbeitern vollbracht werden, in vielen Organisationen noch immer sträflich vernachlässigt. Ein ganz wesentlicher Punkt im Rahmen der Durchführung eines SISP-Projekts ist daher eine richtige Informations- und Motivationspolitik sowohl seitens der Führungskräfte der Organisation als auch seitens des Planungs-

---

[8]Wie im Abschnitt 5.2.2 gezeigt wird, spricht eine Reihe von Argumenten für die externe Vergabe eines SISP-Projekts. Dies gilt insbesondere für die erstmalige Durchführung. Zwar existieren keine empirischen Untersuchungen, die diese Annahme untermauern. Die praktische Erfahrung, die der Autor in einigen Projekten sammeln konnte, hat jedoch gezeigt, daß die oben skizzierten Entscheidungskriterien immer eindeutig für eine externe Vergabe des SISP-Projekts gesprochen hätten. Aus diesem Grund wird die Vorgehensweise in der Folge unter diesem Gesichtspunkt dargestellt.

[9]Die Bedeutung dieser Aufgabe zeigt sich unter anderem auch daran, daß in einem der meistverbreiteten SISP-Verfahren, nämlich BSP, dafür eine eigene Planungsphase vorgesehen ist (vgl. Abschnitt 2.2.2.1 und [Mart 82] S. 1 ff.).

[10]Diese Sitzung wird oft als *Kick-off Meeting* bezeichnet.

[11]Nähere Details zu den Präsentationen zu Beginn, während und am Ende eines SISP-Projekts folgen im Abschnitt 5.2.3.

[12]Hier sei aus der Vielzahl von Publikationen exemplarisch nur auf [Peter 83] verwiesen.

teams. Oberstes Gebot ist hier die Herstellung von Transparenz. Das bedeutet, daß den beteiligten Mitarbeitern klarzumachen ist, welche Ziele ein SISP–Projekt verfolgt, in welchem Zeitrahmen es abgewickelt werden soll, welchen Beitrag sie zu leisten haben, welche Konsequenzen mit den Ergebnissen verbunden sein können etc. Ein grober Fehler wäre es, die Mitarbeiter, die das Konzept ja letztendlich realisieren müssen, im „dunkeln tappen" zu lassen bzw. sie erst unmittelbar vor der Realisierung vor vollendete Tatsachen zu stellen.

Zu Beginn des SISP–Vorgehens ist daher eine entsprechende Informationsveranstaltung sinnvoll, bei der zumindest die Organisationsleitung, die Leitung der Fachabteilungen, maßgebliche Mitarbeiter aus den Fachabteilungen sowie Führungskräfte und Mitarbeiter des IV–Bereichs anwesend sein sollten. Im Rahmen einer Antrittspräsentation sollte dieser Personenkreis umfassend über die Vorgehensweise bei der SISP informiert werden. Dabei ist folgender Verlauf empfehlenswert:

1. Vorstellung des Planungsteams (Leiter und Mitarbeiter).

2. Präsentation der Vorgehensweise der SISP: Diese Aufgabe kann durch die Ausgabe von Hand–outs mit einer Kurzfassung der Vorgehensweise unterstützt werden und bietet insbesondere jenen Mitarbeitern, die nicht an der Antrittspräsentation teilnehmen können, die Möglichkeit, sich hinterher über methodische Details zu informieren.[13]

3. Klärung der Rollen des Planungsteams, der Organisationsleitung, der Leiter der Fachabteilungen sowie der übrigen Mitarbeiter.

4. Anleitung bezüglich der Zusammenstellung des Sekundärmaterials, das als Vorinformation dem Planungsteam die Möglichkeit bieten soll, sich einen ersten groben Überblick über die Organisation zu verschaffen.[14] Um die Isterhebung abzukürzen,[15] empfiehlt es sich, die Leiter der Fachabteilungen sowie insbesondere des IV–Bereichs dazu zu veranlassen, folgende Informationen in strukturierter Form zusammenzustellen:

   - Abteilungsorganigramm,

   - Tätigkeitsbeschreibungen der Mitarbeiter, zumindest im Überblick,

   - Informationsbedarf derzeit und in Zukunft (grobe Beschreibung der für die Erfüllung der Abteilungsaufgaben erforderlichen Datenbestände),

---

[13]Die ausführliche Darstellung des Vorgehensmodells, der verwendeten Techniken, der zu erwartenden Ergebnisse etc. sollte durchaus mittels geeigneter audiovisueller Unterstützung durchgeführt werden (vgl. dazu die Empfehlungen im Kapitel 6).

[14]Auch diese Aufgabe kann durch die Ausgabe entsprechender Unterlagen vereinfacht werden.

[15]Vgl. Abschnitt 4.1.4.

- Applikationen, die von der jeweiligen Fachabteilung verwendet werden bzw. in Auftrag gegeben wurden mit

  - Bezeichnung und Zweck,
  - funktionaler Beschreibung,
  - Art der Anwendung (zentral, d.h. organisationsweit eingesetzt, oder dezentral, d.h. nur auf Fachabteilungsebene verfügbar),
  - Herkunft der Applikation (Eigenentwicklung oder Fremdbezug),
  - Benutzer und Benutzungshäufigkeit,
  - Betriebsart (Online- oder Stapelverarbeitung),
  - Kritik an der Applikation und Verbesserungs- bzw. Zusatzwünsche;

- Kommunikationswege sowie Inhalte und Intensitäten des Informationsaustausches mit anderen Abteilungen bzw. externen Partnern,

- Hardware und evtl. Software, die von der Fachabteilung verwendet wird,

- Zusatzerfordernisse in bezug auf Applikationen, Hardware und Software sowie hinsichtlich des IV–Personals,

- Probleme des derzeitigen Einsatzes der IV sowie diesbezügliche Lösungsansätze.

5. Zeitplanung für das gesamte Projekt, um den Auftraggebern eine zumindest grobe terminliche Orientierung zu ermöglichen: Diese umfaßt das Festlegen von Terminen für die verschiedenen Präsentationen, das Vereinbaren eines Interviewzeitrahmens und die Ermittlung des Zeitpunkts für den Projektabschluß.

6. Beantwortung allfälliger Fragen.

Die Antrittspräsentation sollte mindestens vier bis sechs Wochen vor dem eigentlichen Projektbeginn stattfinden, um einerseits den Mitarbeitern der Organisation die Möglichkeit zu geben, die Unterlagen in der gewünschten Form zusammenzustellen. Andererseits muß auch dem Planungsteam genügend Zeit zur Verfügung stehen, sich in das Material einzuarbeiten. Neben der ausführlichen Vorstellung der Vorgehensweise im Rahmen der Antrittspräsentation sollte keine Möglichkeit ausgelassen werden, die Beteiligten zu motivieren. Diese anspruchsvolle Aufgabe kann nicht nach Rezept ausgeführt werden, ist aber eine notwendige Bedingung für den Erfolg des Projekts.

4.1.3 Abgrenzung des Planungsbereichs

Am Beginn jedes Planungsvorhabens muß sinnvollerweise eine Entscheidung über den zu planenden Bereich stehen. Erst eine saubere Trennung des jeweiligen zu untersuchenden Systems von seiner Umwelt ermöglicht eine nach innen wie nach außen transparente IV–Planung. Aufgrund der Ausgangssituation in sehr vielen Organisationen, nämlich der fehlenden konzeptionellen, langfristigen Überlegungen, ist es empfehlenswert, zumindest bei der erstmaligen Durchführung der SISP die Organisation möglichst als Ganzes zu erfassen. Die Notwendigkeit hierfür ergibt sich daraus, daß eine der wesentlichen Anforderungen an eine SISP–Methode die ganzheitliche Vorgehensweise ist.[16] Darüber hinaus münden IV–Strategien tendenziell in globale und abteilungsübergreifende Maßnahmen, sodaß es daher in der überwiegenden Zahl der Fälle vernünftig ist, die Organisationsgrenzen als „natürliche" Abgrenzung anzunehmen.[17]

Für die Abgrenzung des Planungsbereichs sind prinzipiell die in der Organisationsliteratur[18] genannten Merkmale anwendbar. Für ein strategisches Konzept erscheint jedoch lediglich eine Abgrenzung nach *Verrichtung* bzw. nach *Objekt* sinnvoll. Damit ergeben sich zwei unterschiedliche Abgrenzungskriterien:

- organisatorische Funktion,

- organisatorische Einheit.

Unter *organisatorischen Funktionen* sind die Funktionsbereiche einer Organisation zu verstehen. In einem typischen Industriebetrieb könnten dies die Bereiche Finanz- und Rechnungswesen, Verkauf/Marketing, Materialwirtschaft, Entwicklung/Produktion/Technik, Personalwesen/Recht etc. sein. Wie bereits angedeutet sind in diesem Umfeld besonders die Bereiche Verkauf/Marketing, Materialwirtschaft und Entwicklung/Produktion/Technik aufgrund der dort vorhandenen Datenvielfalt und -komplexität als abgrenzbare Planungseinheiten für ein SISP–Teilkonzept prädestiniert.

Eine Abgrenzung nach *organisatorischen Einheiten* kann bei stark diversifizierten und/oder international tätigen Organisationen sinnvoll sein. So wäre es durchaus denkbar, eine Abgrenzung von Unternehmensteilen vorzunehmen, deren Problemstellungen gänzlich anders sind und deren Informationswesen mit dem des übrigen Unternehmens kaum verbunden ist. Weiters könnte sich der Informationsbedarf von im Ausland tätigen Tochter- oder Schwesterunternehmen derart von dem des untersuchten Unternehmen unterscheiden, daß ein gemeinsames IV–Konzept gar nicht sinnvoll wäre. Dies ist insbesondere dann der Fall, wenn derart

---

[16]Vgl. Abschnitt 3.2.

[17]Nur in besonderen Fällen, wenn z.B. bereits ein IS–Plan für die Gesamtorganisation vorliegt, kann es sinnvoll sein, Teile einer Organisation zum Planungsgegenstand für SISP zu machen. Soll z.B. für einen einzelnen Funktionsbereich wie Verkauf/Marketing oder Entwicklung/Produktion/Technik ein vollkommen neues IV-Konzept erstellt werden, so könnten diese Bereiche einzeln herausgegriffen werden.

[18]Vgl. z.B. [Schm 86] S. 133 ff.

verbundene Unternehmen in unterschiedlichen Märkten agieren oder einer gänzlich anderen Branche zuzurechnen sind. In den dargestellten Fällen ist jedoch in der Folge besonderes Augenmerk auf eine klare Definition von *Schnittstellen* ihrer IS zu legen, um für die nicht berücksichtigten Unternehmensteile klare Ausgangsbasen für eigene Planungsüberlegungen zu schaffen.

Die genannten Abgrenzungskriterien sind naturgemäß nicht überschneidungsfrei, sie wurden jedoch zur Verdeutlichung getrennt dargestellt. In vielen Fällen stellt der Teilschritt der *Abgrenzung des Planungsbereichs* eine „Bewußtmachung" der Organisationsgrenzen in bezug auf IV–Belange dar und kann durchaus bei der Organisationsleitung ein Überdenken gewachsener Unternehmensstrukturen nach sich ziehen.

4.1.4 Standortbestimmung

In der Phase der Standortbestimmung geht es darum, sich zu Beginn des SISP–Vorgehens einen groben, aber umfassenden Überblick darüber zu verschaffen,

- wie die untersuchte Organisation strukturiert ist,

- welche Probleme im IV–Bereich dominieren und daher innerhalb der SISP verstärkt zu berücksichtigen sind,

- auf welchem Entwicklungsstand sich die Organisation in bezug auf Planung, Kontrolle, Entwicklung, Betrieb, Technikeinsatz und Kostenstruktur ihrer IV befindet und

- welche strategische Bedeutung die IV für die Organisation hat.

Die Ergebnisse dieser Fragestellungen beeinflussen grundlegend einerseits den Ablauf des SISP–Vorgehens, andererseits die Art und Weise der Umsetzung der auszuarbeitenden IV–Strategien und –Maßnahmen. Die nachfolgend dargestellten Techniken helfen dabei, diesen Einfluß abzuschätzen und die Vorgehensweise daran anzupassen.[19]

4.1.4.1 Erfassung der Organisationsstruktur

Bevor das Planungsteam die wesentlichen Problemstellungen, den Entwicklungsstand und die strategische Bedeutung der IV evaluieren kann, braucht es grund-

---

[19]Einem einschlägigen Berater würden u.U. einige wenige Gespräche mit der Organisationsleitung bzw. mit führenden IV–Mitarbeitern genügen, um sich bereits ein recht klares Bild der Organisation in bezug auf die angeführten Fragestellungen zu machen. Im Sinne eines systematischen Verfahrens sollen hier jedoch Instrumente dargestellt werden, die eine strukturierte Standortbestimmung ermöglichen.

legende Informationen über die Struktur der Organisation. Anhand der Unterlagen, die von den einzelnen Fachabteilungen in der bereits beschriebenen Form zur Verfügung gestellt wurden, kann sich das Planungsteam einerseits bereits zu Beginn der SISP in organisatorische Details einlesen. Andererseits dient dieses Sekundärmaterial dazu, Wesentliches vorweg aufzuarbeiten, um nicht sämtliche Einzelheiten im Rahmen der Interviews erheben zu müssen. Auf diese Weise können in der späteren Erhebungsphase Routinefragen wegfallen und der Diskussion über mögliche Zukunftsentwicklungen kann mehr Zeit gewidmet werden.

Bei der Auswertung des Sekundärmaterials steht nicht die Detailanalyse der Unterlagen, sondern die Gewinnung eines groben Überblicks im Vordergrund. Aus den Unterlagen sind folgende Informationen zu entnehmen:

- Größe und Struktur der Organisation,

- Branche und Markt,

- Produkt- bzw. Dienstleistungsangebot,

- Größe und Struktur der Fachabteilungen,

- Tätigkeitsschwerpunkte der Fachabteilungen sowie deren Mitarbeiter,

- Daten-, Applikations- und Kommunikationsstruktur,

- eingesetzte Informationstechnik,

- IV–Budget und –Kosten,

- Wünsche und Verbesserungsvorschläge.

Die Unterlagen ermöglichen nicht nur ein Einlesen in die Materie, sondern dienen darüber hinaus der gezielten Vorbereitung der Einzelinterviews und Gruppensitzungen. Da sich die Erhebungsphase in großen Organisationen über mehrere Monate erstrecken kann, ist eine derartige Orientierungshilfe für das Planungsteam sehr wertvoll.

4.1.4.2 Kurzdiagnose des IV–Bereichs

Wie bereits zu Beginn dieses Abschnitts ausgeführt wurde, ist es im Sinne einer möglichst effizienten Durchführung eines SISP–Projekts sinnvoll, sich zu Beginn ein möglichst umfassendes Bild der Organisation zu machen. Erfahrungsgemäß hat jede Organisation auf dem Gebiet der IV ihre spezifischen Probleme. Im Rahmen der SISP gilt es, diese Probleme möglichst frühzeitig zu erkennen und das gesamte Vorgehen darauf abzustimmen.[20] Häufig werden kritische Punkte von der Organisationsleitung bereits zu Beginn des Projekts an das Planungsteam herangetragen. Zum Teil werden die „wahren" Problemstellungen jedoch erst im Lauf des Projekts transparent. Um eine möglichst lückenlose „Problemsammlung" zu erhalten, empfiehlt sich daher im Rahmen der Phase *Vorbereitung* ein Gespräch mit der Organisationsleitung sowie mit führenden Mitarbeitern des IV–Bereichs. Zur Beurteilung des IV–Bereichs in möglichst kurzer Zeit ist es günstig, eine standardisierte Checkliste heranzuziehen. Abbildung 4.2 zeigt ein Beispiel für eine derartige Liste, die Fragen zu den Bereichen „Funktionsfähigkeit" und „Wirtschaftlichkeit" der IV enthält.[21]

Die Ergebnisse der *Kurzdiagnose* ermöglichen in weiterer Folge ein besonderes Fokussieren auf die identifizierten Problembereiche. Ergibt z.B. die Untersuchung, daß der Informationsbedarf der Anwender nicht zufriedenstellend gedeckt wird, so bedeutet dies für die SISP eine besonders detaillierte Durchführung der Anforderungsanalyse in den Benutzerbereichen. Theoretisch wäre es auch denkbar, daß ein bereits begonnenes SISP–Projekt abgebrochen wird, weil die im Rahmen der Kurzdiagnose gefundenen Probleme ein derartiges Vorhaben gar nicht rechtfertigen.[22]

4.1.4.3   Bestimmung der IV–Entwicklungsstufe

Art, Umfang und Ablauf der IV–Planung sowie die damit in weiterer Folge verbundenen Maßnahmen werden maßgeblich von der Entwicklungsstufe beeinflußt, auf der sich der IV–Bereich einer Organisation befindet. Die Kenntnis der erreichten Entwicklungsstufe läßt zumindest grobe Aussagen über die zu erwartende Entwicklung in bezug auf Daten-, Applikations- und Kommunikationsstruktur, Informationstechnik, IV–Organisation und –Führung sowie die IV–Kostenentwicklung zu.[23] Deshalb empfiehlt es sich, die Entwicklungsstufe zu Beginn des SISP–Vorhabens zu evaluieren. Trotz der bereits dikutierten Schwächen[24] bietet das Konzept die Möglichkeit einer raschen und auch für den Nichtfachmann nachvollziehbaren Einstufung. Damit kann das Planungsteam bereits in einer frühen

---

[20]Bei den hier angesprochenen Problemen handelt es sich um solche, die im Rahmen einer langfristigen Planungsperspektive beachtet werden müssen. Davon sind „Alltagsprobleme" der IV ausgeklammert, sofern sie nicht Auswirkungen auf strategische Überlegungen haben.

[21]Die hier angeführte Checkliste dient nur als Anhaltspunkt und kann im Einzelfall je nach Bedeutung der Kurzdiagnose durchaus adaptiert und/oder erweitert werden.

[22]Eine vergleichbare Vorgehensweise findet sich im ISAC-Verfahren, wo in der ersten Phase (*Change Analysis*) die Notwendigkeit von Systemänderungen überprüft wird (vgl. [Lund 81] S. 63 ff.).

[23]Vgl. Abschnitt 2.2.1 bezüglich der Vorgehensweise zur Ermittlung der Entwicklungsstufe.

[24]Vgl. Abschnitt 2.2.1.

		Punkte
1. Hat der bisherige EDV–Einsatz erkennbare Verbesserungen der wirtschaftlichen Gesamtsituation des Unternehmens gebracht?	nein teilweise ja	0 5 10
2. Wie ist die Zusammenarbeit zwischen dem Bereich Organisation/ Datenverarbeitung und den Fachbereichen?	schlecht ausreichend gut	0 4 8
3. Wird der Informationsbedarf der Anwender gedeckt?	schlecht zu spät ausreichend gut	0 1 2 4
4. Wird das Management bei seinen wesentlichen Aufgaben (Planung, Steuerung, Kontrolle und Entscheidungsfindung) durch die EDV unterstützt?	nein noch zu wenig ja	0 2 4
5. Besteht eine Planung für den Bereich Organisation/Datenverarbeitung?	nein für 1 Jahr für 5 Jahre	0 4 8
6. Deckt sich die Kostenentwicklung im Bereich Organisation/Datenverarbeitung mit den entsprechenden Planungen?	nein starke Abweichungen geringe Abweichungen	0 3 6
7. Hat der Bereich Organisation/Datenverarbeitung eine starke Personalfluktuation?	ja nein	0 5
8. Ist die Computeranlage (Hardware) richtig dimensioniert (z.B. Antwortzeitverhalten, Plattenkapazität)?	nein vermutlich ganz sicher	0 2 4
9. In wieviel Schichten wird die Computeranlage gefahren?	weniger als eine Schicht eine Schicht mehr als eine Schicht	0 1 2
10. Werden für EDV–Projekte Wirtschaftlichkeitsbetrachtungen durchgeführt, wobei auch mit den Möglichkeiten des Einsatzes von Standardsoftware verglichen wird?	nein gelegentlich immer	0 5 10
11. Arbeiten die Fachbereiche in den Projektteams aktiv mit?	nein teilweise immer	0 2 5
12. Wird mit Methoden des Software–Engineering (Software–Erstellungs- inklusive Dokumentationsrichtlinien, normierte oder strukturierte Programme, Qualitätssicherung) gearbeitet?	nein teilweise immer	0 5 10
13. Werden die geplanten Termine der EDV–Projekte eingehalten?	nein in etwa exakt	0 4 8
14. Werden die EDV–Projekte nachkalkuliert?	nein gelegentlich immer	0 3 6
15. Verfügt das Management über ausreichende Informationen und Möglichkeiten zur Überwachung der Effizienz der EDV–Organisation und –Anlage?	nein, es fehlt ein Berichtswesen und keine EDV–Revision vorhanden nur Budgetüberwachung ohne Abweichungsanalyse durch die EDV–Revision ja, Abweichungsanalyse durch die EDV–Revision, aber erst teilweise ja, EDV–Revision voll funktionsfähig, also auch bei gewichtigten EDV–Projekten ex ante–Prüfungen	0 3 6 10

Beurteilung der Effizienz des EDV–Einsatzes

Unter 20 Punkte: sehr schlecht	71 bis 90 Punkte: gut
20 bis 40 Punkte: noch zu gering	über 90 Punkte: sehr gut
41 bis 70 Punkte: befriedigend	

Abbildung 4.2: Checkliste für die Kurzdiagnose (Quelle: [Hasc 88] S. 50)

SISP–Phase globale Entwicklungstrends der IV voraussagen und entsprechende Notwendigkeiten aufzeigen. Für den weiteren Projektverlauf bietet eine derartige Einstufung den Vorteil, von Anfang an unrealistische Vorstellungen, die an die Ergebnisse der SISP geknüpft werden, zu relativieren.

4.1.4.4 Ermittlung der strategischen Bedeutung der IV

Die näheren Umstände der SISP sowie die Umsetzung der vorzuschlagenden Strategien werden erheblich auch von der Bedeutung bestimmt, die die IV für eine Organisation hat.[25] Eine entsprechende Einordnung des untersuchten IV–Bereichs ist damit zu Beginn eines SISP–Vorgehens angebracht. „Gemessen" wird die Bedeutung daran, wie stark die Erfüllung betrieblicher Aufgaben derzeit und in der geplanten Zukunft von vorhandenen bzw. von zu entwickelnden IS abhängig ist. Dazu werden spezielle, auf die untersuchte Organisation zugeschnittene Checklisten verwendet.[26] Abbildung 4.3 zeigt ein Beispiel für eine derartige Liste, die von den genannten Autoren im Rahmen eines IS–Projekts verwendet wurde.[27]

Ergebnis der Evaluation ist die Positionierung der IV einer Organisation in einem Diagramm, dessen Dimensionen die Bedeutung zu entwickelnder Applikationen bzw. die Abhängigkeit von existierenden Applikationen darstellt. Innerhalb dieses Portfoliokonzepts kommt den einzelnen Quadranten folgende Bedeutung zu (vgl. dazu auch Abb. 4.4):

- *Unterstützung (Support):* In Organisationen dieses Typs hat die IV sowohl gegenwärtig als auch in Zukunft kaum strategische Bedeutung, die IS dienen lediglich zur Unterstützung des Geschäftsablaufs (z.B. Chemieindustrieunternehmen).

- *Fabrik (Factory):* Organisationen dieses Typs sehen ihre IV derzeit als strategisch wichtig an. Die strategische Bedeutung der IS ist jedoch im Abnehmen begriffen. IS werden in Zukunft eher operative Bedeutung haben (z.B. Luftfahrtunternehmen).

- *Durchbruch (Turnaround):* In derartigen Organisationen hat die IV derzeit einen relativ geringen strategischen Stellenwert, dieser nimmt jedoch in Zukunft stark zu. IS werden für das Erreichen strategischer Ziele von hoher Wichtigkeit (z.B. Einzelhandelskette).

---

[25] So werden IV–Konzepte für eine Großbank aufgrund der Wettbewerbssituation eine weitaus höhere Bedeutung haben als für eine Chemiefabrik.

[26] Vgl. dazu [McMP 83].

[27] Die hier angeführte Checkliste dient nur als Anhaltspunkt und kann im Einzelfall je nach Bedeutung der Ermittlung der strategischen Bedeutung durchaus adaptiert und/oder erweitert werden.

#		Rating
1	**Impact of one–hour shutdown, main center**	
	Major operation disruption in customer service, plant shutdown, groups of staff totally idle.	High
	Unconvenient, but core business activities continue unimpaired.	Medium
	Negligible.	Low
2	**Impact of total shutdown for 2 to 3 weeks, main center**	
	Almost fatal; no ready source of backup.	High
	Major external visibility; major revenue shortfall or additional costs.	Medium
	Expensive; core processes can be preserved at some cost and with reduced quality.	
	Minimal; fully acceptable tested backup procedures exist; nonemental costs manageable; transition costs acceptable.	Low
3	**Costs of IS percentage of total corporate costs**	
	More than 10%.	High
	2% to 10%.	Medium
	Less than 2%.	Low
4	**Operating systems**	
	Software totally customized and maintained internally.	High
	Heavily reliant on vendor–supplied software but with significant internal enhancements.	Medium
	Almost totally reliant on standard vendor packages.	Low
5	**Labor**	
	Data center work force organized; history of strikes.	High
	Nonunionized work force; either inexperienced work for and/or low morale.	Medium
	Unorganized work force; high morale.	Low
6	**Quality control**	
	Processing errors; major external exposure.	High
	Processing errors; modest external exposure.	Medium
	Processing errors; irritation, but of modest consequence.	Low
7	**Number of operationally critical on–line systems or hard–line batch systems**	
	10 or more.	High
	3 to 5.	Medium
	0 to 2.	Low
8	**Dispersion of critical systems**	
	Critical systems; can be run at 1 location.	High
	Critical systems; can be run at 2 to 3 locations.	Medium
	Critical systems; can be run at 4 or more locations.	Low
9	**Ease of recovery after failure** six hour shutdown	
	3 to 4 days heavy workload; critical system.	High
	12 to 24 hours; critical system.	Medium
	Negligible; almost instantaneous.	Low
10	**Recovery after quality control failure**	
	Time–consuming; expensive; many interrelated systems.	High
	Some disruption and expense.	Medium
	Relatively quick; damage well contained.	Low
11	**Feasibility of coping manually, 80%–20% basis** processing manually the 20% transactions that account for 80% of the value	
	Impossible.	High
	Somewhat possible.	Medium
	Relatively easy.	Low

Abbildung 4.3: Checkliste zur Ermittlung der operationalen Abhängigkeit von IS (Quelle: [McMP 83] S. 153)

- *Waffe (Strategic):* Bei diesem Typ von Organisation ist die strategische Bedeutung der IV derzeit schon sehr hoch. Aber auch in Zukunft sind IS von höchster strategischer Bedeutung, wesentlich für die Wettbewerbsfähigkeit und damit für die Existenz der Organisation unentbehrlich (z.B. Großbank).

Für die Führungskräfte sowohl des IV–Bereichs als auch der Fachabteilungen stellt die Einordnung in gewissem Sinne einen Bewußtwerdungsprozeß für das Selbstverständnis bzw. den Stellenwert des Informationswesens in der Organisation dar. Dem Planungsteam dagegen liefert eine entsprechende Einordnung weiteren Aufschluß über Planungsumfang bzw. mögliche Entwicklungspfade, die sich für die spätere Realisierung der Konzepte eröffnen.[28]

---

[28]Vgl. dazu auch die Ausführungen im Abschnitt 5.1.1.

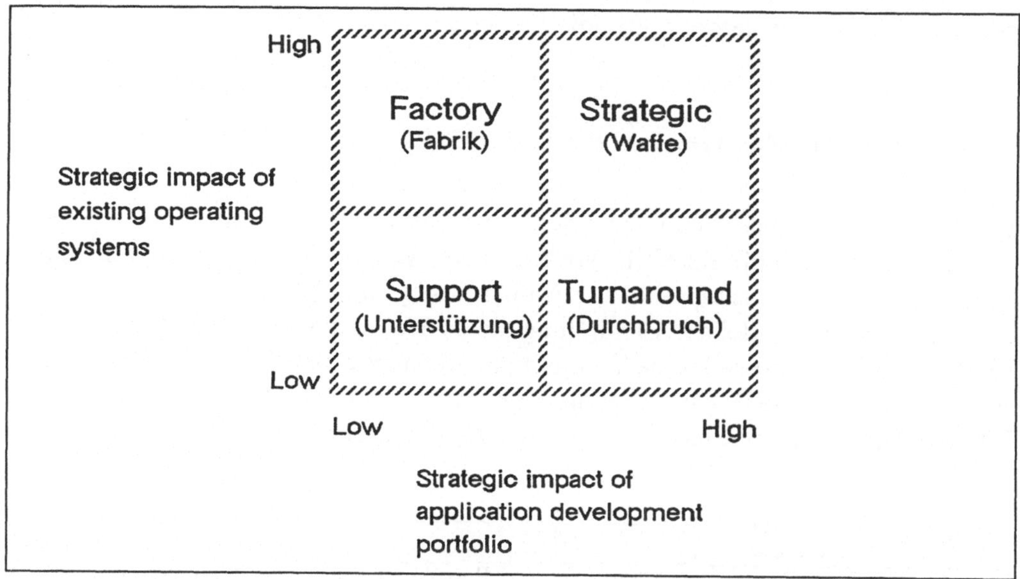

Abbildung 4.4: Strategische Bedeutung der IV (Quelle: [MaKl 89] S. 87)

4.1.5 Präsentation und Dokumentation der Ausgangssituation

Am Ende der Phase *Vorbereitung* steht die Präsentation der gewonnenen Erkenntnisse. Ziel dieser Präsentation ist es, die Organisationsleitung zu informieren und die Bewertung der Ausgangssituation sowie der sich daraus ergebenden Konsequenzen für das SISP–Projekt gemeinsam vorzunehmen. Planungsteam und Organisationsleitung vereinbaren daher kollektiv einerseits die Ziele und Richtlinien für das weitere Vorhaben und fixieren andererseits eine problemadäquate Vorgehensweise. Die Ziele und Richtlinien stellen eine Orientierungshilfe für das Planungsteam dar, um den Wünschen der Auftraggeber gerecht zu werden. Darüber hinaus werden durch die Richtlinien der Umfang und der Detaillierungsgrad der Planaussagen, die Rahmenbedingungen bezüglich der Interviewführung u.ä. festgelegt. Die weitere Vorgehensweise, insbesondere die Anwendung der unterschiedlichen Techniken, läßt sich ebenfalls bereits aus der Ausgangssituation grob abschätzen. Damit ist es Aufgabe des Planungsteams, die bisher ermittelten Probleme eingehend zu analysieren, darauf aufbauend — in Abstimmung mit der Organisationsleitung — das weitere SISP–Programm zu gestalten und insbesondere methodische Schwerpunkte zu setzen.[29]

4.2   Analyse der IV–Bedingungslage

Vorbedingung für jede Planungstätigkeit ist detailliertes Wissen über die Istsituation. So ist auch für ein SISP–Vorhaben eine genaue Untersuchung der Bedingungslage sowie eine entsprechende Aufbereitung und Bewertung der erhobenen Fakten erforderlich. Bei der Ermittlung dieses Status quo ist es aus Gründen der Übersichtlichkeit sinnvoll, eine Trennung in einen externen (die IV–Umwelt) und einen internen Bereich (die Organisation) vorzunehmen. Die folgende Tabelle faßt die Aufgaben der Phase *Analyse der IV–Bedingungslage* zusammen:

Teilschritt	Aufgaben	Beteiligte
Analyse der Umwelt	Analyse und Bewertung von rechtlichen Bestimmungen und gesellschaftlichen Entwicklungen, Analyse und Bewertung der Einflüsse von Dritten, Analyse und Bewertung der technologischen Entwicklung	Planungsteam
Analyse der internen Situation • Daten, Applikations- und Kommunikationsstruktur • IV–Ressourcen • IV–Organisation und –Führung	Detailerhebungen im IV–Bereich und in den Fachabteilungen	Planungsteam, IV–Leitung, Fachabteilungen
Bewertung der IV–Bedingungslage	Gegenüberstellungen und Vergleiche mit ähnlichen Organisationen	Planungsteam
Präsentation und Dokumentation des Status quo	Präsentation, Diskussion, Dokumentation	Planungsteam, Organisationsleitung

Bei der Untersuchung des externen Bereichs wird die für den IV–Bereich relevante Umwelt auf mögliche Auswirkungen für die informationstechnologische Infrastruktur der Organisation untersucht. Bei der Analyse des internen Bereichs handelt es sich in erster Linie um die Feststellung der Stärken und Schwächen

---

[29]So wäre es sicherlich verfehlt, in einer Organisation, bei der die operative IV (z.B. zur Unterstützung von Finanz- und Rechnungswesen) nicht zufriedenstellend funktioniert, mit der Erstellung eines organisationsweiten Datenkonzepts zu beginnen. Andererseits kann in einer Organisation, in der dieser Bereich problemlos ist, das weitere SISP–Programm so gestaltet werden, daß vor allem wettbewerbsorientierte Aspekte im Vordergrund stehen.

des vom IV–Bereich bedienten Spektrums. Ziel der Untersuchung der IV–Bedingungslage ist die Ermittlung des Handlungsspielraumes bei der Erstellung der IV–Strategien.

4.2.1 Analyse der Umwelt

Ein Teil der Analyse der IV–Bedingungslage ist die Untersuchung des relevanten Umsystems der Organisation in bezug auf zukünftige Möglichkeiten, aber auch hinsichtlich der Restriktionen, die den Handlungsspielraum der IV beschränken können. Unter *Möglichkeiten* sind jene Chancen zu verstehen, die mit Hilfe von Methoden und Werkzeugen der IV letztendlich zu einer effizienteren Erfüllung der Aufgaben der Organisation führen. Mit *Restriktionen* werden dagegen die Faktoren bezeichnet, die bei der Planung von IS zu berücksichtigen sind, weil sie die Realisierungsmöglichkeiten limitieren können.[30] Gegenstand der Umweltanalyse sind daher folgende drei Aspekte:

- Rechtliche Bestimmungen und gesellschaftliche Entwicklungen,

- Einflüsse von Organisationen und Personengruppen sowie

- Entwicklungen im Bereich der Informationstechnik.

Unter den Begriff *rechtliche Bestimmungen und gesellschaftliche Entwicklungen* sind alle jene allgemeinen Einflußfaktoren einzuordnen, die sich aus der Rechts- und Wirtschaftsordnung, der Konjunktur, der Marktorganisation, den erwerbswirtschaftlichen oder sonstigen Interessen der Eigentümer sowie den Forderungen der Mitarbeiter und sonstiger Betroffener ergeben. Darüber hinaus muß der *Einfluß* folgender *Organisationen bzw. Personengruppen* analysiert werden, weil sie die Entwicklungsmöglichkeiten der IV maßgeblich beschränken bzw. fördern können: staatliche Instanzen (Parlamente, Regierungen und Verwaltungen, Gerichte), politische Parteien, Kammern, Gewerkschaften und Arbeitnehmervertretungen, Verbände und Vereinigungen, Lehre und Forschung, Mutter-, Schwester- und Tochterorganisationen, Konkurrenten, Kunden und Lieferanten sowie Betriebsrat und Arbeitnehmer. Zusammenfassend ergibt sich für die Untersuchung der drei Bereiche das in Abbildung 4.5 skizzierte Bild.

Der wesentlichste Untersuchungsgegenstand im Rahmen der Umweltanalyse ist die *informationstechnologische Entwicklung* bzw. das verfügbare Angebot am Markt für Informationstechnik als Schnappschuß des „State–of–the–Art". Die

---

[30]Darunter sind z.B. gesetzliche Auflagen, gesellschaftliche Einflüsse oder Zwänge, neue Anforderungen von Kunden oder Lieferanten zu verstehen.

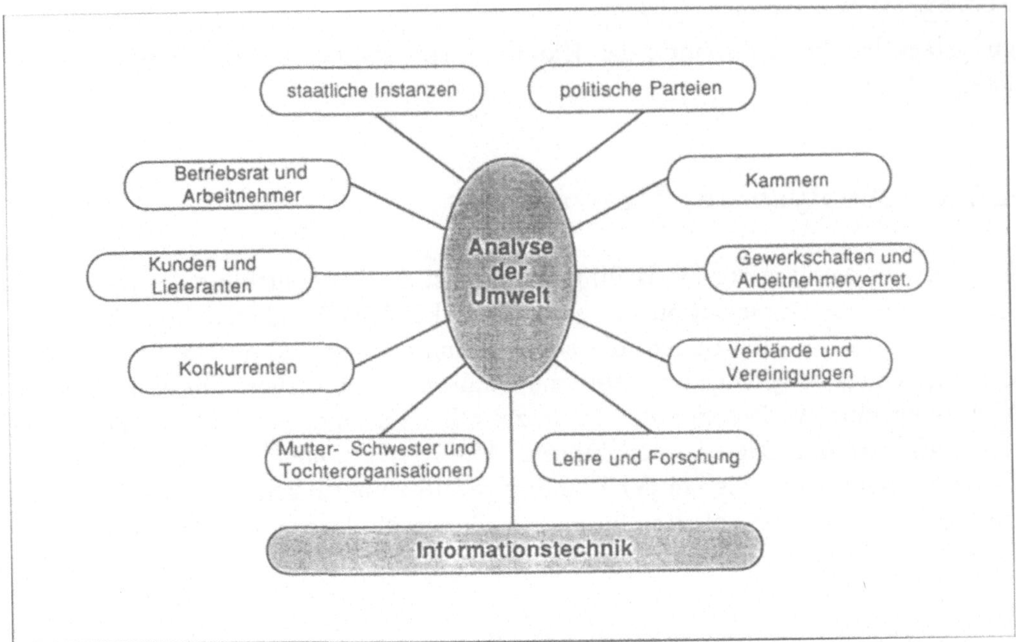

Abbildung 4.5: Untersuchungsaspekte der IV–Umwelt

Analyse und Bewertung der Marktsituation und des Angebots ist mit vergleichsweise geringem Aufwand verbunden. Als Informationsquellen kommen hier Fachzeitschriften,[31] entsprechende Ankündigungen von Herstellern und Lieferanten,
Beratungsdienste und Fachberichte einschlägiger Unternehmen,[32] Fachmessen,
Produktpräsentationen u.ä. in Frage. Ein Beispiel für die Darstellung von globa-
len Entwicklungstrends zeigt Abbildung 4.6.

Wesentlich schwieriger ist in diesem Zusammenhang die Analyse und Bewertung
der zukünftigen Entwicklung. Meist verfügen Organisationen weder über Mitarbeiter mit dem entsprechenden Fachwissen bzw. leisten sich nicht den Luxus einer
Stabsfunktion, die den Aufgabenbereich der Identifikation und Bewertung neuer
Technologien übernimmt.[33] Im Rahmen der SISP, bei der es nicht zuletzt auch
um eine langfristige Technologieplanung geht, ist jedoch eine derartige Bewertung
unabdingbar. Unter den Begriffen *Impact Analysis* bzw. *Technology Assessment*
wurden bereits mehrere Ansätze publiziert, welche die Analyse und Bewertung

---

[31] Beispiele für derartige Fachzeitschriften sind: Computer World, Datamation, Computer
Decisions, Systems Integration.

[32] Beispiele für Beratungsunternehmen für den Bereich Informationstechnik sind: A.D. Little,
Diebold, Ernst & Young, IDC.

[33] Hierbei ist jedoch ein interessanter Trend zu beobachten: Unternehmen, für die IV eine
hohe strategische Bedeutung hat (Banken, Versicherungen u.a.), gehen nach und nach dazu
über, derartige Funktionen in ihre IV–Organisation einzubauen.

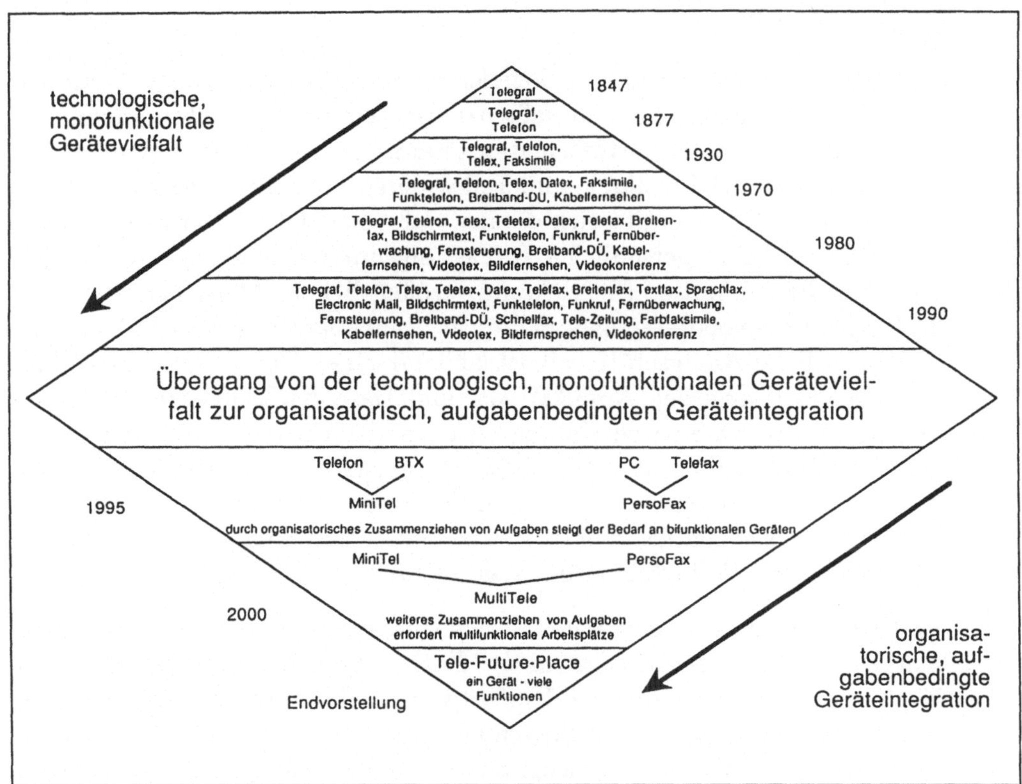

Abbildung 4.6: Entwicklungstrends der Informationstechnik (Quelle: [Maci 89] S. 24)

der informationstechnologischen Entwicklung systematisieren und auch organisatorisch verankern. Nachfolgend wird ein nach den Vorschlägen von Lientz/Chen adaptiertes Verfahren vorgestellt, daß sich für diese Problemstellung im Rahmen eines SISP–Vorhabens gut eignet. Das Verfahren umfaßt die folgenden Schritte:[34]

1. *Festlegung des Untersuchungsrahmens:* Im Rahmen der SISP kann es nicht sinnvoll sein, die gesamte Bandbreite der Informationstechnik zu analysieren und zu bewerten. Daher müssen zu Beginn des Verfahrens jene *Technologiefelder* selektiert werden, die für die Organisation von Bedeutung sind. Diese Auswahl wird anhand der Aufgaben getroffen, die mit Hilfe der IV bereits unterstützt werden bzw. bei denen aufgrund der bisherigen Untersuchung absehbar ist, daß sie in Zukunft unterstützt werden sollen. Hierbei steht nicht die vollständige und lückenlose Analyse im Vordergrund, sondern „...a sense of what will be needed from technology to support the

---

[34]Vgl. [LiCe 81] S. 45 ff.

organization."[35]

2. *Analyse der relevanten Technologiefelder und Ableiten grober Voraussagen:* Dieser Analyseschritt umfaßt das Sichten der relevanten Fachliteratur und des einschlägigen Informationsmaterials. Hierbei ist besonders auf das Problem der Behandlung zum Teil widersprüchlicher Aussagen zu achten. Dieses Problem ergibt sich daraus, daß verschiedene Verfasser je nach Kenntnisstand und persönlicher Auffassung unterschiedliche Einschätzungen über die zukünftige Entwicklung veröffentlichen. Meist lassen sich jedoch auch in einem derartigen Fall recht brauchbare Ergebnisse ableiten.[36] Die eigentliche Analysetätigkeit ist anhand einer Checkliste durchzuführen, die die Kategorien Applikations- und Datenbanksoftware, Hardware und Systemsoftware sowie Kommunikationseinrichtungen umfassen sollte. Darüber hinaus sollten die Punkte IV–Organisation und –Methoden in den Katalog aufgenommen werden. In Abbildung 4.7 ist ein Beispiel für eine derartige Liste angeführt.[37] Für alle genannten Technologiefelder sind überdies Preise und Verfügbarkeiten zu erheben.

3. *Bestimmung der technologischen Entwicklungen, die mit hoher Wahrscheinlichkeit die organisationseigenen IV–Entwicklungen beeinflussen werden:* Nachdem das organisatorische Umfeld abgesteckt wurde und generell relevante technologische Entwicklungen analysiert wurden, geht es nun um die Herstellung eines direkten Zusammenhangs zwischen diesen Entwicklungen und der eigenen IV. Hier muß die Frage „Welche Chancen und Risiken bietet die technische Entwicklung innerhalb des Planungszeitraums?" beantwortet werden.

4. *Bewertung der festgestellten Einflüsse auf die einzelnen Aspekte der IV:* Bei diesem Schritt handelt es sich um eine Verfeinerung der vorangegangen Analyse. Nun werden die möglichen Konsequenzen auf die Bereiche Hardware, Software, Personal und Organisation abgeschätzt.

5. *Bewertung der Einflüsse auf zusammenhängende Applikationsfelder:* Da insbesondere die technologischen Auswirkungen auf Applikationen von Interesse sind, wird dieser Analyse ein eigener Schritt gewidmet. Die Schlüsselfrage lautet hier: „Welche neuen Möglichkeiten bieten technische Verbesse-

---

[35] Vgl. [LiCe 81] S. 46.

[36] Die derzeit in der Fachliteratur geführte Diskussion, welches der beiden Betriebssysteme OS/2 oder UNIX sich mittel- und langfristig durchsetzen und damit zum „Standardbetriebssystem" für Arbeitsplatzrechner wird, ist dafür ein gutes Beispiel. Je nachdem, welche Anforderungen eine spezielle Organisation im Einzelfall hat (z.B. in bezug auf Anwendungssoftware), werden sich die Entscheider eher der einen oder eher der anderen Darstellung anschließen und entsprechend entscheiden.

[37] Die hier angeführte Checkliste dient nur als Anhaltspunkt und kann im Einzelfall je nach Bedeutung der Technologiebewertung durchaus adaptiert und/oder erweitert werden.

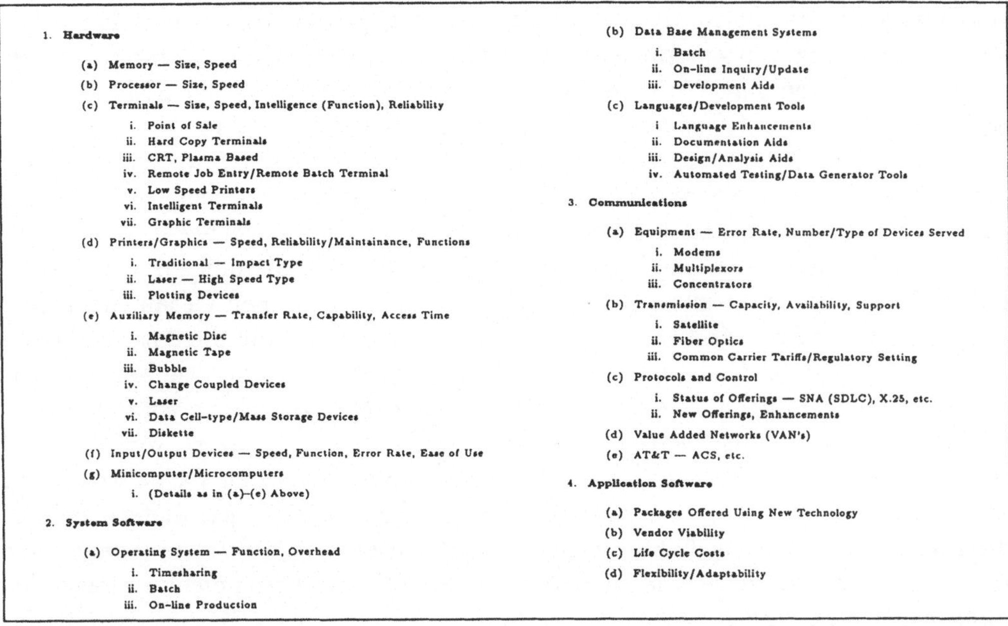

Abbildung 4.7: Checkliste zur Bewertung der technologischen Entwicklung (Quelle: [LiCe 81] S. 46)

rungen in bezug auf die effizientere Gestaltung von betrieblichen Aufgaben und was bedeutet das in weiterer Folge für die Applikationsgestaltung?"

6. *Überprüfung und Verfeinerung der Untersuchung für die Bereiche, die sich als besonders relevant herausgestellt haben:* Aufgrund der Tatsache, daß die geschilderte Vorgehensweise für den gesamten IV–Bereich durchzuführen ist, empfiehlt sich am Ende der Untersuchung ein Überprüfungs- und Verfeinerungsschritt, der sich jedoch auf die Bereiche beschränken kann, die vorher als kritisch gekennzeichnet wurden.[38]

4.2.2 Analyse der internen Situation

Bei der Untersuchung der organisationsinternen Situation geht es um die Bestandsaufnahme der Stärken und Schwächen im Kernbereich, aber auch im unmittelbaren Umfeld der IV. Diese Analyse stellt damit eine notwendige Vor-

---

[38]Obwohl nach dem vorliegenden Vorgehensmodell die Bewertung der technologischen Entwicklung in der Phase *Analyse der IV–Bedingungslage* erfolgt, ist einsichtig, daß mit detaillierterer Kenntnis der verwendeten IS und der installierten Informationstechnik auch die Genauigkeit der diesbezüglichen Aussagen steigt. Daraus folgt, daß die Technologiebewertung, insbesondere die Schritte 4, 5 und 6 des hier dargestellten Verfahrens, in der Phase *Entwicklung von IV–Strategien* u.U. zu wiederholen ist (vgl. Abschnitt 4.4.2).

aussetzung für die Formulierung von IV–Strategien und in weiterer Folge für die Ausarbeitung von entsprechenden Maßnahmen dar. Unter *Stärken* sind in diesem Zusammenhang Aspekte der IV zu verstehen, die aus der Sicht der Organisation zufriedenstellend beurteilt werden und damit in einer kurz- bis mittelfristigen Perspektive in der derzeitigen Form weitergeführt werden können. *Schwächen* sind demgegenüber Aspekte, die aus Organisationssicht zu Unzufriedenheit führen und damit unmittelbare Ansatzpunkte für Verbesserungen darstellen. Stärken und Schwächen sind daher gemeinsam mit den Organisationszielen Basis eines strategischen IV–Konzepts.[39] Um sich einen Gesamtüberblick über die interne Situation im IV–Bereich zu verschaffen, muß die entsprechende Detailinformation in Form eines umfangreichen Interviewzyklus erhoben werden. Die dabei notwendigen Einzelinterviews und Gruppengespräche sollten in der IV–Abteilung begonnen werden. Dies ist deshalb empfehlenswert, weil dort bereits eine Reihe von Fakten ermittelt werden kann, die in den Fachabteilungen kaum oder nur mit hohem Zeitaufwand festzustellen wären. Anschließend sollten die Interviews in den Fachabteilungen fortgesetzt werden.[40] Für die *Analyse der internen Situation* ist — wie bereits begründet — die Untersuchung folgender Teilaspekte erforderlich:

- Daten-, Applikations- und Kommunikationsstruktur,

- IV–Ressourcen (Mitarbeiter, Hardware, Software und Budget),

- IV–Organisation und –Führung.

Nachfolgend werden die einzelnen zu untersuchenden Teilaspekte ausführlich dargestellt.

4.2.2.1 Daten-, Applikations- und Kommunikationsstruktur

Wesentlich bei dieser Untersuchung ist die benutzerorientierte Betrachtungsweise. Aufgrund der Tatsache, daß IS zur Unterstützung der Aufgaben von Mitarbeitern aus Fachabteilungen entwickelt werden, sind deren Bedürfnisse auch als Maßstab für die qualitative Beurteilung heranzuziehen. Wie „elegant" einzelne IS aus technischer Sicht entwickelt wurden, ist in diesem Fall daher zweitrangig zu beurteilen.

Daten

Basis der meisten Aufgaben einer Organisation sind betriebliche Daten. Deshalb ist es einleuchtend, die Untersuchung des Istzustandes mit der Analyse der Da-

---

[39]Vgl. dazu die Ausführungen im Abschnitt 4.3.3.
[40]Vgl. dazu auch die Ausführungen im Abschnitt 5.2.3.3.

tenbestände einer Organisation zu beginnen. Für den Analytiker ergibt sich ein schlüssiges Bild der „Datenlandschaft" erst aus der Untersuchung einer Reihe von Einzelaspekten. Diese sollen einerseits Aufschluß geben über die *Qualität* als Maß für die Vollständigkeit und die Aktualität der Datenbestände aus Benutzersicht. Andererseits ist das Kriterium der *Zugreifbarkeit* von Interesse, das als Maß dafür heranzuziehen ist, wie aufwendig bzw. komplex sich der Zugriff auf die benötigten Datenbestände aus Benutzersicht darstellt. Darüber hinaus ist zu untersuchen, wie weit der Zugriff durch organisatorische Maßnahmen limitiert ist und damit die Arbeit u.U. behindert. Im einzelnen sind bei der Untersuchung der Datenstruktur folgende Aspekte zu berücksichtigen:

- **Struktur, Umfang und Qualität der Datenbestände:** Aufgrund des Paradigmenwechsels — von der Daten*verarbeitung* [41] hin zur *Informations*verarbeitung[42] — wird heute die Bedeutung und der Wert betrieblicher Daten als essentieller Faktor zur Erreichung der Organisationsziele allgemein wesentlich höher eingeschätzt als dies noch vor einigen Jahren der Fall war. Daraus folgt, daß eine Untersuchung der *Struktur*, in der vorhandene Daten „aufbewahrt" werden, von großer Wichtigkeit ist. Dabei geht es zunächst um eine lückenlose, wenn auch nur globale Erhebung der in der Organisation zur Verfügung stehenden Datenbestände und die Art und Weise, wie diese gespeichert sind (Datenbankverwaltungssysteme, traditionelle Dateisysteme, Karteisysteme etc.). *Umfang* ist in diesem Zusammenhang ein Maß für die Vollständigkeit der Abbildung aller für die Abwicklung der Aufgaben einer Organisation erforderlichen Informationen auf die tatsächlich realisierte Datenstruktur. Mit *Qualität* ist hier die Beschreibungsgüte der Datenobjekte[43] gemeint, die sich in der Ausgewogenheit ihrer Kennzeichnung durch geeignete Attribute ausdrückt.[44]

- **Vollständigkeit und Aktualität der Datenbestände aus Benutzersicht:** Genauso wichtig wie die Bewertung der Datenarchitektur ist die Analyse der Inhalte von Datenbanken bzw. von auf traditionelle Weise verwalteten Datenbeständen. Die *Vollständigkeit* gibt darüber Auskunft, inwiefern die über bestimmte Objekte angelegten Datenbestände lückenlos vorhanden sind und damit den Informationsbedarf der Benutzer befriedigend decken. Die Güte des erforderlichen Zeitbezugs der Daten wird durch

---

[41]Mit der Betonung auf *Verarbeitung.*

[42]Mit der Betonung auf *Information.*

[43]In der Literatur findet man für Datenobjekte häufig die Bezeichnung *Entitäten.*

[44]Eine derartige Untersuchung kann im Rahmen eines SISP–Vorhabens nur überblicksmäßig durchgeführt werden, da eine Detailanalyse den zeitlichen Rahmen des Projekts bei weitem überziehen würde. Ergebnis der SISP kann es aber durchaus sein, auf die Notwendigkeit einer entsprechenden Detailanalyse hinzuweisen, die Voraussetzung für eine problemspezifische Datenmodellierung ist.

die *Aktualität* ausgedrückt. Anforderungen an die Aktualität (jederzeitige Aktualität, Tages-, Wochen-, Monatsaktualität etc.) ergeben sich jeweils aus den entsprechenden Aufgaben einer Organisation. Hierzu ist festzuhalten, daß die Beurteilung innerhalb der beiden genannten Dimensionen durch die Benutzer erfolgt.

- **Konsistenz und Integrität der Datenbestände aus datenbanktechnischer Sicht:** Dieser Analyseschritt geht über die Beurteilung der Datenbestände aus Benutzersicht hinaus und überprüft die effiziente, redundanzfreie Speicherung der Datenbestände.

- **Verteilung der Datenbestände auf zentrale und dezentrale bzw. interne und externe Datenbanken:** Bei dieser Fragestellung geht es um die Feststellung der „geographischen" Verteilung der vorhandenen Datenbestände. Die Verteilung ist einerseits im Hinblick auf die Rechner zu ermitteln, auf denen die Daten tatsächlich abgelegt sind. Andererseits muß die Inanspruchnahme externer Datenbanken (von verbundenen Unternehmen, von Anbietern externer Informationsdienste etc.) im Vergleich zur Verwendung organisationseigener Daten analysiert werden.

- **Spezifika der installierten Datenbankverwaltungssysteme und sonstiger Datenverwaltungssysteme:** Hierbei sind im Fall des Einsatzes von Datenbankverwaltungssoftware das konzeptionelle Modell, die Spezifika der verfügbaren Datenbanksprache und des Datenverzeichnisses (Data Dictionary) sowie die vorhandenen Datensicherheits- und Datenschutzfunktionen aufzunehmen.[45]

- **Datensicherheit:** In diesem Zusammenhang müssen Umfang und Qualität der Maßnahmen zur Gewährleistung von Vollständigkeit und Korrektheit der Daten analysiert werden.

- **Datenschutz:** Hier ist der Frage nachzugehen, welche politischen, rechtlichen, personellen, organisatorischen sowie technischen Maßnahmen zum Schutz der vorhandenen Daten realisiert worden sind und damit zur Vermeidung von Zerstörung, Verlust, Beschädigung, Verfälschung und Mißbrauch beitragen.

Die Dokumentation der erhobenen Sachverhalte erfolgt zum Teil in grafischer Form, wenn es sich z.B. um die Darstellung der Datenobjekte und ihrer Beziehungen oder der Datenbestände und ihrer Verteilung auf unterschiedliche Rechner handelt. Abbildung 4.8 zeigt ein Beispiel für die Darstellung der Datenstruktur einer Organisation in Form eines Entity Relationship–Diagramms. Bezüglich der qualitativen Aspekte liegt es nahe, die Ergebnisse in verbaler Form festzuhalten.

---

[45]Vgl. dazu auch die späteren Ausführungen zur Software.

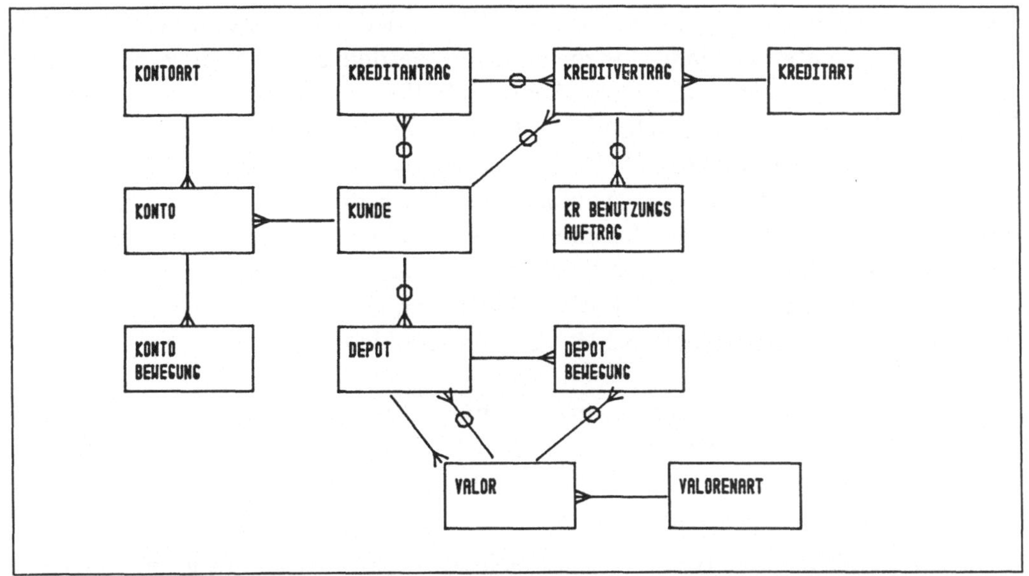

Abbildung 4.8: Datenstruktur einer Organisation (Quelle: [Nobs 88] S. 3)

Applikationen

Für die Untersuchung der Applikationen ist es sinnvoll, sie nach dem Kriterium Nutzungsschwerpunkt zu Applikationsgruppen zusammenzufassen. Man erhält damit für jeden Hauptfunktionsbereich einer Organisation eine Reihe von Applikationen, die sowohl fachlich–organisatorisch als auch IV–technisch in enger Verbindung stehen. Auf diesem Weg wird die einheitliche Beschreibung erleichtert. Für die erwähnte Gliederung und Zuordnung von Applikationen können keine allgemeingültigen Richtlinien angegeben werden, da die Struktur der „Anwendungslandschaft" je nach Organisationstyp sehr unterschiedlich sein kann. Demnach kann ein brauchbares Schema nur für den jeweiligen Einzelfall bestimmt werden. Sehr wohl ist hierbei jedoch auf fachlich–organisatorische Beziehungen der Applikationen untereinander zu achten.[46] Für ein Industrieunternehmen ist z.B. eine Abgrenzung nach den betrieblichen Hauptfunktionen in die Bereiche Finanz- und Rechnungswesen, Verkauf/Marketing, Materialwirtschaft, Entwicklung/Produktion/Technik und Personalwesen/Recht sowie die bereichsübergreifende Funktion Büroautomation denkbar.[47] Ziel der hier beschriebenen Analyse ist die Erlangung eines Überblicks über das gesamte Applikationsgefüge, d.h. sämtliche vorhandenen sowie die in Entwicklung befindlichen Applikationen einer Organisation. Häufig besteht bereits umfangreiches Dokumentationsmate-

---

[46]Vgl. dazu die Anmerkungen im Abschnitt 4.4.1.

[47]Vgl. dazu auch die Abgrenzung der betriebswirtschaftlichen Funktionsbereiche in einschlägigen Software–Katalogen (vgl. z.B. [Nomi 89]).

rial über einzelne Applikationen. Meist ist dieses jedoch aufgrund der fehlenden
Aktualität — entsprechende Aufzeichnungen werden sehr häufig nicht aktuell
gehalten — sowie wegen der verschieden detaillierten und für unterschiedliche
Zielgruppen ausgelegten Beschreibung für den Zweck einer Gesamtschau nicht
oder nur teilweise brauchbar.[48] Daraus ergibt sich die Notwendigkeit, die Dokumentation der vorhandenen Applikationen nach einem einheitlichen Schema
durchzuführen. Damit entsteht überdies eine Beschreibung in gleicher Detaillierungsstufe. Eine solche Darstellung ist dann auch für Personen verständlich,
denen die Applikationen unbekannt sind (insbesondere die Organisationsleitung).
Eine derartige Beschreibung enthält für jede Applikation:

- **Funktionale Beschreibung:** Sie gibt in groben Zügen die zugrundelie-
  gende Aufgabenstellung und ausführlicher die jeweiligen Programmfunktio-
  nen wieder. Die funktionale Beschreibung stellt damit den Hauptteil einer
  Applikationsdokumentation dar.

- **Datenstruktur:** Hierbei ist auf fachlich–organisatorischer Ebene die Charakteristik sowie unter Anwendungsgesichtspunkten die Herkunft und die
  Weiterverwendung der Daten zu kennzeichnen, die innerhalb einer Applikation verarbeitet werden.

- **Datenein- und Datenausgabe:** An dieser Stelle wird die Art der Daten-
  erfassung (zentral, dezentral in den Benutzerbereichen, online, offline etc.)
  sowie die Art der Ergebnisdarstellung (Ausgabe in Form von Bildschirmmasken, Listen, Mikrofiches etc.) gekennzeichnet.

- **Mengengerüst** der zu verarbeitenden Daten.

- **Schnittstellen** zu anderen Applikationen.

- **Betriebsart** (Stapel- oder Dialogbetrieb).

- **Benutzer** (Benutzerkreis, Anzahl der Benutzer, Verwendungshäufigkeit)
  und **Nutzen.**

- **Entwicklungsgeschichte** (Eigen- oder Fremdprodukt, Ersteinsatz, grundlegende Modifikationen etc.).

- **Benutzerkritik** und **Verbesserungswünsche.**

Die Dokumentation der einzelnen Applikationen erfolgt sinnvollerweise großteils
in verbaler Form.[49] Die Zusammenhänge zwischen einzelnen Applikationen lassen sich zur besseren Übersicht darüber hinaus grafisch darstellen. Abbildung 4.9

---

[48] So findet man in der Praxis, daß manche Applikationen im Umfang mehrerer tausend Seiten
dokumentiert sind, während das Wissen um Aufbau und Benutzung anderer Applikationen
nur „mündlich überliefert" wird.

[49] Richtwert für den Umfang der Dokumentation ist eine A4–Seite Text für jede einzelne
Applikation.

zeigt ein Beispiel für die Darstellung der Applikationsstruktur einer Organisation in Form einer „Application Systems Map". Weiters empfiehlt es sich, die Beschreibung nach dem Kriterium *Rechnerkategorie* (Zentralrechner, Abteilungsrechner, Arbeitsplatzrechner) bzw. nach den Kriterien *zentrale* (d.h. organisationsweit eingesetzt) und *dezentrale* Applikation (d.h. nur auf Abteilungsebene verfügbar) vorzunehmen, um damit die Struktur der Applikationsversorgung auf den verschiedenen Ebenen der Organisation zu kennzeichnen.

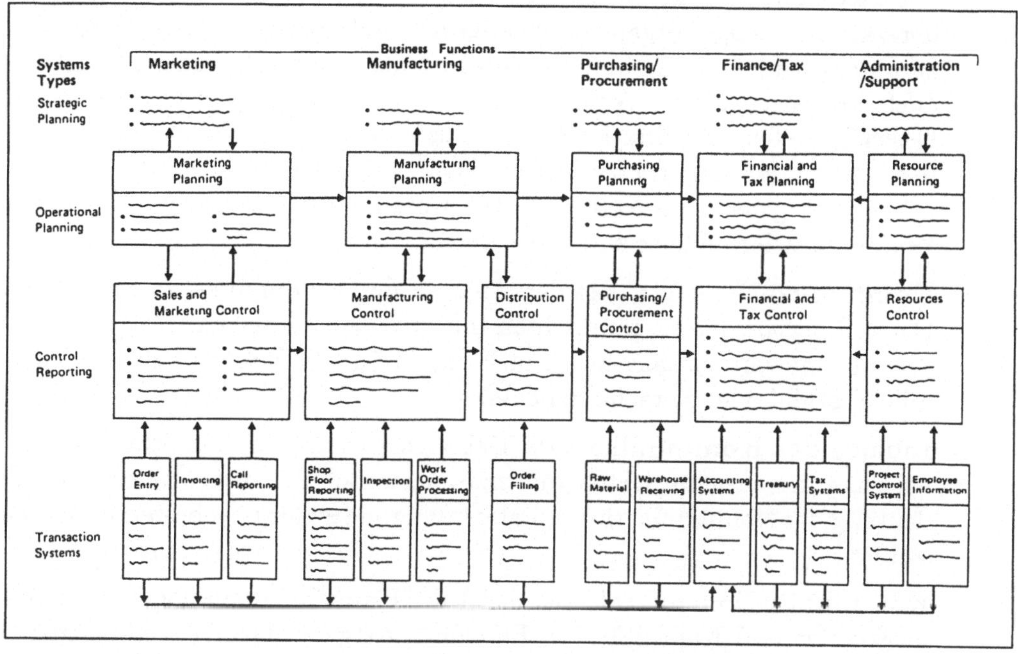

Abbildung 4.9: Applikationsstruktur einer Organisation (Quelle: [Toze 86] S. 38)

Kommunikation

Aufgrund der Tatsache, daß der Aspekt der Kommunikation sowohl innerhalb der Organisation als auch mit externen Partnern immer mehr an Bedeutung gewinnt, ist nach der Untersuchung der Daten- und Applikationsstruktur auch eine Analyse der Kommunikationsstruktur notwendig. Die Ergebnisse dieser Analyse beeinflussen in der Phase *Entwicklung von IV–Strategien* die grundlegenden Überlegungen zum Aufbau interner und externer Kommunikationsnetze. Obwohl es nicht die Aufgabe der SISP ist, eine detaillierte Aufnahme der Kommunikationsbeziehungen durchzuführen,[50] müssen doch eine Reihe von Aspekten — zumindest im Überblick — analysiert werden, um die oben angesprochenen

---

[50]Diese Aufgabe könnte jedoch durchaus Gegenstand eines Projekts sein, das sich aufgrund der entwickelten Strategien zur Kommunikationsstruktur ergibt. Näheres dazu folgt im Abschnitt 4.4.1.

Fragestellungen beantworten zu können. In der Erhebungsphase sollten daher folgende Sachverhalte[51] untersucht werden:[52]

- **Kommunikationswege** zwischen einer betrachteten und allen berührten Stellen (Kommunikationspartner): Diese Analyse ist für sämtliche Fachbereiche einer Organisation durchzuführen und dient zur Klärung der Frage, welche Abteilungen mit welchen anderen derzeit bereits Information austauschen bzw. auch in Zukunft kommunizieren sollen. Dabei ist insbesondere auch zwischen organisations*interner* und *-externer* Kommunikation zu unterscheiden. Beim organisationsinternen Informationsaustausch muß auch die geographische Verteilung der Kommunikationspartner in Filialen, Geschäftsstellen, Produktions- und Lagerstätten etc. berücksichtigt werden. Im Rahmen der Istaufnahme kann es jedoch, wie bereits erwähnt, nur darum gehen, die wesentlichsten Kommunikationspartner und deren Kommunikationsinhalte zu identifizieren.

- **Kommunikationsart:** Bei der Analyse der Kommunikationsart ist die Darstellungsart der ausgetauschten Information zu erheben. Dabei kann es sich um Informationsaustausch in Form von Text/Daten, Grafik, Bewegtbild, Festbild oder Sprache handeln.

- **Inhalte der Kommunikation:** Dabei geht es um eine inhaltliche Klassifizierung der ausgetauschten Information, wobei hier insbesondere die Bedeutung der Kommunikationsinhalte — zumindest grob — bewertet werden sollte.[53]

- **Kommunikationsmittel:** Damit ist die Ermittlung von Typ, Leistungsmerkmalen und Kapazität von Endeinrichtungen („Quelle" und „Senke") und Übertragungsmedien und deren Kapazität gemeint, unabhängig ob diese mechanischer oder elektronischer Natur sind.[54]

In Organisationen, in denen der Kommunikationsaspekt von großer Bedeutung für die Geschäftstätigkeit ist, ist es sinnvoll, die Analyse fortzuführen. Die Notwendigkeit dafür wird wieder in der Phase *Vorbereitung* festgestellt.[55] Für eine entsprechend detaillierte Analyse müßten noch folgende Aspekte untersucht werden:

---

[51]Bei dieser Aufstellung handelt es sich um einen Maximalkatalog, der in Abhängigkeit von Umfang und Aufgabenstellung des konkreten SISP–Vorhabens angepaßt werden muß (vgl. dazu Abschnitt 4.1).

[52]Vgl. dazu [Schm 86] S. 182 ff. und [Kral 87] S. 8 ff.

[53]Dies könnte z.B. mit Hilfe einer Rangfolgeskala mit den Ausprägungen „unbedingt notwendig", „wichtig" und „weniger wichtig" erfolgen.

[54]Dabei können sich naturgemäß Überschneidungen mit der Analyse der IV–Ressourcen ergeben (vgl. Abschnitt 4.2.2.2).

[55]Vgl. Abschnitt 4.1.

- Häufigkeit der Interaktionen bezogen auf

  - Informationen und
  - berührte Stellen,

- durchschnittlicher Zeitverbrauch je Interaktion und

- gesamter Zeitverbrauch je Periode bezogen auf

  - Information und
  - berührte Stellen.

Zur Dokumentation der erhobenen Inhalte eignen sich in erster Linie grafische und tabellarische Darstellungen. Abbildung 4.10 zeigt ein Beispiel für die Darstellung der Kommunikationsstruktur einer Organisation in Form eines Netzwerkes. Derartige Darstellungen können noch um verbale Erläuterungen zu qualitativen Aspekten erweitert werden.

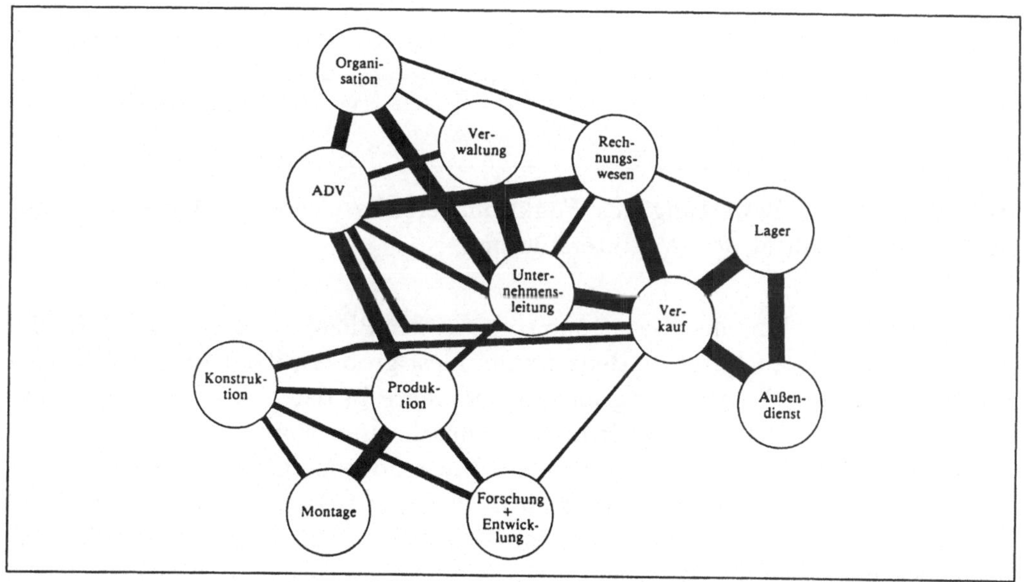

Abbildung 4.10: Kommunikationsstruktur einer Organisation (Quelle: [Schm 86] S. 189)

Mit dem Abschluß der Analyse von Daten-, Applikations- und Kommunikationsstruktur hat das Planungsteam bereits einen umfassenden Überblick sowohl über einzelne Applikationen als auch über die generelle Unterstützung der einzelnen Funktionsbereiche. Damit können bereits globale Aussagen über die *Qualität der IV–Unterstützung* in den verschiedenen Funktionsbereichen einer Organisation gemacht werden. Dieses qualitative Urteil stützt sich auf die Bewertung der

Faktoren Durchdringungsgrad und Funktionsumfang der Applikationen. Unter dem *Durchdringungsgrad* wird hier die Anzahl der vorhandenen Applikationen je Funktionsbereich verstanden. Der *Funktionsumfang* dagegen ist ein Indikator für die qualitativen und quantitativen Möglichkeiten der Informationsabfrage und -auswertung aus Benutzersicht. Diese Beurteilung erfolgt zwar anhand relativ „weicher" Kriterien, dafür ist auf diese Art eine die gesamte Organisation umspannende Analyse möglich.[56] Abbildung 4.11 zeigt beispielhaft die Bewertung eines Funktionsbereichs in einer Portfoliodarstellung.

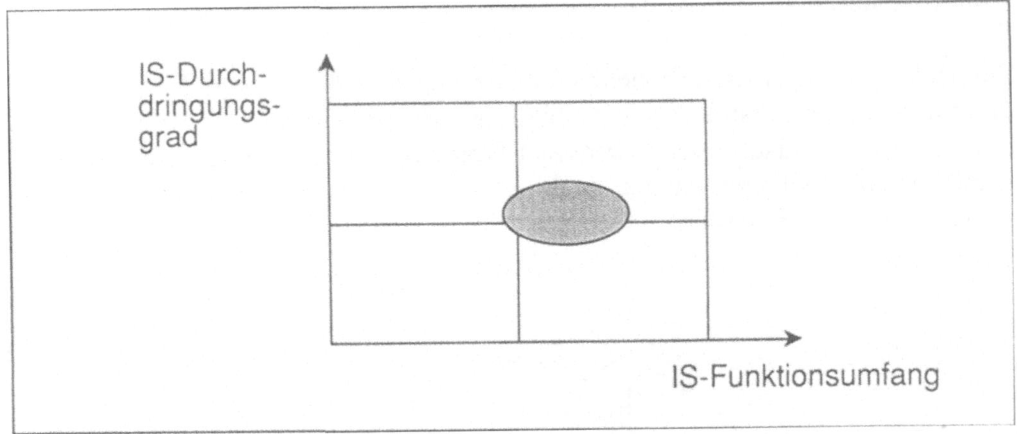

Abbildung 4.11: Bewertung des Funktionsbereichs „Verkauf/Marketing" hinsichtlich der Qualität der IV–Unterstützung

Neben der Ermittlung des Status quo sollte in der Phase *Analyse der IV–Bedingungslage* bereits auch der IS–Bedarf zumindest grob ermittelt werden. Bei den Interviews in der IV–Abteilung und insbesondere in den Fachabteilungen sind daher die entsprechenden Bedürfnisse, Wünsche und Vorschläge zu sammeln, zu strukturieren und zu dokumentieren. Die erhobene Information ist wesentlich für die Ausrichtung der Strategien in bezug auf Daten-, Applikations- und Kommunikationsstruktur und kann im Teilschritt *Evaluierung des IS–Bedarfs* weiterbearbeitet werden.[57]

---

[56]Für die Bewertung der beiden Kriterien wäre eine Skala von „keine Durchdringung" bzw. „kein Funktionsumfang" bis „sehr starke Durchdringung" bzw. „sehr großer Funktionsumfang" denkbar. Genaugenommen müßte dann vor der Bewertung ein entsprechender Norm- bzw. Maximalwert ermittelt werden. Im vorliegenden Fall steht jedoch weniger die Ermittlung von absoluten Werten im Vordergrund, vielmehr interessiert die relative Stellung einzelner Funktionsbereiche zueinander, sodaß eine derartige Normierung durchaus auch unterbleiben kann (vgl. dazu die diesbezüglichen Aussagen bei [Pete 83] S. 258 ff.). Die *relative Position* ist auch als Ausgangspunkt für die Vergabe von Entwicklungsprioritäten (siehe dazu Abschnitt 4.4.1.3) relevant.

[57]Vgl. Abschnitt 4.4.1.1.

4.2.2.2 IV–Ressourcen

Unter dem Begriff IV–Ressourcen werden im Zusammenhang mit der SISP alle IV–Mitarbeiter, unabhängig von ihrer Abteilungszugehörigkeit, die Gesamtheit der eingesetzten Informationstechnik (Hardware und Software) und das zur Verfügung stehende IV–Budget zusammengefaßt. Auch im Zuge der Analyse der IV–Ressourcen sind sowohl sämtliche derzeit zur Verfügung stehenden als auch alle für den zukünftigen Einsatz geplanten Ressourcen zu erheben.

IV–Mitarbeiter

Bezüglich der IV–Mitarbeiter kann ein erster Überblick über die Ablauforganisation und die Stellengliederung aus entsprechenden Organigrammen gewonnen werden. Die Mitarbeiteranzahl in den einzelnen Unterabteilungen bzw. in Abteilungen, die dem IV–Bereich nahe stehen, sowie Stellenbeschreibungen geben darüber hinaus Aufschluß über die personelle Besetzung und die Tätigkeitsschwerpunkte des Bereichs. Um zu einem vollständigen Bild zu gelangen, sind folgende Einzelaspekte zu erheben:

- Mitarbeiterzahl insgesamt und je Tätigkeitsbereich,

- Tätigkeitsfelder der IV–Mitarbeiter,

- Arbeitsstil, Qualifikation und Ausbildung der IV–Mitarbeiter (insbesondere auch die Kommunikationsfähigkeit im Umgang mit Benutzern),

- Produktivität und Auslastung der IV–Mitarbeiter,

- Motivation der IV–Mitarbeiter,

- Betriebsklima im IV–Bereich und

- Altersstruktur (Lebens- und Dienstalter sowie IV–Erfahrung in Jahren).

Die erhobenen Informationen sind textuell bzw. grafisch festzuhalten und lassen quantitative (bezüglich Mitarbeiterzahlen, Tätigkeitsschwerpunkte etc.) sowie qualitative Aussagen (hinsichtlich Qualifikation, Motivation und Betriebsklima etc.) zu. Zusätzlich zur beschriebenen Untersuchung im IV–Bereich sollten jedoch auch die Qualifikation, die Ausbildung und die Motivation der Mitarbeiter berücksichtigt werden, die in den Fachabteilungen mit den bestehenden oder geplanten IS konfrontiert sind bzw. zukünftig konfrontiert werden. Die Notwendigkeit dafür ergibt sich daraus, daß eine effektive Zusammenarbeit zwischen dem IV–Bereich und den Fachabteilungen nur dann gewährleistet ist, wenn auch auf Benutzerseite entsprechendes Wissen und die erforderliche Motivation und Einsatzbereitschaft vorhanden sind.

Hardware

Die detaillierte Analyse der vorhandenen Hardware dient zur Einschätzung des Potentials, das für die Bewältigung zukünftiger IV–Aufgaben zur Verfügung steht. Dabei sind vor allem auch die Fragen nach den Abschreibungsdauern der Geräte und nach den Bindungsdauern von Miet- und Leasingverträgen zu klären, um die bestehende Handlungsrestriktionen für einen Um- bzw. Ausbau der derzeit verwendeten Konfiguration beurteilen zu können. Unter strategischen Gesichtspunkten sind daher folgende Aspekte zu untersuchen:

- Typ, Leistungsmerkmale und Kapazität der Zentralrechner und sämtlicher dezentralen Rechner,

- Anzahl, Leistungsmerkmale und Kapazität der Massenspeicher und Schnelldrucker,

- Anzahl, „Intelligenz" und (anwendungsbezogene) Widmung der Bildschirmgeräte und Arbeitsplatzdrucker,

- Anzahl, Leistungsmerkmale und Kapazität der sonstigen Eingabe- und Ausgabegeräte,

- Rechnernetze und ihre Komponenten,

- externe Telekommunikationsverbindungen,

- Standorte der Hardware,

- Verfügbarkeit und Antwortzeiten (Normal- und Spitzenbelastungen) der Zentralrechner und sämtlicher dezentraler Rechner,

- Auslastung der Zentralrechner und sämtlicher dezentraler Rechner (CPU–Belastung, Speicherbelegung etc.),

- „Entwicklungsgeschichte" (Zuwachsraten, Leistungs- und Kapazitätsentwicklung) der zentralen und dezentralen Hardware,

- Angaben zur Ausbaufähigkeit der Hardwarekomponenten,

- Angaben zu Herstellern und Lieferanten (insbesondere Zuverlässigkeit und Zufriedenheit),

- Angaben zu Kauf/Miete/Leasing bzw. Bindungsdauern,

- Angaben zu Wartung und Service.

Gemeinsam mit den augenblicklich verfügbaren Geräten sollten auch die geplanten Hardware–Anschaffungen erhoben werden, um diesbezügliche Auswirkungen auf die zu entwickelnden Strategien in bezug auf IV–Ressourcen berücksichtigen zu können. Die erhobenen Fakten sind wieder ausführlich zu dokumentieren.

Für die Darstellung der Konfigurationen und der Datenübertragungswege eignen sich besonders Grafiken und Bilder. Abbildung 4.12 zeigt ein Beispiel für die Darstellung des Hardware–Systems einer Organisation in Form einer Konfigurationsübersicht.

Software

Als nächster Schritt im Rahmen der Analyse der IV–Ressourcen erfolgt die Untersuchung der verwendeten Software.[58] Für die Analyse der „Softwarelandschaft" empfiehlt sich eine Kennzeichnung folgender Aspekte für sämtliche vorhandenen Rechnerkategorien:

- Betriebssysteme, Betriebssystemerweiterungen, TP–Monitorsysteme,

- Daten(bank)verwaltungssysteme,[59]

- Software zur Unterstützung der Datenfernverarbeitung, Mikrorechner–Host–Kommunikationssysteme sowie sämtliche Netzwerksoftware,

- Rechenzentrumsverwaltungssoftware (Job Control, Job Accounting etc.),

- Hilfsprogramme (Magnetband- und Plattenverwaltung, System Tuning, Performance–Messung etc.),

- Entwicklungsumgebungen (Analyse-, Design- und Programmierwerkzeuge und -sprachen sowie Sprachübersetzer),

- Endbenutzerwerkzeuge,

- Datenschutz- und Datensicherungssysteme,

- extern genutzte Software,

- Angaben zu Herstellern und Lieferanten (insbesondere Zuverlässigkeit und Zufriedenheit),

- Angaben zu Kauf/Miete/Leasing bzw. Bindungsdauern,

- Angaben zur Ausbaufähigkeit der Software–Komponenten und

- Angaben zu Wartung und Service.

Auch für die Analyse der verwendeten Software gilt die bereits erwähnte Notwendigkeit, die seitens der Organisation angestellten Überlegungen in bezug auf einen Ausbau der bestehenden Komponenten in die eigenen Überlegungen mitaufzunehmen. Abschließend sind auch hier die erhobenen Fakten in geeigneter

---

[58]Wie bereits erwähnt, wird der Begriff *Software* im Unterschied zum allgemeinen Sprachgebrauch in dieser Arbeit nur für den Bereich der System- und systemnahen Programme verwendet.

[59]Vgl. dazu auch obige Ausführungen zu Daten.

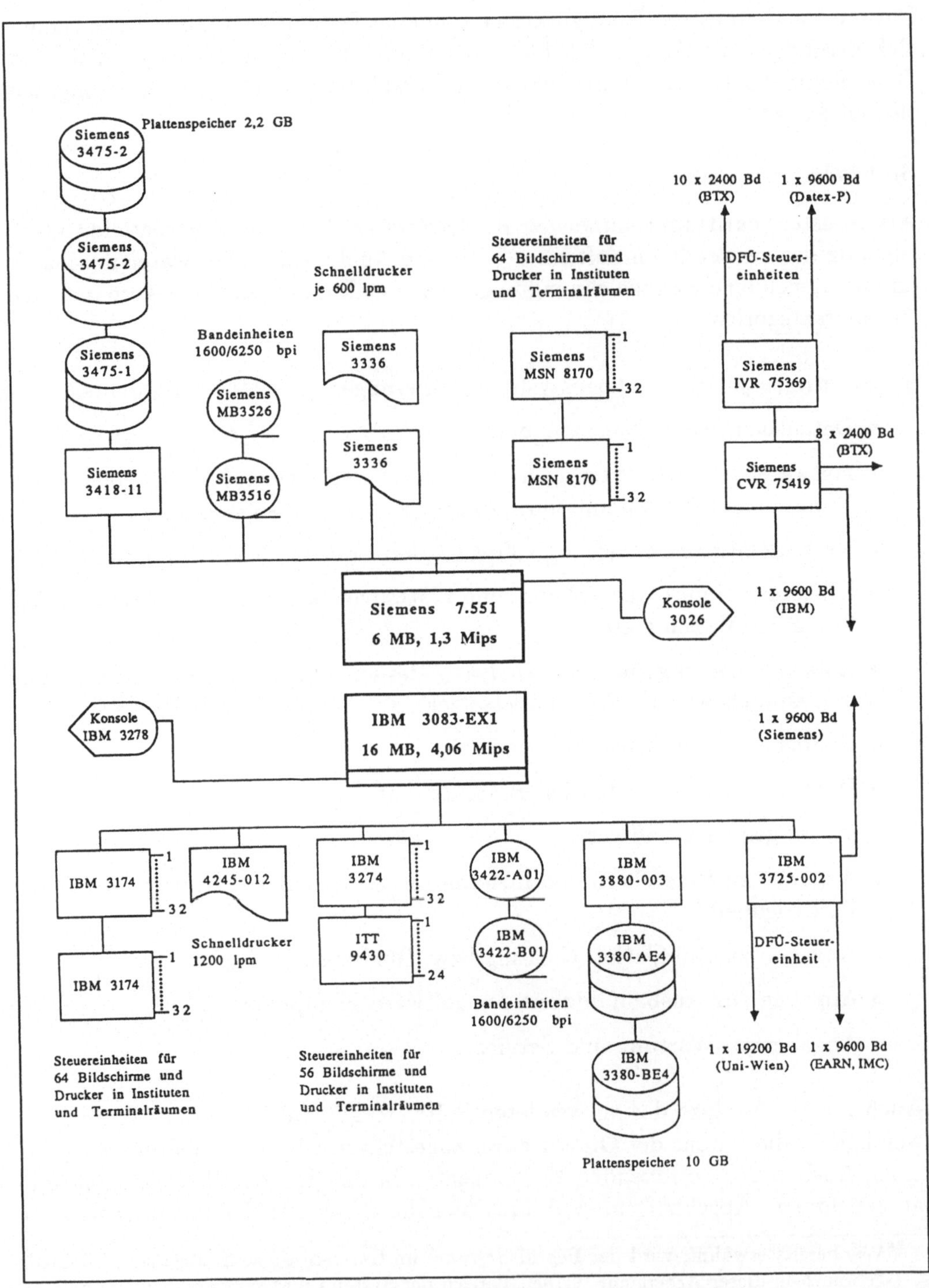

Abbildung 4.12: Hardware–System einer Organisation (Quelle: [OhVe 87] S. 2)

Form festzuhalten. Abbildung 4.13 zeigt ein Beispiel für die Darstellung der verfügbaren Software–Komponenten in einer Organisation in Form einer einfachen Liste.

Softwareprodukt	Hersteller	Funktion
Systemsoftware:		
VM/SP	IBM	Operating system
VM/ISPF	IBM	Dialog Manager for VM
VM/IPF	IBM	Interactive VM system administration utility
DMS/CMS	IBM	Screen creation facility for VM
VM MAP	IBM	VM performance monitoring analysis
VSE/SP	IBM	Operating system
COBOL DOS/VS	IBM	Compiler
PL/I DOS + Library	IBM	Compiler
RPG II	IBM	Compiler
DOS CICS/VS DTB Option	CINCOM	Logging and recovery facility for TOTAL
DUSP	Westinghouse	Disk dump/restore utility
CA-DYNAM Family	CA	Disk storage and tape management system
CA-SORT (CMS)	CA	System utility
CA-VIEW	CA	System utility
CBLVCAT	Plus Data	VSAM tuning utility
The MONITOR for CICS	Performance Software AG	CICS response time monitor
CIMS	Performance Software AG	Job accounting and performance control system
CSAR	Performance Software AG	Online data center control system
LOGOUT	DIALOGIKA	System utility
RDMS	NAMIC	Report distribution management system
VBOMP	Wilken	DBOMP-VSAM interface
LIBRARIAN	ADR	Source library management and control
CMS/ISPF	ADR	Interactive dialog interface to LIBRARIAN master file
Easytrieve Plus	Pansophic	Report generator
Kommunikationssoftware:		
ACF/VTAM	IBM	Data communication access method
ACF/NCP	IBM	Network control program
ACF/SSP	IBM	Network control program generator
Emulation Program 3725	IBM	Emulation of IBM 270x transmission control
NETVIEW	IBM	Network management and control system
RSCS	IBM	VM subsystem for remote spooling communication
VM/SP 3270 file transfer	IBM	Host-PC file transfer (CMS based)
Panlink	Pansophic	Host-PC file transfer (CICS based)
Datenbanksoftware:		
DOS TOTAL	CINCOM	Data base management system
Mantis	CINCOM	Application development system
TIS/XA, VSE (SUPRA)	CINCOM	Advanced relation database management system
Application System	IBM	End user driven tool for application development, information retrieval and decision support
GDDM	IBM	Graphical data display manager

Abbildung 4.13: Software–Komponenten einer Organisation

IV–Budget

Mit der Erhebung der relevanten Informationen betreffend das IV–Budget wird die Analyse der IV–Ressourcen abgeschlossen. In bezug auf die IV–Kosten- und –Leistungssituation ist die Erhebung folgender Zusammenhänge erforderlich:

- Analyse der gesamten IV–Kostenentwicklung, getrennt nach Miete/Abschreibung für Hardware und Software, Wartungskosten, Personalkosten sowie sonstige Kosten,

- IV–Kostenentwicklung im Vergleich zu den gesamten Fixkosten,

- IV–Kostenplanung für die Zukunft und

- Art der IV–Kostenverrechnung (Umlage auf Benutzer): IV–Kostenumlagen je Geschäftsbereich, Gegenüberstellung der verrechneten IV–Kosten und der benötigten CPU–Zeit sowie ähnliche grobe Vergleiche zur Feststellung der Zuteilungsgerechtigkeit, Gegenüberstellung von IV–Kosten und erhaltener „IV–Leistung".

Die Kenntnis der IV–Budgetgegebenheiten liefert einerseits Anhaltspunkte zur Beurteilung der Wirtschaftlichkeit des IV–Bereichs. Andererseits ergibt sich aus den festgestellten Istwerten — wenn auch nur grob — der Rahmen für zukünftige Investitionen im IV–Bereich. Auch die IV–Kosten und –Leistungssituation ist dokumentarisch festzuhalten.

4.2.2.3 IV–Organisation und –Führung

Aufgrund der Tatsache, daß die meisten Schwachpunkte im Bereich des Informationswesens einer Organisation auf Mängel in der Organisation und Schwächen in der Führung zurückzuführen sind, ist diesem recht heiklen Aspekt der IV besonderes Augenmerk zu schenken. Es geht hier darum, die Effizienz, Effektivität und Ausgewogenheit der bestehenden IV–Aufbau- und IV–Ablauforganisation sowie die Qualität der IV–Führung zu beurteilen. Dazu sind folgende Einzelaspekte zu untersuchen:

- **Organisatorische Gliederung des IV–Bereichs:** Eine wesentliche Voraussetzung für das reibungslose Funktionieren der IV in einer Organisation ist eine den betrieblichen IV–Aufgaben entsprechende Gliederung des IV–Bereichs. Über die funktionale Gliederung hinaus muß auch die personelle Besetzung der einzelnen Stellen dem IV–Anforderungsprofil angemessen sein. Es ist daher zu prüfen, wie weit die für den IV–Bereich erforderlichen Funktionen, wie IS–Entwicklung, IS–Betrieb und Benutzerbetreuung, in der jeweiligen Organisation abgedeckt sind und inwiefern auch die personelle Ausstattung den Erfordernissen dieser Aufgaben entspricht.

- **Zentralisierungsgrad der IV:** Von wesentlicher Bedeutung für die organisatorische Abwicklung der IV ist die Frage, welche Funktionen und Dienste wie stark zentral bzw. dezentral abgewickelt werden. Dies ist insbesondere in bezug auf die Entwicklung von zukunftsweisenden Führungs- und Kontrollstrukturen wesentlich. Ein für diese Zwecke gut brauchbares Instrument ist das Distribuierungsanalyse.[60]

---

[60]Dabei wird anhand der Dimensionen *Ausführung* und *Kontrolle* der Zentralisierungsgrad der IS–Entwicklung und des IS–Betriebs mit Hilfe von geeigneten Tableaus analysiert (vgl. dazu die Vorschläge von [BuLi 82] S. 44 ff.).

- **Effektivität und Effizienz der bestehenden IV–Aufbau- und –Ablauforganisation:** Über eine unter funktionalen Gesichtspunkten vernünftige Gliederung und einen dementsprechenden Zentralisierungsgrad hinaus ist die Wirksamkeit und die Angemessenheit sowie vor allem die Wirtschaftlichkeit der derzeitigen Gliederung im IV–Bereich zu untersuchen. Bei dieser Analyse ist die derzeitige Aufbau- und Ablauforganisation der Aufgabenstruktur des IV–Bereichs gegenüberzustellen und zu prüfen, ob die anfallenden Aufgaben im Rahmen der bestehenden IV–Organisation zeit- und kostengerecht abgewickelt werden können.

- **Zusammenarbeit mit den Benutzerbereichen:** Für die IS–Entwicklung ist die Kommunikationsachse IS–Entwickler — IS–Benutzer von größter Bedeutung. „Gestörte" Beziehungen zwischen diesen beiden Gruppen sind einer der häufigsten Gründe für Verzögerungen oder gar für das Scheitern von IS–Projekten. Deshalb sind die Kommunikationsbeziehungen und sämtliche anderen Interaktionsformen[61] besonders genau zu analysieren. Zu diesem Zweck kann eine Imageanalyse durchgeführt werden, in der vor allem die Kommunikationsaspekte in der Zusammenarbeit zwischen dem IV–Bereich und den Fachabteilungen untersucht werden.[62] Abbildung 4.14 zeigt ein Beispiel für eine derartige Analyse bzw. die Auswertung anhand eines Polaritätsprofils.[63]

- **Datenmanagement:** Entsprechend den Ausführungen zu Daten sind hier die Vorgehensweise sowie verwendete Methoden und Werkzeuge zur Datenmodellierung und Datenverwaltung zu untersuchen und es ist ihre Adäquanz zu beurteilen.[64]

- **Applikationsmanagement:** Auch die Vorgehensweise bei der Entwicklung von Applikationen sowie die eingesetzten Methoden und Werkzeuge für Analyse, Design, Programmierung, Test und Wartung sind auf ihre Angemessenheit und Wirtschaftlichkeit hin zu prüfen. Eine weitere wesentliche Frage, die hier geklärt werden muß, ist die Art der Prioritätenvergabe für die IS–Entwicklung.

- **Kommunikationsmanagement:** Darunter fällt in erster Linie die Beurteilung der Planung und der Administration des organisationsinternen und organisationsübergreifenden Informationsaustausches.

---

[61] Darunter sind z.B. Informationspolitik, Entwicklungsanträge, Benutzerbetreuung und -schulung sowie Art und Umfang der Serviceleistungen zu verstehen.

[62] Vgl. [Pete 83] S. 258 ff.

[63] Die hier angeführten Bewertungskriterien dienen nur als Anhaltspunkte und können im Einzelfall je nach Bedeutung der Imageanalyse durchaus adaptiert und/oder erweitert werden.

[64] Vgl. Abschnitt 4.2.2.1.

unterstützt meine Belange	gut	schlecht
die Auswertungen sind für mich	wertvoll	wertlos
behebt Fehler	rasch	langsam
verbessert sich	ständig	nicht sehr progressiv
geht auf Anregùngen	ein	nicht ein
ist	besser	schlechter als eine durchschn. EDV-Abteilung
im allgemeinen ist die Systembenutzung	einfach	kompliziert
die Hilfestellung bei der Systembenutzung und die Einschulung ist	ausreichend	nicht ausreichend

Abbildung 4.14: Checkliste für die Imageanalyse des IV–Bereichs (Quelle: [Pete 83] S. 259)

Weitere Untersuchungsaspekte im Rahmen der Analyse von IV–Organisation und –Führung, die sich aus der spezifischen Problemlage einer Organisation ergeben können, sind:[65]

- Beschaffungs-, Einsatz- und Wartungskonzept für Hardware– und Software–Komponenten,
- Maßnahmen zur Aus- und Weiterbildung von IV–Mitarbeitern und Benutzern,
- Umfang und Qualität der Dokumentationen (vor allem in bezug auf die Daten-, Applikations- und Kommunikationsstruktur sowie bezüglich der Hardware und der Software),
- Art und Umfang der kurz-, mittel- und langfristigen IV–Planung sowie der diesbezüglichen Kontrollmechanismen,
- Art der Verteilung von IV–Ressourcen auf die Benutzerbereiche sowie
- Umfang und Qualität des Sicherheits- und Katastrophenkonzepts.

[65] Vgl. Abschnitt 4.1.

4.2.3 Bewertung der IV–Bedingungslage

Nach Abschluß der Isterhebung muß nun die Bedingungslage bewertet werden. In Form eines Kataloges werden dabei die Stärken und Schwächen in bezug auf Daten-, Applikations- und Kommunikationsstruktur, hinsichtlich der IV–Ressourcen und bezüglich der IV–Organisation und –Führung angeführt. Diese Aufstellung dient unmittelbar anschließend zur Orientierung der Organisationsleitung und ist später, in den Phasen *Bestimmung der strategischen Richtung der IV* und *Entwicklung von IV–Strategien*, Ansatzpunkt für weitere Überlegungen.

In die Bewertung der IV–Bedingungslage muß der „State–of–the–Art" der Informationstechnik eingehen. Darüber hinaus ist eine derartige Bewertung nur dann sinnvoll, wenn sie relativ vorgenommen wird, indem die IV–Entwicklungsstufen und die IS–Umgebungen von anderen Organisationen als Vergleichsbasis herangezogen wird. Für diese Aufgabe wird daher einerseits die umfassende Kenntnis des Produktspektrums der Informationstechnik verlangt, andererseits müssen in eine derartige Bewertung die unter wirtschaftlichen Gesichtspunkten betrachteten Einsatzmöglichkeiten der IV einfließen.[66]

4.2.4 Präsentation und Dokumentation des Status quo

Ist die Analyse und die Bewertung der IV–Bedingungslage abgeschlossen, so muß die Führungsebene, insbesondere die Organisationsleitung, von den Ergebnissen informiert werden. Dabei werden die erhobenen Fakten in Form einer Zusammenfassung referiert und die festgestellten Stärken und Schwächen ausführlich dargestellt und diskutiert. Der im Teilschritt *Bewertung der IV–Bedingungslage* erarbeitete Katalog, vor allem die diagnostizierten Schwächen, sind Ausgangspunkt für die Festlegung von thematischen Schwerpunkten für den weiteren Verlauf des SISP–Projekts. Erst in dieser Phase wird also in Zusammenarbeit mit den Auftraggebern die Notwendigkeit für die Anwendung bestimmter Teilschritte (bzw. der korrespondierenden Techniken) ermittelt und damit der inhaltliche Ablauf der SISP bestimmt. Neben der Weitergabe des Wissens über die IV–Istsituation besteht am Ende des Teilschritts *Präsentation und Dokumentation des Status quo* ein umfangreicher Dokumentationsbedarf.[67] Die gewonnenen Ergebnisse müssen zusammengefaßt und festgehalten werden. Hinsichtlich der Umwelt sollten dabei folgende Aspekte dokumentiert werden:[68]

---

[66] Die Qualifikationen dafür, insbesondere das technische Wissen sowie die Objektivität, sind im Normalfall bei Mitarbeitern der Organisation nicht vorhanden. Deshalb erscheint es sinnvoll, die Analyse und im besonderen die Bewertung der IV–Bedingungslage Außenstehenden zu übertragen (vgl. dazu die diesbezügliche Diskussion im Abschnitt 5.2.2).

[67] Vgl. dazu auch Abschnitt 5.2.4.

[68] Vgl. dazu [Hans 84] S. 10.

1. Spezifikation der gegebenen und der zu erwartenden Situation aufgrund rechtlicher Bestimmungen und gesellschaftlicher Entwicklungen.

2. Spezifikation der gegebenen und der zu erwartenden Forderungen von folgenden Organisationen bzw. Personengruppen: staatliche Instanzen (Parlamente, Regierungen und Verwaltungen sowie Gerichte), politische Parteien, Kammern, Gewerkschaften und Arbeitnehmervertretungen, Verbände und Vereinigungen, Lehre und Forschung, Mutter-, Schwester- und Tochterorganisationen, Konkurrenten, Kunden und Lieferanten sowie Betriebsrat und Arbeitnehmer.

3. Gesamtübersicht über das für die Organisation relevante Angebot am Markt für Informationstechnik, insbesondere die absehbare „Zukunft" der Hersteller und Lieferanten (Produkt- und Preispolitik, Kundendienst etc.) sowie das Produkt- und Dienstleistungsspektrum von Beratern und sonstigen Anbietern.

4. Beschreibung der Chancen und Risiken, die sich aus der informationstechnologischen Entwicklung ergeben können.

5. Diagnose von Risiken und Vorschläge zu deren Entschärfung sowie Evaluierung von Chancen und Empfehlungen zu deren Realisierung.

In bezug auf die interne Situation sollten folgende Punkte dokumentiert werden:[69]

1. Gesamtübersicht über die vorhandene Daten-, Applikations- und Kommunikationsstruktur, die IV–Ressourcen (Mitarbeiter, Hardware, Software und Budget) sowie IV–Organisation und –Führung: Dazu sind Einzeldarstellungen gleicher Detaillierung für die genannten Bereiche sowie integrierte bzw. aggregierte Darstellungen und Vergleiche zu erstellen.

2. Gesamtübersicht über den Ressourceneinsatz für IS: Für die Kapazitätsplanung der im Rahmen der zu entwickelnden Strategien in bezug auf die IV–Ressourcen ist es unumgänglich, den derzeitigen Ressourceneinsatz bzw. die Auslastung der eingesetzten Hardware- und Software–Komponenten detailliert zu analysieren.[70] Derartige Analysen lassen Aussagen über derzeitige IV–Tätigkeitsschwerpunkte und damit über gebundene und freie IV–Kapazitäten zu.

3. Beschreibung von Stärken und Schwächen sowie Verbesserungsvorschlägen: Diese sind — wie erwähnt — in einem eigenen Katalog anzuführen und

---

[69]Vgl. dazu [Hans 84] S. 8.

[70]Ergebnisse derartiger Untersuchungen sind z.B. Übersichten über CPU–Belastungen, Massenspeicherbelegungen und durchschnittliche Antwortzeiten. Aber auch die Auslastung der IV–Mitarbeiter ist ein wesentlicher Indikator und beeinflußt die Personalplanung für künftige IS–Entwicklungen.

sollen sich auf die Bereiche Daten-, Applikations- und Kommunikationsstruktur, IV–Ressourcen sowie IV–Organisation und –Führung beziehen.

4. Aufstellung von Ideen bzw. Vorhaben für künftige IV–Strategien: Damit sind die im Rahmen der Isterhebung in der IV–Abteilung sowie in den Fachabteilungen gesammelten Vorschläge zur Verbesserung des Status quo bzw. der Katalog an bereits konkret geplanten Vorhaben gemeint.[71]

4.3   Bestimmung der strategischen Richtung für die IV

Hat man im Rahmen eines SISP–Vorhabens bisher „nur" Vorarbeiten geleistet, so beginnt nun die SISP im engeren Sinn. In der Phase *Bestimmung der strategischen Richtung für die IV* geht es um die Verbalisierung der Zukunftsvision für den IV–Bereich. Das bedeutet nicht, daß hier unerreichbare Wunschträume formuliert werden sollen. Vielmehr kommt es darauf an, aufbauend auf den erhobenen und bewerteten Gegebenheiten[72] einen möglichst realistischen Kurs für die weitere IV–Entwicklung vorzuzeichnen. Die Ergebnisse der Phase haben damit zweierlei Effekte: Einerseits stellen sie Richtlinien für die nachfolgende *Entwicklung von IV–Strategien* dar. Darüber hinaus sollen sie aber auch für sämtliche Mitarbeiter der Organisation transparent machen, „wohin die Reise geht". Dieser zweite Effekt ist wieder unter dem Gesichtspunkt einer umsichtigen, organisationsweiten Informationspolitik zu sehen.[73] Deshalb ist für eine möglichst weite Verbreitung der Ergebnisse dieser Phase zu sorgen. Zur übersichtlicheren Darstellung des Kurses für die IV–Entwicklung wird in der Folge zwischen *IV–Mission* und *IV–Zielen* unterschieden. Die nachstehende Tabelle faßt die Aufgaben der Phase *Bestimmung der strategischen Richtung für die IV* zusammen:

---

[71] Eine lückenlose Aufnahme sämtlicher Ideen würde den Rahmen einer solchen Dokumentation sprengen, sodaß nur ausgewählte Vorschläge aufgenommen werden können.

[72] Vgl. Abschnitt 4.2.

[73] Vgl. die diesbezüglichen Aussagen im Abschnitt 4.1.2.

Teilschritt	Aufgaben	Beteiligte
Erarbeiten der Grundlagen	Erarbeiten bzw. Aktualisierung der Mission und der Ziele der Organisation	Planungsteam, Organisationsleitung
Definieren einer IV–Mission	Diskussion	Planungsteam, Organisationsleitung
Setzen strategischer IV–Ziele	Diskussion	Planungsteam, Organisationsleitung
Präsentation und Dokumentation der Stoßrichtung	Präsentation, Diskussion, Dokumentation	Planungsteam, Organisationsleitung

4.3.1 Erarbeiten der Grundlagen

An sich kann es nicht Aufgabe der SISP sein, die Mission und die Ziele für die Organisation festzulegen.[74] Vielmehr muß es im Rahmen der SISP möglich sein, auf einem aktuellen und klar definierten Zielkatalog als Ausgangspunkt für die Teilschritte *Definieren einer IV–Mission* und *Setzen strategischer IV–Ziele* aufzusetzen.[75] Wie praktische Erfahrungen jedoch zeigen, ist diese Forderung häufig nicht erfüllt. Entweder fehlt ein schriftlicher Zielkatalog völlig oder er ist nicht mehr aktuell. In vielen Fällen sind die Mission und die Ziele der Organisation aufgrund der Formulierung für die weitere Bearbeitung im Rahmen der SISP nicht brauchbar. Tritt dieser Fall auf, so muß das Planungsteam dennoch die Aufgabe der Formulierung von Organisationszielen übernehmen. Dazu ist es erforderlich, die oft unterschiedlichen, mehr oder weniger weit gefaßten Zielvorstellungen zu sammeln und im Rahmen einer Gruppensitzung auf einen Nenner zu bringen. Die Durchführung von Brainstormings oder freien Diskussionen ist dabei sehr zeitaufwendig und die Erfolgswahrscheinlichkeit fraglich. Mit der strukturierten Analyse der kritischen Erfolgsfaktoren kann u.U. relativ rasch Klarheit in die Zielstruktur der Führungsebene gebracht werden.[76] Führt diese Vorgehensweise nicht zu greifbaren Ergebnissen, so ist das Planungsteam darauf angewiesen, auf Basis des bis dahin erarbeiteten Wissens einen Zielkatalog zu entwickeln. Anschließend müssen die Vorschläge der Organisationsleitung zur Kenntnis gebracht und gegebenenfalls überarbeitet werden.

---

[74]Vgl. dazu die Aussagen zu den Anforderungen an SISP–Methoden im Abschnitt 3.2.
[75]Vgl. dazu auch die Forderungen von [King 78] S. 29 ff. und [SzKo 78] S. 59 ff.
[76]Zur Anwendung dieses Konzepts vgl. Abschnitt 2.2.3.

4.3.2 Definieren einer IV–Mission

Mit der Formulierung einer IV–Mission wird die Richtung grob festgelegt, in die sich die IV weiterentwickeln soll. Diesbezügliche Aussagen sollten zeitlos und dauerhaft sein, damit die generelle Entwicklungsrichtung, die ja weitreichende Konsequenzen für das Strategieprogramm hat, nicht unnötig oft geändert werden muß. Bei der Festlegung der IV–Mission handelt es sich nicht in erster Linie darum, Maßstäbe vorzugeben, sondern eher einen organisationsweiten Prozeß der Bewußtwerdung und der Entwicklung eines eignenen „IV–Selbstverständnisses" einzuleiten. Für die Formulierung kann kein allgemeingültiges Rezept vorgegeben werden, da sich die Bedingungslagen je nach Organisationstyp zu stark voneinander unterscheiden können und damit auch die Mission stark variieren kann.[77] Die Definition der IV–Mission sollte kurz gehalten werden und von der Führungsebene der Organisation akzeptiert sein.[78] Mit der Erklärung der IV–Mission sollte die Beantwortung folgender Fragen verbunden sein:[79]

1. Was *ist* die derzeitige Domäne der IV in der Organisation?

2. Was *wird* die Domäne der IV in der Organisation zukünftig sein?

3. Was *soll* die Domäne der IV in der Organisation zukünftig sein?

Die Antwort auf die erste Frage ist die Darstellung des aktuellen Kurses der IV–Entwicklung. Wird diese Richtung beibehalten, so ergibt sich daraus zwangsläufig die Domäne der IV in der Zukunft und damit die Antwort auf die zweite Frage. Die Beantwortung der dritten Frage muß klären, ob und in welcher Form eine Kursänderung für die IV–Entwicklung erforderlich ist.[80]

4.3.3 Setzen strategischer IV–Ziele

Ist mit der Definition der IV–Mission eine Kurzformel für die strategische Orientierung der IV gefunden, so müssen nun greifbare Vorgaben erarbeitet wer-

---

[77]So wird sich z.B. der grundlegende Zweck der IV in einem wettbewerbsorientierten Unternehmen erheblich von dem einer öffentlichen Institution unterscheiden.

[78]Der Umfang der schriftlichen Ausarbeitung der IV–Mission sollte in einer Größenordnung von einigen Sätzen liegen, maximal sollte er eine halbe A4–Seite umfassen.

[79]Vgl. [Druc 74].

[80]Ist die derzeitige IV–Mission einer Organisation die „optimale Informationsversorgung aller Mitarbeiter der Organisation" und wird die neue Mission, die sich aufgrund wirtschaftlicher Rahmenbedingungen ergeben hat, mit „optimale Informationsversorgung aller Mitarbeiter der Organisation sowie sämtlicher externer Benutzer unter besonderer Berücksichtigung der informationstechnologischen Möglichkeiten" angegeben, so folgen aus dieser Kursänderung offensichtlich geänderte Zielsetzungen, die ihrerseits ein vollkommen neues Strategieprogramm erforderlich machen.

den, nach denen das zu entwickelnde Strategieprogramm ausgerichtet werden
kann. Unter *Zielen* sind dabei allgemein erwünschte Merkmale von Zuständen
zu verstehen.[81] Die Aufgabe der Phase *Setzen strategischer IV–Ziele* ist damit
das Erstellen eines Katalogs, in dem die relevanten Aspekte des angestrebten Zu-
kunftsszenarios dokumentiert sind. Darüber hinaus muß dafür gesorgt werden,
daß der Grad der Zielerreichung hinterher beurteilt werden kann.

Bei der Zielformulierung ist eine Unterscheidung in inhaltliche und formale Aspekte empfehlenswert. Sachziele bestimmen das *Was?* und können quantitativ
gemessen werden. Formalziele geben dagegen das *Wie?*, d.h. die Art und Weise
der Durchführung an und sind daher eher qualitativer Natur. Daraus ergibt sich
für die SISP die Unterscheidung in:

- *IV–Ziele i.e.S.:* Diese entsprechen den erwähnten Sachzielen und bestimmen imperativ die inhaltlichen Ergebnisse. Sie enthalten aber auch entsprechende Maßstäbe zur Bewertung der Zielerreichung.[82]

- *IV–Grundsätze und –Richtlinien:* Sie schreiben im Gegensatz dazu formale
  Rahmenbedingungen fest, die bei der Realisierung der IV–Ziele zu beachten
  sind. Damit bestimmen sie die Art und Weise der Durchführung von Maßnahmen, die zur Erreichung der IV–Ziele getroffen werden müssen.[83]

Die IV–Ziele sind in erster Linie aus den Organisationszielen abzuleiten und entsprechend auszuformulieren.[84] Allerdings sind auch die Ziele und Bedürfnisse
der Fachabteilungen zu berücksichtigen. Da diese Fakten bereits in der Phase

---

[81] Vgl. [Hein 83].

[82] Ein Beispiel dafür wäre die „... Konsolidierung und Integration der vorhandenen operativen
IS bis zum Jahr 1995 durch den Aufbau einer gemeinsamen, umfassenden Datenbasis,
durch eine zentrale Verwaltung und Kontrolle dieser Datenbasis und durch ein einheitliches
Anwendungskonzept."

[83] Beispiele für IV–Grundsätze bzw. –Richtlinien könnten u.a. lauten: „Die Organisation
soll für die Entwicklung ihrer IS nur Hardware und Software einsetzen, die dem aktuellen
Stand der Technik entspricht." Oder: „IS–Entwicklungsprojekte müssen innerhalb von 18
Monaten abgeschlossen sein."

[84] Ein Konzept zur Überleitung von Organisationszielen in Ziele des IV–Bereichs hat King
vorgeschlagen (vgl. [King 78] S. 26 ff.). Dieser *Strategy Set Transformation* zufolge muß
zunächst die Struktur der Ziele der Organisation untersucht werden. Dies beinhaltet die
Analyse und Beschreibung der Betroffenen und der Interessenten der Organisation (z.B.
Eigentümer, Mitarbeiter, Kunden, Lieferanten), die Untersuchung der Zielsetzungen der
Betroffenen und der Interessenten und die Formulierung der daraus ableitbaren organisa-
tionsbezogenen Ziele. Danach müssen die ermittelten Ziele von der Organisationsleitung
verifiziert und verabschiedet werden. Abschließend werden die IV–Ziele aus den Zielen
der Organisation abgeleitet. Dabei wird für jedes Organisationsziel mindestens ein IV–
Ziel formuliert, es werden eventuell daraus resultierende IV–Grundsätze und –Richtlinien
erarbeitet sowie Entwicklungsvorgaben für die IV abgeleitet.

Analyse der IV–Bedingungslage erhoben wurden, können sie nun gesichtet, aufbereitet und in den Zielkatalog aufgenommen werden. Diese Vorgehensweise kann nur dann zum Erfolg führen, wenn die erarbeiteten Ergebnisse laufend mit der Organisationsleitung und den Leitern der Fachabteilungen abgestimmt werden. Über die genannten Ansatzpunkte hinaus sind jedoch auch die Erkenntnisse aus der *Analyse der Umwelt*, also die Chancen und Risiken, sowie die Ergebnisse aus der *Analyse der internen Situation*, also die Stärken und Schwächen, potentielle Quellen für die Ermittlung von IV–Zielen. Abbildung 4.15 zeigt die Quellen für den Zielbildungsprozeß.

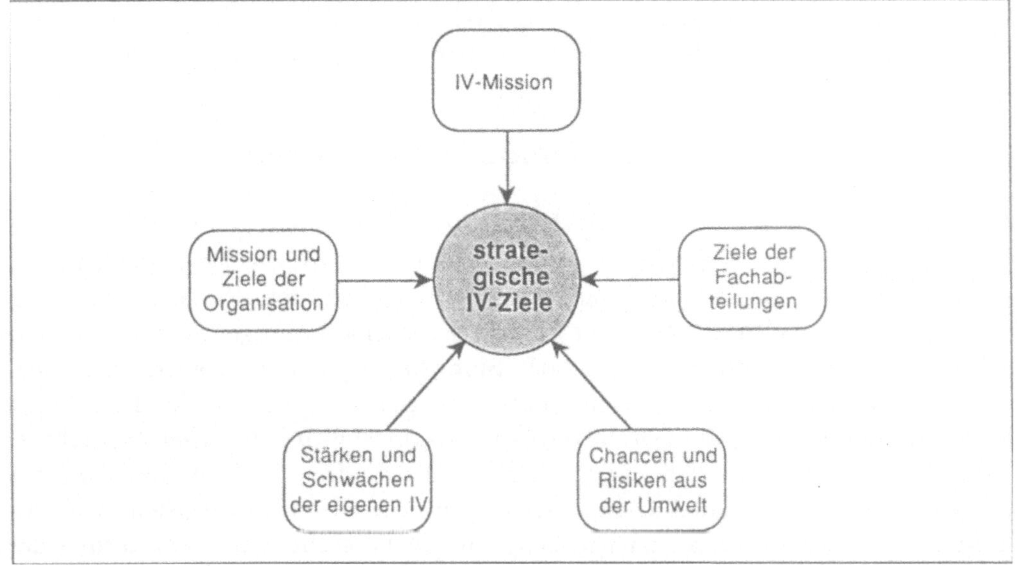

Abbildung 4.15: Ableitung strategischer IV–Ziele

Neben den Zielen sind auch die für die Realisierung der Ziele relevanten Restriktionen zu erarbeiten. Diese ergeben in ihrer Gesamtheit eine Aufstellung der IV–Grundsätze und –Richtlinien und „steuern" damit restriktiv die Umsetzung der noch zu entwickelnden IV–Strategien. Bei der Festlegung der IV–Ziele sollten eine Reihe von Richtlinien berücksichtigt werden, sodaß der Zielkatalog folgenden Anforderungen genügt:[85]

- *Hierarchische Systematik:* Bei Erstellung des IV–Zielkatalogs werden zunächst Oberziele vereinbart, aus denen schrittweise Subziele abgeleitet werden. Je „höher" ein Ziel in der Hierarchie steht, um so umfassender und allgemeiner ist es ausgerichtet. Ziele, die sich auf untergeordneten Stufen befinden, nehmen dagegen mehr und mehr operativen Charakter an.

---

[85]Vgl. [Hans 84] S. 11.

- _Übersichtlichkeit:_ Um den Zielkatalog möglichst transparent zu halten, ist eine einfache Struktur von Vorteil. Deshalb empfiehlt es sich, von nur einem oder zumindest wenigen Oberzielen auszugehen und davon erst die Subziele abzuleiten.

- _Operationalität:_ Damit wird gefordert, daß sich aus der Zielformulierung konkrete Aufgaben ableiten lassen. Weiters müssen die Ziele so formuliert werden, daß sie meßbar sind und hinterher eine Kontrolle der Maßnahmen ermöglichen. Dafür sind entsprechende „Maßstäbe" vorzusehen.[86]

- _Akzeptanz:_ Bevor weitere Planungsschritte unternommen werden können, muß gewährleistet sein, daß der Zielkatalog von allen Führungskräften als Basis für die anschließende Strategieentwicklung angenommen wird.

4.3.4   Präsentation und Dokumentation der Stoßrichtung

Am Ende der Phase _Bestimmung der strategischen Richtung für die IV_ steht die Präsentation der Aussagen über die IV–Mission und die IV–Zielsetzungen. Je nachdem, wie intensiv die Zusammenarbeit zwischen dem Planungsteam und der Organisationsleitung sowie den Leitern der Fachabteilungen war, ergibt sich ein entsprechender Informationsbedarf. Sind die Ergebnisse in Form einer permanenten Zusammenarbeit erzielt worden, so genügt am Ende der Phase eine Übergabe der Aufzeichnungen an die Organisationsleitung zur Kenntnisnahme. Andernfalls müßten die Ergebnisse ausführlich diskutiert und abschließend von der gesamten Führungsmannschaft der Organisation bestätigt werden. Die Dokumentation der strategischen Richtung für die IV stellt eine „Markierung der Eckpfeiler des zukünftigen Aktionenraums" dar.[87] Im einzelnen enthält sie:

1. Aussagen über die IV–Mission bzw. den Zweck der IV,

2. einen Katalog der IV–Ziele sowie

3. eine Aufstellung der IV–Grundsätze und –Richtlinien.

4.4   Entwicklung von IV–Strategien

Mit der Festlegung der strategischen Richtung der IV wurde in kurzer, prägnanter Form die Zukunftsvision für den gesamten IV–Bereich und der dabei zur Verfügung stehende Handlungsspielraum abgesteckt. Bei der Entwicklung von

---

[86]Finkelstein bezeichnet diese Maßstäbe mit _Performance Indicators_. Diese Indikatoren sollen die Angabe von _Measure, Level_ und _Time_ ermöglichen (vgl. [Fink 89] S. 183).
[87]Vgl. [Hans 84] S. 14.

IV–Strategien geht es nun darum, den eingeschlagenen Kurs zu konkretisieren und den Weg vom Ist zum Soll aufzuzeigen. Strategien stellen damit Maßnahmenbündel dar, die zur Erreichung der Zielvorstellungen entwickelt werden müssen.[88] In der Folge wird auf die Bereiche, in denen definitionsgemäß Strategien zu erarbeiten sind, näher eingegangen.[89] Die nachstehende Tabelle faßt die Teilschritte der Phase *Entwicklung von IV–Strategien* zusammen:

Teilschritt	Aufgaben	Beteiligte
Strategien in bezug auf Daten-, Applikations- und Kommunikationsstruktur • Evaluierung des IS–Bedarfs • Erstellung der IS–Architektur • Reihenfolgeplanung für die IS–Entwicklung	Bedarfe ermitteln, Konzepte entwickeln	Planungsteam, Organisationsleitung, Leiter der Fachabteilungen, IV–Leitung
Strategien in bezug auf IV–Ressourcen • IV–Mitarbeiter • Informationstechnik • IV–Budget	Bedarfe ermitteln, Konzepte entwickeln	Planungsteam, Organisationsleitung, IV–Leitung
Strategien in bezug auf IV–Organisation und –Führung • IV–Aufbau und –Ablauforganisation • IV–Kontrolle, –Revision und Kostenverrechnung	Bedarfe ermitteln, Konzepte entwickeln	Planungsteam, Organisationsleitung, IV–Leitung
Präsentation und Dokumentation des Strategieprogramms	Präsentation, Diskussion, Dokumentation	Planungsteam, Organisationsleitung, Leiter der Fachabteilungen
Vorstellung der Ergebnisse	Präsentation	Planungsteam, möglichst alle Mitarbeiter

---

[88] Der Begriff *Strategie* ist dem militiärischen Sprachgebrauch entlehnt und bezeichnet dort die großräumige und längerfristige Ausrichtung einer kriegerischen Aktion. In der betriebswirtschaftlichen Terminologie wird mit einer Strategie eine umfassende Vorgehensweise festgelegt, die zur Erreichung der Ziele einer Organisation dient. Die Strategie erfordert im allgemeinen bei der Realisierung eine Reihe von konkreten Maßnahmen. Bei der Entwicklung einer Strategie wird zunächst nichts über deren Zeithorizont ausgesagt. Aufgrund der meist weitreichenden Konsequenzen und der Vielzahl von Maßnahmen, die für die Umsetzung nötig sein können, ergibt sich jedoch der langfristige Charakter von Strategien.

[89] Vgl. dazu auch Abschnitt 3.1.

4.4.1 Strategien in bezug auf Daten-, Applikations- und Kommunikationsstruktur

Ausgangspunkt für die Entwicklung von Strategien in diesem Bereich muß ein konzeptioneller Gesamtrahmen sein, aus dem sich sämtliche notwendigen Maßnahmen bezüglich der IS–Gestaltung ableiten lassen. Eine derartige *IS–Architektur* stellt damit einen „Bauplan" dar, an dem sich die strategischen Maßnahmen zur Entwicklung und Anpassung der IS einer Organisation zu orientieren haben.[90] Traditionelle Ansätze schlagen diesbezüglich vor, die Aspekte *Daten* und *Applikationen* organisationsweit zu konzipieren.[91] Demnach wäre eine der Kernaufgaben der SISP die Bereitstellung von Datenbeständen und die Konzeption von rechnergestützten Methoden zu deren Verarbeitung, um die Aufgabenerfüllung organisationsweit zu unterstützen. Aufgrund der Tatsache, daß der Austausch von Informationen sowohl innerhalb der Organisation als auch zwischen Organisationen und externen Partnern immer bedeutender wird, muß auch die *Kommunikation* als dritte Dimension im Rahmen der SISP berücksichtigt werden.[92]

Weil die innerhalb dieses Teilschritts gewonnenen Ergebnisse wesentliche Voraussetzungen für die Strategieüberlegungen in bezug auf die IV–Ressourcen sowie hinsichtlich der IV–Organisation und –Führung sind, soll die vorgeschlagene Vorgehensweise besonders ausführlich dargestellt werden. Dazu wird auf Techniken zur Modellierung der drei oben identifizierten Gestaltungsdimensionen gesondert eingegangen. Die IS–Architektur einer Organisation kann nicht „auf der grünen Wiese" erstellt werden, vielmehr muß vorher der IS–Bedarf festgestellt werden. Erst dann ist die Definition von IS–Projekten möglich, in denen konkrete Einzelmaßnahmen spezifiziert werden. Eine weitere Problemstellung ist die Prioritätenvergabe für die ermittelten IS–Projekte. Somit sind im Zusammenhang mit der Entwicklung von Strategien in bezug auf die Daten-, Applikations- und Kommunikationsstruktur folgende Problemstellungen zu behandeln:

1. Evaluierung des IS–Bedarfs:

   (a) Wege zur Verbesserung des Ist,

   (b) Wege zur Entwicklung des Soll;

2. Erstellung der IS–Anwendungsarchitektur:

---

[90] Eine *IS–Architektur* ist mit einem Bauplan als Grundlage für den Bau eines Hauses vergleichbar. Dies trifft insofern zu, als ein derartiger Bauplan zwar noch keine konkreten Handlungsanweisungen für den Neubau oder die Adaption eines Hauses enthält. Trotzdem lassen sich sämtliche baulichen Maßnahmen und der Materialbedarf — zumindest grob — bereits aus den diversen Skizzen, Zeichnungen und Beschreibungen eines Bauplans ableiten.

[91] Vgl. [Vett 88a] S. 26 ff.

[92] Vgl. dazu [Zach 86] S. 2 ff. und [Zach 87] S. 276 ff.

(a) Ausbau und/oder Konsolidierung der organisationsweiten Datenbasis,

(b) Erweiterung und/oder Bereinigung des Applikationsspektrums,

(c) Ausweitung und/oder Anpassung des Kommunikationsnetzes;

3. Reihenfolgeplanung für die IS–Entwicklung.

4.4.1.1 Evaluierung des IS–Bedarfs

Wurden die Bedürfnisse der Benutzer hinsichtlich der Informationsversorgung in den Teilschritten *Standortbestimmung* bzw. *Analyse der internen Situation* bereits grob erhoben und im Rahmen der *Bewertung der IV–Bedingungslage* die Schwächen der Daten-, Applikations- und Kommunikationsstruktur aufgezeigt, so geht es hier um eine organisationsweit angelegte Feststellung des IS–Bedarfs.[93] Wie bereits erwähnt, gibt es zwei prinzipielle Ansatzpunkte bei der Bedarfsermittlung, die sich durch folgende Fragestellungen kennzeichnen lassen:[94]

1. Wie können die Mission, die Ziele und die Strategien der Organisation durch IS bestmöglich unterstützt werden?[95] und

2. Welche Möglichkeiten der IV können für die Realisierung von Wettbewerbsvorteilen herangezogen werden?[96]

Im ersten Fall werden die IS–Notwendigkeiten, die sich aus den organisationspolitischen Vorgaben und den Ergebnissen der in der Phase *Analyse der IV–Bedingungslage* durchgeführten Einzelinterviews und Gruppensitzungen ergeben haben, in entsprechende Anforderungen an die Datenbasis, an das Applikationsspektrum und an das Kommunikationsnetz übertragen. Dabei wird sich eine Reihe von weiteren Anforderungen ergeben, die zur Erfassung und Modellierung neuer Datenbestände, zur Implementierung weiterer Applikationen und zur Einrichtung alternativer Kommunikationswege und -methoden führen wird. Darüber hinaus wird es erforderlich sein, eine Vielzahl von Daten-, Applikations- und Kommunikationsstrukturen zu erweitern, zu adaptieren sowie zu integrieren und damit den aktuellen Entwicklungen anzupassen.

Für den zweiten Fall, in dem Möglichkeiten gesucht werden, die IV wettbewerbsorientiert einzusetzen, muß die Prozeßstruktur der Organisation analysiert werden. Anhand der Wertkette werden dabei Möglichkeiten ermittelt, die Daten-,

---

[93]Der IS–Bedarf umfaßt sämtliche Anforderungen hinsichtlich der Datenbestände, in bezug auf die Applikationsunterstützung und bezüglich des Austausches von Informationen.

[94]Vgl. Abschnitt 2.2.5.

[95]Diese Fragestellung entspricht dem „Alignment Mode" (vgl. Abschnitt 2.2.5).

[96]Diese Fragestellung entspricht dem „Impact Mode" (vgl. Abschnitt 2.2.5).

Applikations- und Kommunikationsstruktur den wettbewerbsbedingten Erfordernissen anzupassen.[97] Aus dieser Analyse ergibt sich im allgemeinen eine Reihe von weiteren IS–Vorschlägen.[98] Außerdem ist im Rahmen der Bedarfsermittlung der Markt für Informationstechnik auf Potentiale zur Erweiterung und Verbesserung der Möglichkeiten der IV zu untersuchen. Die entsprechenden Fakten wurden ja bereits im Teilschritt *Analyse der Umwelt* erhoben und können nun ausgewertet werden. Abbildung 4.16 verdeutlicht die alternativen Wege bei der Identifizierung und der Evaluierung des IS–Bedarfs.

4.4.1.2 Erstellung der IS–Architektur

Nachdem sämtliche IS–Bedürfnisse erhoben und zusammengefaßt wurden, müssen sie nun in den eingangs erwähnten konzeptionellen Gesamtrahmen gebracht werden.[99] Dieser Forderung wird durch die Erstellung der IS–Architektur entsprochen.[100] Dabei geht es darum, für die gesamte Organisation ein Profil zu erstellen, aus dem die Notwendigkeiten hinsichtlich der Datenbasis und des Applikationsspektrums sowie in bezug auf das Kommunikationsnetz hervorgehen. Dieses Profil muß eine Reihe von Aspekten beschreiben und ist daher eine Sammlung verschiedener Einzeldarstellungen. Es stellt somit nicht nur einen Orientierungs-

---

[97]Obwohl das von Porter entwickelte Konzept der Wertkette und der von Porter/Millar vorgeschlagene Untersuchungsrahmen für strategische IS als SISP–Methode nicht akzeptiert werden kann (vgl. dazu die Kritik im Abschnitt 2.2.4), eignet sich das Konzept der Wertkette hervorragend zur Ermittlung wettbewerbsorientierter Einsatzmöglichkeiten für IS. Zur Vorgehensweise bei der Analyse der Organisationsprozesse mit Hilfe der Wertkette und für die darauf folgende Identifikation von IS vgl. Abschnitt 2.2.4 und [Port 86] S. 90 ff.

[98]Die derart identifizierten IS werden in der Literatur oft auch als *strategische IS* bezeichnet (vgl. z.B. [Wise 85] S. 7).

[99]Nach Zachmann ist es notwendig, „...to develop some kind of framework for rationalizing the various architectural concepts and specifications in order to provide for clarity of professional communication, to allow for improving and integrating development methodologies and tools, and to establish credibility and confidence in the investment of systems resources.“ (vgl. [Zach 87] S. 277).

[100]Nach Brancheau/Schuster/March ist eine IS–Architektur „...a high–level map of the information requirements of an organization. It is a personnel, organization and technology independent profile of the major information categories used within an enterprise. It provides a way to map the information needs of an organization, relate them to specific business functions, and document their interrelationships. The interrelationships between information and functions are used to guide applications development and facilitate integration and sharing of data. An information architecture provides a proactive basis for information systems development ... An information architecture can guide decisions about which applications should be built. It can highlight the required precedence for development. In addition, it can suggest the required scope for each application in such a way that the resulting application and its data will fit into the overall plan for information systems.“ (vgl. [BrSM 89] S. 9).

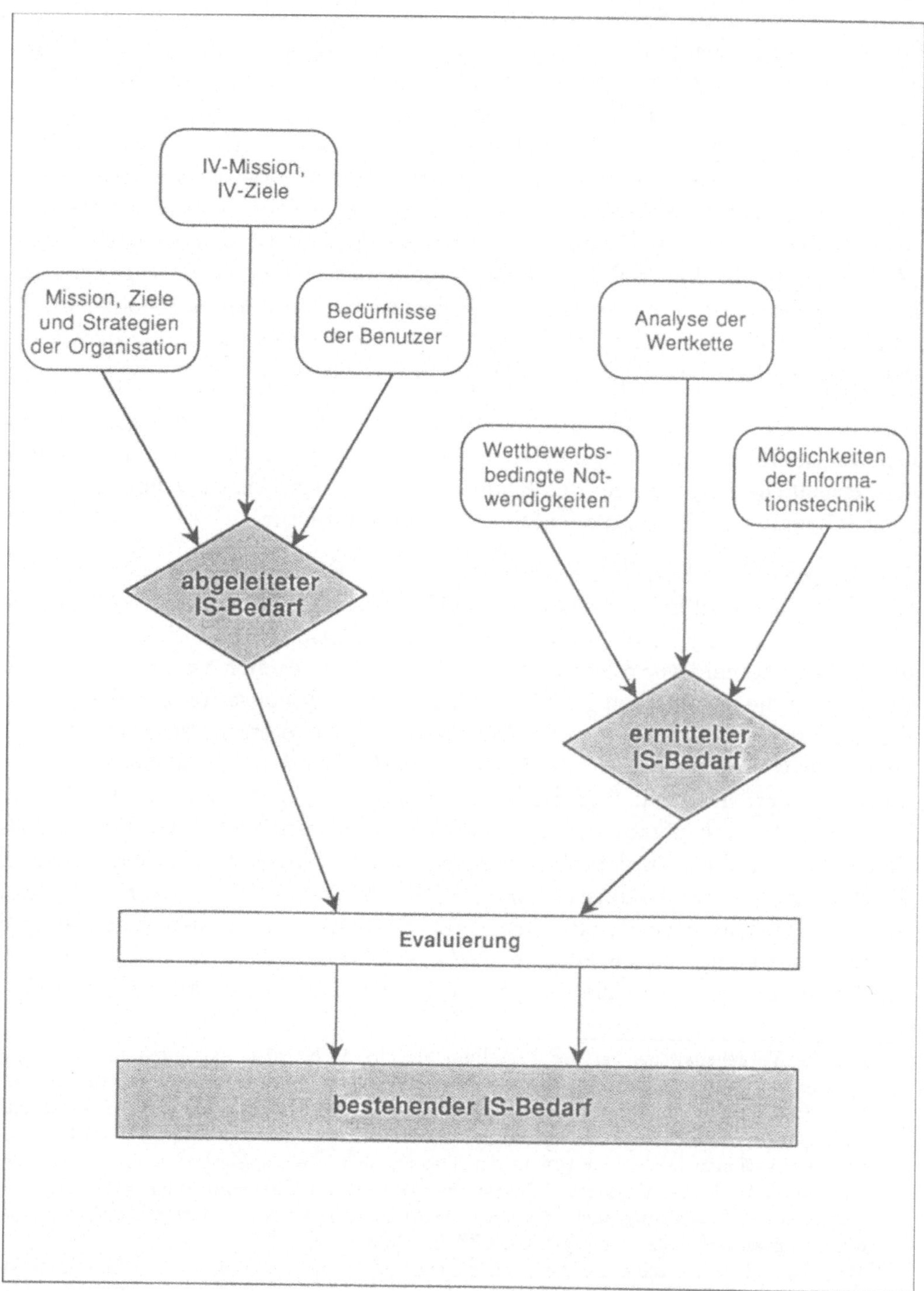

Abbildung 4.16: Evaluierung des IS–Bedarfs

rahmen für sämtliche Neu- und Weiterentwicklungen dar, sondern ist auch Basis für die Überlegungen hinsichtlich des Ressourcen- und des Zeitbedarfs für die IS–Entwicklung. Damit kann anhand dieser Architektur der Weg vom Ist zum Soll aufgezeigt werden. Darüber hinaus ist die IS–Architektur insbesondere wegen der überwiegend grafischen Darstellung als Diskussions- und Kommunikationsbasis sowie als Planungs- und Entwicklungsdokumentation hervorragend geeignet. Wegen der unterschiedlichen Charakteristik der drei Gestaltungsaspekte sowie insbesondere aus Gründen der Übersichtlichkeit ist eine Gliederung der IS–Architektur in *drei Teilarchitekturen* und damit eine zunächst getrennte Behandlung des Daten-, Applikations- und Kommunikationsaspekts notwendig.[101] Abbildung 4.17 verdeutlicht die logische Struktur der IV und die damit verbundene Notwendigkeit einer Dreiteilung der IS–Architektur.

Aus dieser Dreiteilung ergeben sich unterschiedliche Sichten auf den gleichen Gegenstandsbereich, sodaß diese getrennte Betrachtung der einzelnen Teilbereiche eine erhebliche Reduzierung der Komplexität mit sich bringt. Abbildung. 4.18 zeigt schematisch die Komponenten einer IS–Architektur.

Für die praktische Vorgehensweise stellt sich die Frage, welche der drei Gestaltungsaspekte zuerst behandelt werden soll bzw. welche Teilarchitektur Grundlage oder Voraussetzung für die anderen darstellt. Die Antwort auf diese Frage kann nicht eindeutig und vor allem nicht allgemeingültig gegeben werden. Einerseits bestimmen die spezifischen Problemstellungen der Organisation die Bedeutung, die der Erstellung der IS–Architektur zukommt. Andererseits sind jedoch auch eine Reihe von generellen Entwicklungen zu berücksichtigen, die nachfolgend kurz diskutiert werden sollen: War die betriebliche IV zunächst ein wertvolles Instrument, um Routineaufgaben zu automatisieren, bei denen in erster Linie „bloße Zahlen" manipuliert wurden,[102] so wird sie darüber hinaus immer mehr zu einem Steuerungs- und Kontrollinstrument.[103] Charakteristisch für diese Entwicklung ist die unterschiedliche Struktur der verarbeiteten Daten. In den Bereichen, wo IS traditionell eingesetzt werden, handelt es sich um Daten, die eher quantitativer Natur sind, während die übrigen Bereiche für die zu bewältigenden Aufga-

---

[101]Für die Vorgehensweise bei der Erstellung der IS–Architektur existieren mehrere Vorschläge, die sich in bezug auf die Aussagen zur Daten- und Applikationsstruktur zum Teil recht ähnlich sind (vgl. [Mart 82], [Vett 88], [Vett 89]). In bezug auf die Kommunikationsstruktur sind die Ansätze hingegen wesentlich weniger einheitlich. Der Charakter der Publikationen reicht hier von in der Theorie entwickelten Methoden bis hin zur Beschreibung konkreter Projekte. Operational verwertbare Konzepte oder Vorschläge zur gemeinsamen Gestaltung aller drei oben beschriebenen Aspekte liegen mit wenigen Ausnahmen praktisch nicht vor (vgl. [Zach 87] S. 276 ff.).

[102]Man denke hier vor allem an die Routineverarbeitung in den funktionalen Bereichen wie Buchhaltung, Kostenrechnung, Lohnverrechnung etc.

[103]Damit ist die IV in Funktionsbereichen wie z.B. Produktion, Logistik, Marketing, Controlling, Unternehmensplanung gemeint.

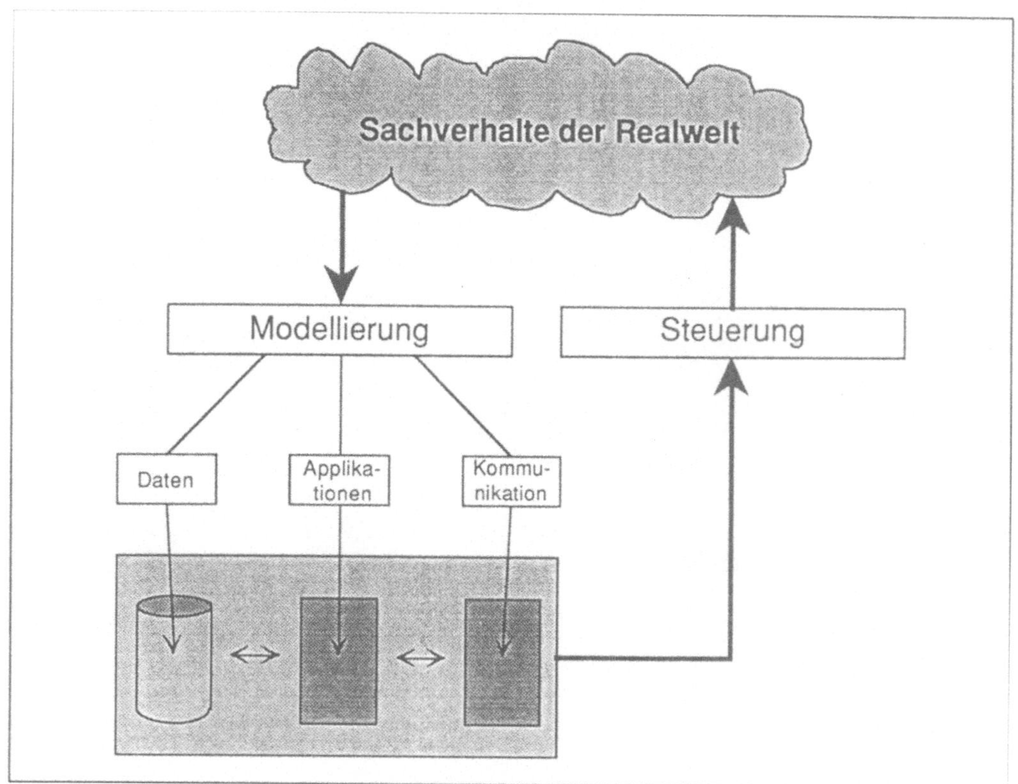

Abbildung 4.17: Logische Struktur der IV

ben eher auf Daten zurückgreifen, die qualitativer Art sind. Hier repräsentieren Daten auch über einmalige Verarbeitungsroutinen hinaus einen wirtschaftlichen Wert für die Organisation (etwa bestimmte Kundendaten). Das hat dazu geführt, daß betrieblichen Informationen heute bereits allgemein der Stellenwert eines Produktionsfaktors eingeräumt wird. Dieser wachsende „Wert" der Daten rechtfertigt daher auch eine wesentlich umfassendere Planung und rückt damit den Datenaspekt in den Vordergrund des Interesses.[104]

Ferner haben vor allem praktische Probleme bei der Planung und Implementierung von IS zur Einsicht geführt,[105] daß der allgemein verwendete funktionsorientierte Ansatz zugunsten einer datenorientierten Vorgehensweise aufgegeben werden muß. Bei der *funktionsorientierten* Vorgehensweise werden zuerst die

---

[104]Vgl. dazu auch die diesbezüglichen Aussagen im Abschnitt 2.1.

[105]Dazu zählen in erster Linie die Engpässe bezüglich der Entwicklungskapazitäten, die auf den hohen Wartungsaufwand für ältere Applikationen zurückzuführen sind, sowie die Schwierigkeiten im Bereich der Datenverwaltung (Unübersichtlichkeit, Redundanzen, Inkonsistenzen) aufgrund der zum Teil kaum noch überschaubaren Datenbestände in den Organisationen.

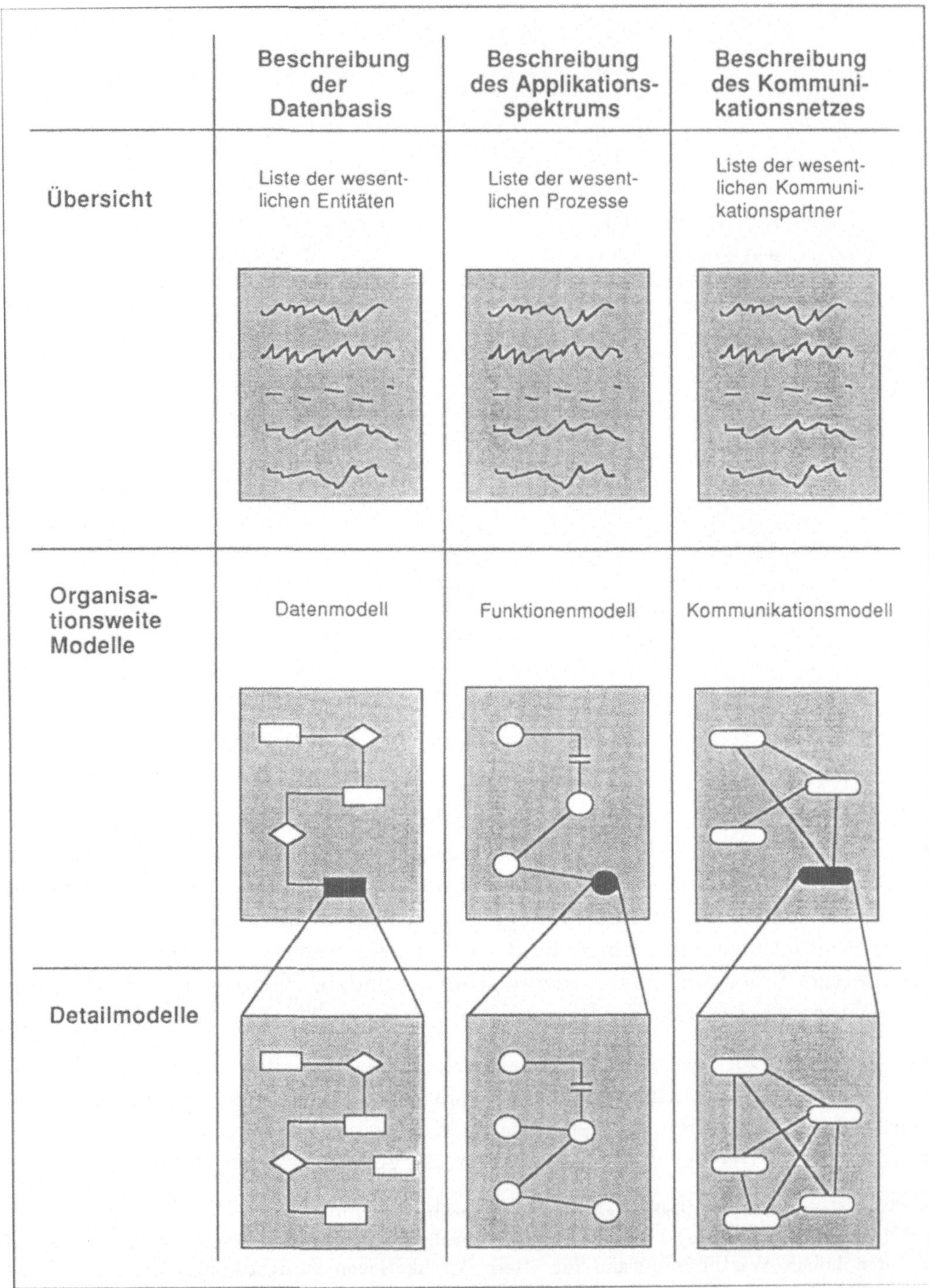

Abbildung 4.18: Komponenten einer IS–Architektur

Charakteristika der Funktionen analysiert, die zur Aufgabenerfüllung in einem bestimmten Bereich notwendig sind. Darauf aufbauend werden in Abhängigkeit von systemtechnischen Gegebenheiten eine oder mehrere Applikationen erstellt. Die dabei verwendeten Input- sowie die entstehenden Outputdaten sind mehr oder weniger Nebenprodukt der Applikation (vgl. Abb. 4.19). Bei der *datenorientierten* Vorgehensweise wird im Gegensatz dazu die Datenstruktur analysiert und daraufhin ein organisationsweites Datenmodell konzipiert. Dieses ist die Grundlage für die Implementierung von Datenbanksystemen, die ihrerseits wieder Basis für die Entwicklung der Applikationen sind. Auf diese Weise wird das Enstehen von redundanten Datenbeständen verhindert (vgl. Abb. 4.20).

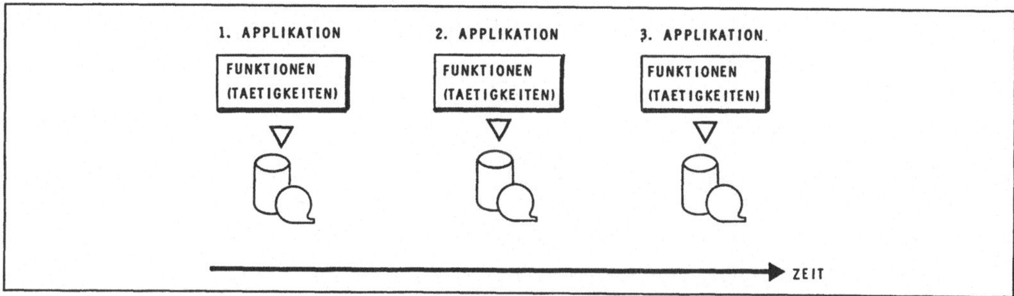

Abbildung 4.19: Funktionsorientierte Vorgehensweise (Quelle: [Vett 88] S. 15)

Neben einer besseren Übersicht über die „Datenlandschaft" einer Organisation kann derart auch die Redundanzfreiheit und Konsistenz der Daten erreicht werden. Dazu kommt, daß im allgemeinen die Datenstruktur einer Organisation auf konzeptioneller Ebene im Vergleich zu den Funktionen einer Organisation relativ stabil bleibt,[106] sodaß sich daraus ein weiteres Argument für den datenorientierten Ansatz ergibt.[107] Diese Überlegungen zeigen, daß im allgemeinen der Ausbau und/oder die Konsolidierung der organisationsweiten Datenbasis vor der Erweiterung und/oder Bereinigung des Applikationsspektrums durchgeführt werden sollte.[108]

---

[106]Es ist einsichtig, daß auch die Datenstruktur einer Organisation durch Hinzunahme oder Wegfall von Funktionen einer laufenden Entwicklung unterliegt. Diese Veränderungen bedingen jedoch nur zum geringen Teil Änderungen auf konzeptioneller Ebene. In jedem Fall ist generell der Änderungsaufwand bei der datenorientierten Vorgehensweise jedoch wesentlich geringer als beim funktionsorientierten Ansatz.

[107]Vetter bezeichnet in diesem Zusammenhang ein konzeptionelles Datenmodell sogar als „Dreh- und Angelpunkt" für die gesamte IS-Entwicklung (vgl. [Vett 88] S. 23).

[108]Diese Forderung ist insofern nicht so restriktiv, da die im Rahmen der SISP erstellten Konzepte zwangsläufig recht grob gehalten werden müssen. Somit ergeben sich auf dieser Stufe noch keine unmittelbar implementierungswirksamen Details, die später mit hohem Aufwand geändert oder angepaßt werden müßten. Im Lauf der Erstellung der Teilarchitekturen werden sich naturgemäß neue Erkenntnisse ergeben, sodaß sich daraus ein gewisser Änderungs- und Anpassungsaufwand ergibt.

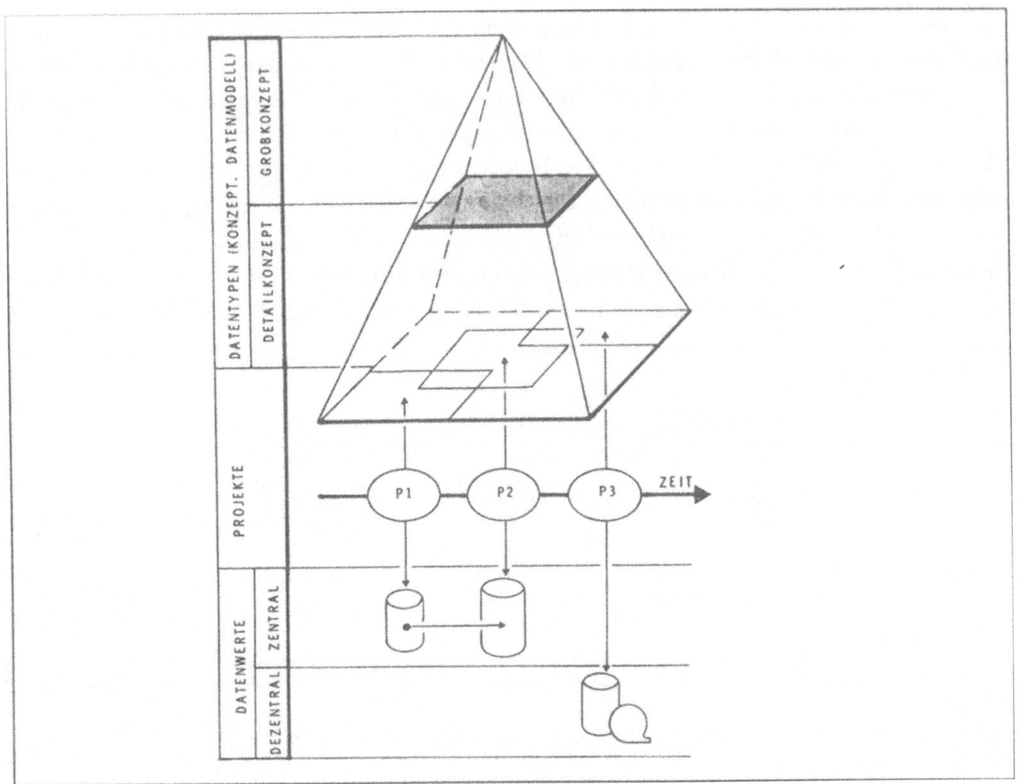

Abbildung 4.20: Datenorientierte Vorgehensweise (Quelle: [Vett 88] S. 17)

Die Voraussetzung für Überlegungen zur Ausweitung bzw. zur Anpassung des
Kommunikationsnetzes sind Klarheit über den Inhalt dessen, was übertragen
bzw. ausgetauscht werden soll. Diese Inhalte sind aber Ergebnisse der Strategien
zu Ausbau und/oder Konsolidierung der organisationsweiten Datenbasis bzw.
der Strategien zu Erweiterung und/oder Bereinigung des Applikationsspektrums.
Deshalb ist es sinnvoll, die Erstellung dieser Teilarchitektur erst nach Vorliegen
der Konzepte zu Daten und Applikationen in Angriff zu nehmen.

Nachdem sich aufgrund dieser Überlegungen eine allgemein anwendbare Reihenfolge für die Entwicklung der Teilarchitekturen ergibt, stellt sich nun die Frage
nach einer geeigneten Vorgehensweise. Voraussetzung für die Erstellung der IS–
Architektur ist die genaue Kenntnis der Datenklassen und der Funktionen bzw.
der Prozesse einer Organisation. Aus dieser Bestandsaufnahme der derzeitigen
Situation sowie der zukünftigen Gegebenheiten läßt sich ein *IS–Basismodell*[109]

---

[109]In der Literatur findet man dafür auch die Bezeichnungen *Enterprise Modell, Business
Modell* oder *Business Function Modell* (vgl. z.B. [Mart 82] S. 21 und [BrSM 89] S. 11).
Die Vorschläge zu Inhalt und Verwendungszweck derartiger Modelle sind uneinheitlich.

erstellen. Dieses stellt die Datenklassen den Prozessen gegenüber und ist damit Ausgangspunkt detaillierterer Betrachtungen im Rahmen der Entwicklung der Teilarchitekturen. Abbildung 4.21 veranschaulicht den Zusammenhang zwischen den Betrachtungsebenen Organisation, IS–Basismodell und den drei Teilarchitekturen.

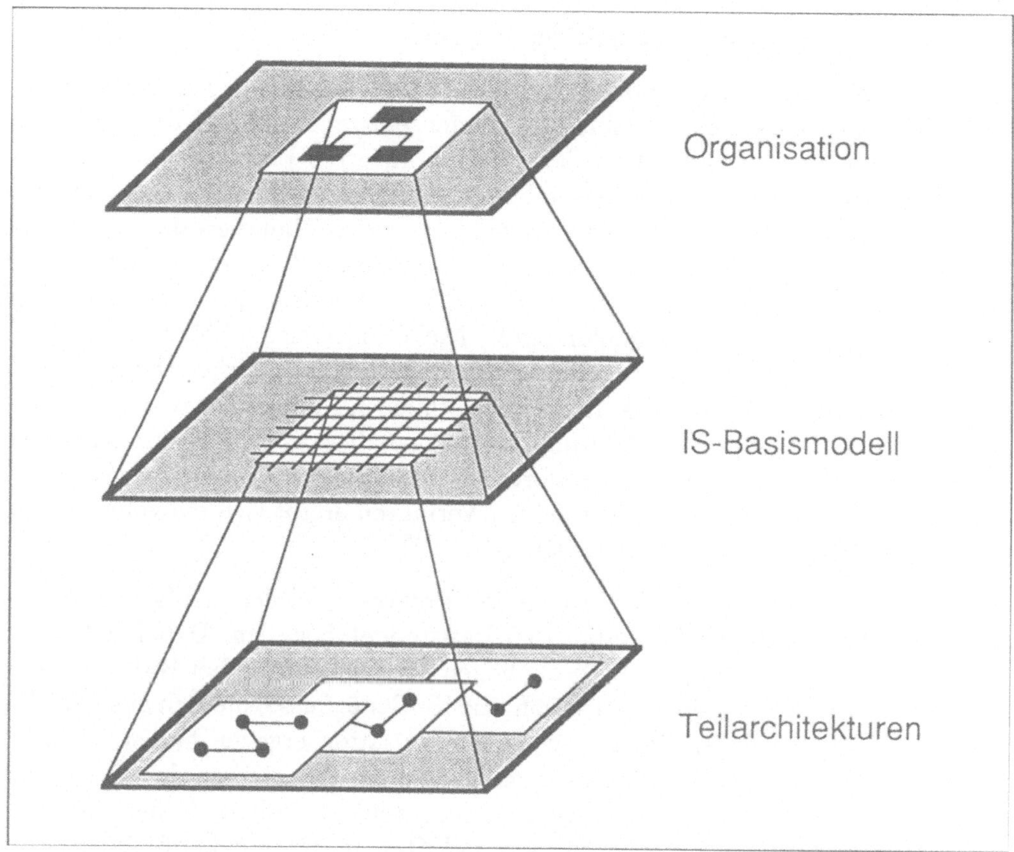

Abbildung 4.21: Zusammenhang zwischen den Betrachtungsebenen

Für die Erstellung des IS–Basismodells ist zunächst eine Bestandsaufnahme sämtlicher Funktionen bzw. *Prozesse* einer Organisation erforderlich.[110] Dazu empfiehlt es sich, den vierstufigen Lebenszyklus der *Organisationsressourcen* heranzuziehen.[111] Demnach sind für die Kategorien Produkte und Dienstleistungen,

---

[110] *Prozesse* stellen dabei „Unteraufgaben" von Funktionen dar und sind die Summe der logisch zusammengehörigen Einzeltätigkeiten, die ein gemeinsames Ziel haben, die zu meßbaren Ergebnissen führen und die unabhängig von der Organisationsstrukur definiert werden können. Die Bezeichnung von Funktionen und Prozessen erfolgt mit Hilfe eines Substantivs und eines Verbs.

[111] Vgl. [Wall 87] S. 7.

Rohstoffe und Einsatzmaterial, Finanzen, Personal, Anlagen, Markt (Öffentlichkeit sowie Kunden) und Lieferanten die Phasen Planung/Bedarfsermittlung, Beschaffung/Akquisition, Verwaltung/Pflege und Beendigung/Disposition durchzugehen und auf diese Weise die Prozesse der Organisation zu ermitteln.[112] Der Umfang dieser Aufstellung von Prozessen ergibt sich einerseits aus der Größe der Organisation und andererseits aus der Komplexität, d.h. aus der Anzahl und der Struktur des Funktionenspektrums der Organisation.[113]

Weiters ist für das IS–Basismodell eine Aufstellung sämtlicher *Datenklassen* erforderlich. Die einzelnen Datenklassen können entweder anhand der *Organisationseinheiten*[114] oder anhand der bereits identifizierten Prozesse ermittelt werden. Nimmt man die Organisationseinheiten als Ausgangspunkt, so gelangt man anhand des erwähnten Lebenszyklus zu den Kategorien Planungs- und Modelldaten, Statistik- und Berichtsdaten, Bestandsdaten sowie Transaktionsdaten. Für sämtliche Einheiten wird nun analysiert, welche Datenklassen bezüglich der vier Beschreibungskategorien vorhanden sind. Auf diese Weise erhält man flächendeckend für die gesamte Organisation eine Aufstellung sämtlicher Datenklassen. Zur Kontrolle der Vollständigkeit ist es anschließend empfehlenswert, die Prozesse in einer Eingabe-/Verarbeitung-/Ausgabeanalyse auf die von ihnen benötigten bzw. auf die von ihnen generierten Datenklassen zu untersuchen. Durch einen Abgleich der Ergebnisse aus beiden Verfahren ergibt sich ein vollständiger Katalog der Datenklassen einer Organisation.[115]

Aus der Gegenüberstellung der ermittelten Prozesse und der identifizierten Datenklassen läßt sich abschließend das IS–Basismodell erstellen. Dabei handelt es sich im Gegensatz zur methodisch ähnlichen Vorgehensweise bei BSP um keine Darstellung der Istsituation, weil sowohl die IS–Bedürfnisse, die sich aus der Mission, den Zielen und den Strategien der Organisation ergeben haben, als auch die wettbewerbsrelevanten IS–Einsatzmöglichkeiten (Ergebnisse der *Evaluation des IS–Bedarfs*) in dieses Modell eingegangen sind. Damit sind hier sämtliche Informations- und die Funktionsnotwendigkeiten in einer zukunftsorientierten

---

[112]Folgendes vereinfachte Beispiel soll die Vorgehensweise veranschaulichen: Für die Funktion „Personal planen und entwickeln" würden sich — den vier Phasen des Lebenszyklus entsprechend — folgende Prozesse ergeben: „Personalbedarf planen", „Personal beschaffen", „Personal verwalten" und „Personalabgang durchführen".

[113]Bei einer detailliert ausgeführten Analyse muß man mit 10 bis 30 Funktionen rechnen, wobei sich jede Funktion wieder aus 5 bis 20 Prozessen zusammensetzen kann. Insgesamt ergeben sich daraus zwischen 150 und 600 Prozesse für eine Organisation.

[114]*Organisationseinheiten* sind reale oder abstrakte Objekte, über die in einer Organisation Informationen gespeichert werden bzw. zukünftig gespeichert werden sollen. Diese Einheiten umfassen die Organisationsressourcen, können aber darüber hinaus weitere Objekte enthalten (vgl. [IBM 79] S. 45).

[115]Bei einer derartigen Vorgehensweise erhält man in Abhängigkeit von der Größe und dem Funktionenspektrum der Organisation zwischen 20 und 60 Datenklassen. Zur Vorgehensweise vgl. auch Abschnitt 2.2.2.1.

Perspektive berücksichtigt. Das Detaillierungsniveau und insbesondere die Exaktheit des IS–Basismodells hängt in erster Linie davon ab, welche Anforderungen im Rahmen eines konkreten SISP–Projekts an die IS–Architektur zu stellen sind. Wurden bei der *Analyse der IV–Bedingungslage* z.B. besondere Schwächen im Bereich der IS–Unterstützung, der Datenversorgung oder des Informationsaustausches festgestellt, so liegt es nahe, die IS–Architektur in detaillierter Form auszuarbeiten. Daraus ergibt sich dann die Notwendigkeit, der Entwicklung eines exakten IS–Basismodells entsprechendes Augenmerk zu schenken. Wurden hingegen keine derartigen Probleme diagnostiziert, so kann es durchaus genügen, die IS–Architektur und damit auch das Basismodell recht grob zu halten.[116] Ein Beispiel für ein IS–Basismodell zeigt Abbildung 4.22.

Nachdem nun die Grundlage für die IS–Architektur geschaffen wurde, können anschließend die drei Teilarchitekturen erstellt und darauf aufbauend entsprechende Bereichsstrategien entwickelt werden.

Ausbau und/oder Konsolidierung der organisationsweiten Datenbasis

Die Notwendigkeit für einen Ausbau bzw. für eine Konsolidierung der Datenbasis kann sich zum einen aufgrund einer historisch gewachsenen „Unordnung" in den Datenbeständen eine Organisation ergeben. Darunter ist die fehlende Konsistenz und Redundanzfreiheit, aber auch die Inkompatibilität aufgrund der Speicherung in uneinheitlichen Formaten und auf unterschiedlichen Medien sowie die räumliche Trennung der Datenbestände zu verstehen. Zum anderen können schon geringfügige Änderungen in der Aufgabenstruktur zu geänderten Bedürfnissen bezüglich der Informationsversorgung der Benutzer führen. Werden dagegen größere organisatorische Änderungen angestrebt, wie die Hinzunahme eines weiteren Geschäftsbereichs oder der Einstieg in einen neuen Markt, dann kann dies zu weitreichenden Veränderungen der dafür benötigten Informationsbasis und damit der zugrundeliegenden Datenbestände führen.[117] Wurden daher in der Phase *Analyse der IV–Bedingungslage* entsprechende Erfordernisse festgestellt, so sind diese in Form von Adaptionen bzw. Erweiterungen an der Datenbasis einzubringen.

Beide Aufgaben können für eine Organisation insgesamt nur gelingen, wenn als Grundlage für die weitere Vorgehensweise eine Teilarchitektur in Form eines *or-*

---

[116]Diesbezügliche Anforderungen ergeben sich in der Phasen *Analyse der IV–Bedingungslage* und werden im Teilschritt *Präsentation und Dokumentation des Status quo* gemeinsam mit den Auftraggebern festgelegt.

[117]Dies ist kein Widerspruch zu der Aussage, daß die organisationsweiten Datenstrukturen im Vergleich zu den Funktionen relativ stabiler bleiben. Die hier angesprochenen Änderungen beziehen sich zum Großteil auf die Attributebene der Informationsobjekte. Die globale Datenstruktur wird damit im Normalfall nur gering verändert.

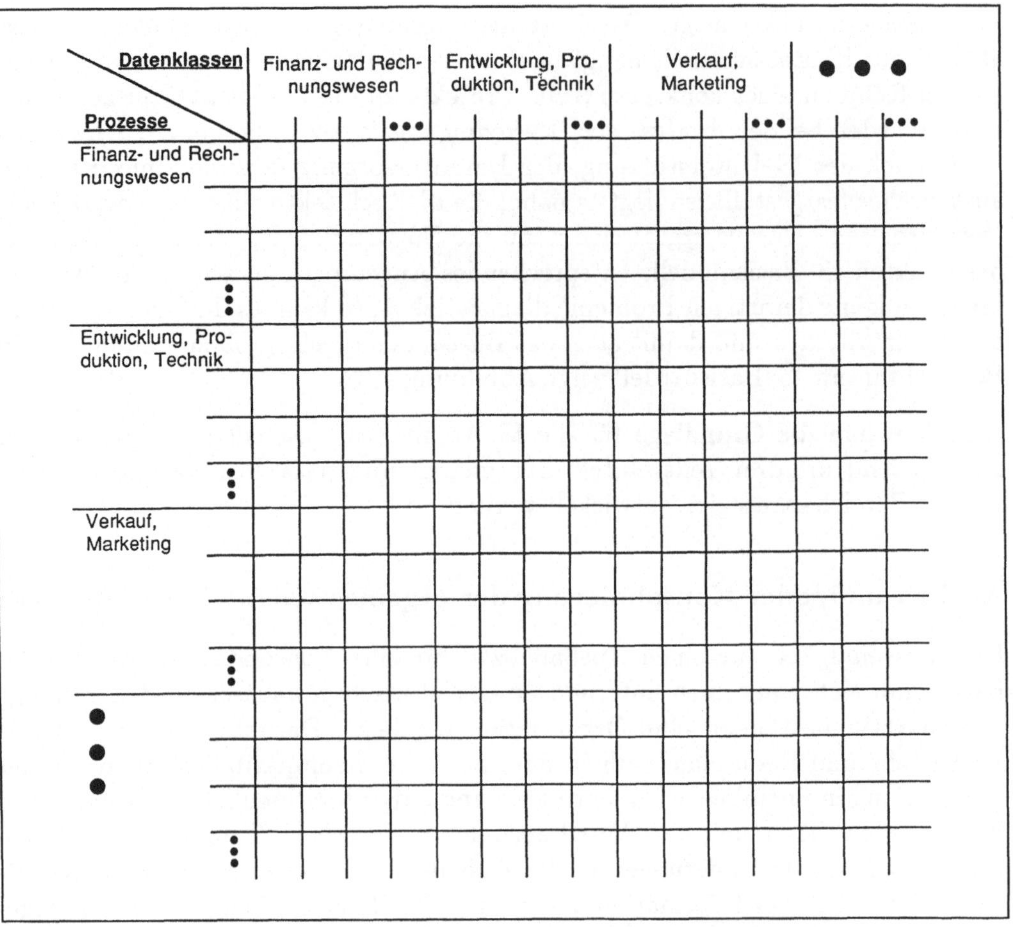

Abbildung 4.22: IS–Basismodell einer Organisation

ganisationsweiten Datenmodells erstellt wird.[118] Dieses Modell muß unabhängig
von der technischen Implementierung der Daten auf Speichermedien und neu-
tral gegenüber einzelnen Applikationen und deren „lokaler Sicht" auf die Daten
sein.[119] Neben der bereits begründeten Notwendigkeit dient das Datenmodell

---

[118]Vetter verspricht sich von dieser Maßnahme „...einen umfassenden Überblick bezüglich
der datenspezifischen Sachverhalte einer Unternehmung insgesamt." Weiters ist er der
Auffassung, daß mit der Entwicklung eines organisationsweiten Datenmodells das „Jahrhundertproblem der Informatik" gelöst werden kann. Darunter versteht er „...das Datenchaos, das in Folge der unkontrolliert gewachsenen Datenbestände fast überall entstanden
ist. Angestrebt wird die Schaffung einer sauberen Datenbasis, die für die effiziente Nutzung
zukunftsträchtiger Möglichkeiten der Informatik — gemeint sind benutzerfreundliche, auch
Nichtinformatikern zumutbare Applikationsgeneratoren und höhere Datenbanksprachen —
unerläßlich ist." (vgl. [Vett 90] S. 385).

[119]Vgl. [Vett 88a] S. 27.

einerseits dazu, eine einheitliche sprachlich–begriffliche Grundlage für die organisationsweite Datenbasis zu schaffen und erleichtert damit die Kommunikation zwischen Entwicklern und Benutzern. Andererseits ist es die Voraussetzung für die Ableitung der notwendigen physischen Datenstrukturen sowie für den Aufbau der erforderlichen logischen Datenstrukturen im Rahmen der Applikationsentwicklung.

Wie bereits erwähnt, ist das IS–Basismodell Ausgangspunkt für die Entwicklung der IS–Architektur und damit auch Grundlage für die Erstellung des Datenmodells. Dieses Modell ist die Abbildung der logischen Struktur der organisationsweiten „Datenlandschaft" und stellt die Entitäten sowie die bestehenden Abhängigkeiten in Form von *Entitätendiagrammen* grafisch dar. Abbildung 4.23 zeigt dafür ein Beispiel.[120]

Bei der Erstellung dieses Modells geht man von den ermittelten Datenklassen aus. Diese sind Ausgangspunkt für die Ableitung der *Entitäten*,[121] wobei einzelne Datenklassen als Entitäten direkt in das Datenmodell übernommen werden können, während andere Datenklassen entsprechend aufgespalten werden müssen.[122] Anschließend sind die Beziehungen zwischen den gefundenen Entitäten zu kennzeichnen.[123] Aufgrund der Tatsache, daß das organisationsweite Datenmodell vor allem auch ein Dialog- und Kommunikationsinstrument darstellt, ist zu Lasten einer exakten und lückenlosen Sachverhaltsdarstellung darauf zu achten, den Modellierungsformalismus nachvollziehbar zu halten und eine allgemein verständ-

---

[120]Diese Form der Datenmodellierung geht ursprünglich auf den Ansatz von Chen zurück (vgl. [Chen 76] S. 9 ff.). Die verwendete Modellierungstechnik mit Hilfe von *Entity Relationship–Diagrammen* wurde inzwischen von verschiedenen Autoren inhaltlich erweitert und ist heute gängige Praxis bei der Datenmodellierung.

[121]*Entitäten* sind reale oder abstrakte Objekte, über die Daten gespeichert werden sollen. Für die Ableitung des Datenmodells müssen die Informationsinhalte der Entitäten „überschneidungsfrei" und „primitiv" sein. D.h. sie dürfen weder Unterkategorie bzw. Beschreibungsmerkmal einer Entität sein noch aus anderen Entitäten ableitbar sein (vgl. [Inmo 88] S. 36 ff.) Welche Entitäten sich im Einzelfall ergeben, hängt von der Geschäftätigkeit der Organisation ab. So werden für einen Industriebetrieb z.B. Rohstoffe, Produkte, Kunden, Lieferanten, Mitarbeiter und Stücklisten von Interesse sein, während für eine Universität z.B. Studenten, Lektoren, Lehrveranstaltungen und Hörsäle relevant sein werden. Auch die Anzahl der Entitäten wird von Fall zu Fall stark schwanken. Bei einer detailliert durchgeführten Entitätenanalyse ist mit einigen hundert Entitäten zu rechnen.

[122]Für die Ermittlung von Entitäten existiert eine Reihe von Vorschlägen, sodaß auf die genaue Vorgehensweise hier nicht eingegangen werden braucht (vgl. z.B. [Mart 86], [Inmo 88], [Vett 89] und [BrSM 89]).

[123]Hierbei sind 1:1-, 1:N- und M:N–Beziehungen sowie Kann- und Mußbeziehungen möglich. Die Bezeichnung der Beziehungen sowie der Kardinalitäten entsprechen einer grafischen Beschreibung der „Geschäftsregeln" einer Organisation (vgl. [Appl 84] S. 145 ff.). Besagt z.B. eine derartige Regel, daß jeder Kunde genau einem Verkäufer zugeordnet ist, so würde dies im Modell mit einer 1:N–Beziehung zwischen der Entität „Verkäufer" und der Entität „Kunde" entsprechen.

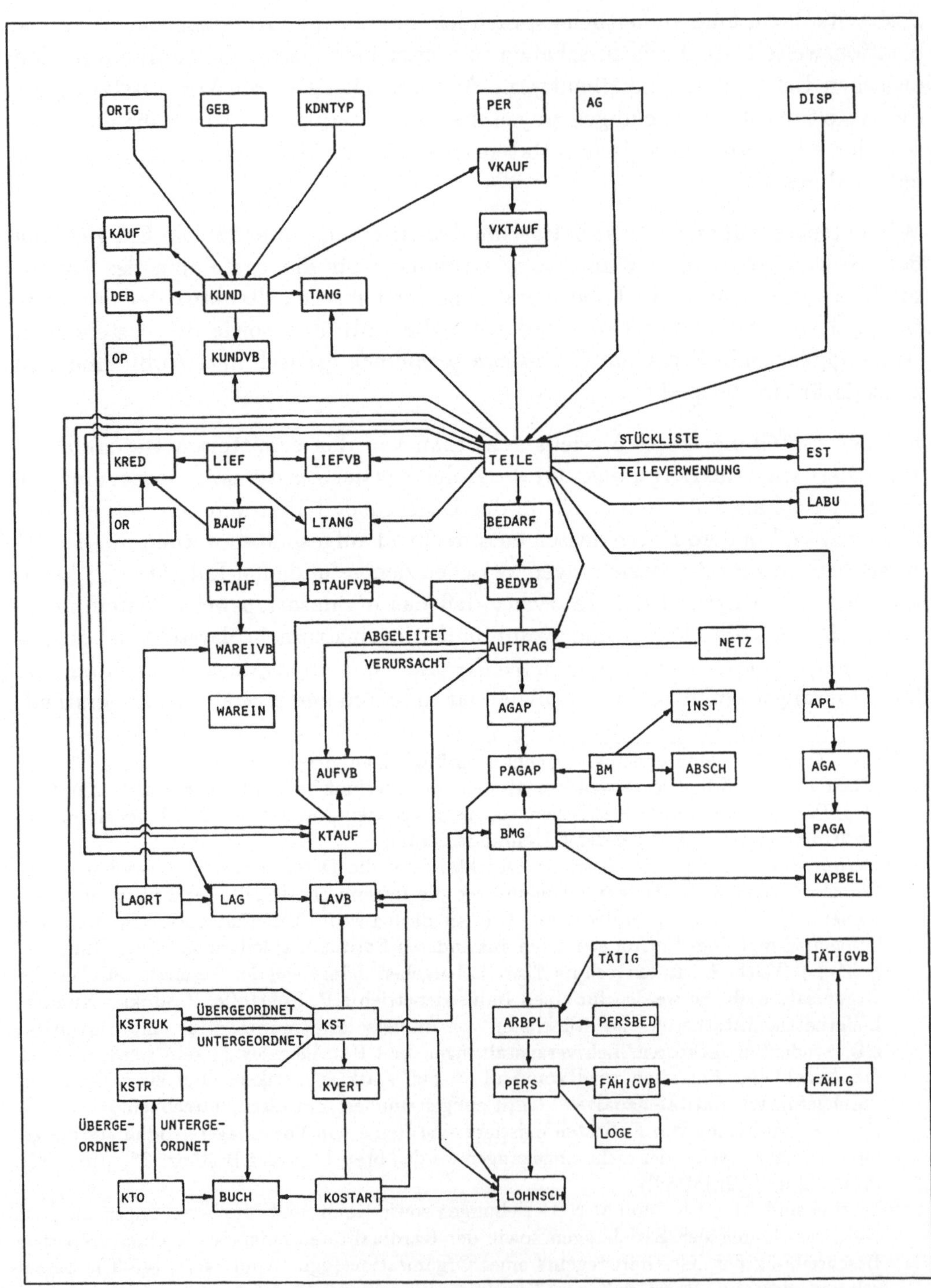

Abbildung 4.23: Organisationsweites Datenmodell (Quelle: [Sche 85] S. 20)

liche Darstellungstechnik zu wählen. Der Entitätenansatz kommt dieser Forderung entgegen, weil es möglich ist, ein Überblicksdiagramm auf der Ebene der Datenklassen anzufertigen und dieses durch Detaildarstellungen für jede Datenklasse auf der Entitätenebene zu vervollständigen.[124] Nachdem das Datenmodell erstellt wurde, müssen noch die Entitäten beschrieben werden. Dazu ist es im allgemeinen ausreichend, den Namen, die Zugehörigkeit zu einer Datenklasse, die inhaltliche Definition sowie den Besitzer der Entität[125] zu kennzeichnen. Diese Datenbeschreibung wird in einem Katalog zusammengefaßt und beendet damit die Modellierungsphase.

Das nun fertiggestellte Modell ist Ausgangsbasis für alle datenbezogenen Strategien. So müssen aufgrund des ermittelten IS–Bedarfs[126] in der Folge Maßnahmen bezüglich der physischen Zusammenführung von bereits bestehenden Datenbeständen, aber auch hinsichtlich des Ausbaus der Datenbestände vorgesehen werden. Aufgrund der fehlenden Kenntnis diverser Details[127] können die Maßnahmen inhaltlich nur in groben Zügen, dafür aber flächendeckend für die ganze Organisation festgelegt und beschrieben werden. Für die IS–Projekte,[128] die sich daraus ergeben, ist es nötig, den Aufgabenumfang klar abzustecken und insbesondere den Realisierungsaufwand abzuschätzen, um den Zeitbedarf sowie den Bedarf an Mitarbeitern zu bestimmen. Diese Informationen werden im Teilschritt *Reihenfolgeplanung für die IS–Entwicklung* benötigt. Als wesentliche Maßgröße

---

[124]Aufgrund der begrenzten Zeit, die im Rahmen der SISP für die Datenmodellierung zur Verfügung steht, ist es einsichtig, daß das entstandene organisationsweite Datenmodell in Teilbereichen unvollständig bleiben muß. Der Zweck, der mit der Erstellung eines organisationsweiten Datenmodells verbunden ist, ist ja die Erstellung eines Rahmens für die Ableitung konkreter Projekte, innerhalb derer die Datenstruktur weiterentwickelt wird. Damit kann es erst Aufgabe dieser Projekte sein, das Datenmodell zu detaillieren, zu verfeinern und jene Einzelheiten nachträglich zu ergänzen, die aufgrund der besseren Übersicht bisher übergangen wurden.

[125]Darunter ist die organisatorische Einheit zu verstehen, die in fachlicher Hinsicht für die Erstellung, die Wartung und die Löschung der entsprechenden Datenbestände verantwortlich ist.

[126]Vgl. Abschnitt 4.4.1.1.

[127]So sind zu diesem Zeitpunkt z.B. noch nicht alle für die Datenbankdefinition benötigten Attribute bekannt.

[128]Streng genommen handelt es sich hier noch nicht um Projekte, da eine Reihe von charakteristischen Projektmerkmalen noch nicht exakt feststehen (z.B. die exakten Beginn- und Endtermine, die detaillierte Vorgangsstruktur mit konkretem Personenbezug, der genaue Zeit- und Ressourcenbedarf). Trotzdem wird der Begriff *Projekt* an dieser Stelle verwendet, um zum Ausdruck zu bringen, daß es sich bereits um voneinander abgrenzbare, operational festgelegte und in bezug auf den Zeit- und Ressourcenbedarf zumindest grob abschätzbare Vorhaben handelt.

muß die Produktivität der IS–Entwickler in diese Schätzung eingehen.[129] Informationsquellen für die Ermittlung des Zeitbedarfs sind vergleichbare, bereits abgeschlossene Projekte der eigenen Organisation oder anderer Unternehmen. Als Zeiteinheit für die Aufwandschätzung sind Mannmonate durchaus ausreichend. Verläßlichere Schätzwerte können ohnehin erst bei der exakten Projektdefinition im Rahmen der Maßnahmenplanung ermittelt werden. Obgleich die inhaltlichen Aufgaben und der Zeitrahmen für die einzelnen IS–Projekte hier erst relativ grob vorliegen, sollten auch die Qualifikationserfordernisse der benötigten Mitarbeiter festgelegt werden. Ergebnis der strategischen Überlegungen zum Ausbau bzw. zur Konsolidierung der organisationsweiten Datenbasis ist

- ein Katalog der IS–Projekte, der die Beschreibung der entsprechenden Entwicklungsmaßnahmen enthält, und

- eine tabellarische Übersicht, die den Zeit- und den Mitarbeiterbedarf für die IS–Projekte ausweist (siehe Abbildung 4.24).

	Beschreibung	Dauer	Mitarbeiter	Dringlichkeit
Projekt D1		67 MM		
Projekt D2		76 MM		
Projekt D3		110 MM		
Projekt D4		74 MM		
⋮				

Abbildung 4.24: IS–Projektübersicht für Ausbau und/oder Konsolidierung der organisationsweiten Datenbasis

---

[129]Derartige Schätzungen können vom Planungsteam nur in Zusammenarbeit mit dem Leiter des IV–Bereichs angestellt werden, da dieser die Qualifikation, die Leistungsfähigkeit und die Produktivität seiner Mitarbeiter am besten kennt. Darüber hinaus können in den IS–Projekten auch Aufgaben anfallen, die aufgrund des fehlenden Know–hows nicht von organisationseigenen Mitarbeitern bewältigt werden können. In diesen Fällen müssen Erfahrungswerte „von außen" in die Schätzung einfließen.

Erweiterung und/oder Bereinigung des Applikationsspektrums

Die Notwendigkeit für eine Erweiterung bzw. eine Bereinigung der „Applikationslandschaft" ergibt sich aus der sich laufend wandelnden Aufgabenstruktur, die wiederum von den Zielen und Strategien der Organisation bestimmt wird. Somit können Anforderungen an das Applikationsspektrum nur vor dem Hintergrund der genauen Kenntnis der Aufgabenstruktur formuliert werden. Diese Überlegungen rechtfertigen die Erstellung einer weiteren Teilarchitektur in Form eines *organisationsweiten Funktionenmodells*, in dem das Zusammenwirken der Funktionen bzw. der Prozesse einer Organisation dargestellt wird. Analog zum organisationsweiten Datenmodell wird auch hier nicht der Istzustand abgebildet, sondern die zukünftig erforderliche Aufgabenstruktur modelliert. In das organisationsweite Funktionenmodell sind daher wieder sowohl die IS–Bedürfnisse, die sich aus der Mission, den Zielen und den Strategien der Organisation ergeben haben, als auch die wettbewerbsrelevanten IS–Einsatzmöglichkeiten einzuarbeiten. Bei der Erstellung des Modells werden zunächst die gegenseitigen Abhängigkeiten der Funktionen spezifiziert. Dabei wird untersucht, welche Informationen eine Funktion benötigt bzw. welche Informationen sie generiert. Aus dieser Analyse ergibt sich eine Darstellung der Funktionen und der dazwischenliegenden Informationsflüsse in Form eines *Funktionendiagramms*. Nun wird die Betrachtungsweise insofern verfeinert, als die den Funktionen zugrundeliegenden Prozesse nach demselben Schema analysiert und dargestellt werden.[130] Auf diese Weise entsteht eine hierarchische Struktur von Diagrammen, die das Aufgabenspektrum einer Organisation beliebig genau widerspiegelt. Abbildung 4.25 zeigt ein Beispiel für ein derart entstandenes organisationsweites Funktionenmodell.

Im Hinblick auf den Detaillierungsgrad des Modells ist auch hier der Grundsatz zu beachten, daß nicht die minuziöse Erfassung sämtlicher Einzelheiten, sondern die gesamthafte Darstellung im Vordergrund steht. Dieser Leitlinie kann insofern leicht gefolgt werden, als die hier vorgeschlagene Darstellungstechnik eine hierarchische Gliederung ermöglicht.[131] Analog zum Datenmodell stellt auch das Funk-

---

[130] Auf eine ausführliche Darstellung der Vorgehensweise wird verzichtet, da diese bereits von einer Reihe von Autoren beschrieben wurde (vgl. z.B. [Mart 86] und [Inmo 88]).

[131] So kann nicht nur die Verfeinerung des Modells beliebig vorgenommen werden, sondern es ist darüber hinaus möglich, die erarbeiteten Einzelheiten in späteren Entwicklungsphasen weiterzuverwenden. Auch hier gilt, daß die Verfeinerung und Komplettierung des organisationsweiten Funktionenmodells aus Zeitgründen nicht im Rahmen der SISP vorgenommen werden kann. Vielmehr ist dies Aufgabe der Projektarbeit in der Realisierungsphase. Dafür müssen die Ergebnisse, die bei der Datenmodellierung während der SISP erarbeitet wurden, noch detailliert und erweitert werden. So müssen u.a. die Prozesse weiter untergliedert werden, um auf die nächste Beschreibungsebene zu gelangen. Die so erhaltenen *Aktivitäten* stellen dann die feinste Beschreibungskategorie für das Aufgabengefüge einer Organisation dar. Erst auf dieser Detaillierungsstufe ist es möglich, konkrete Vorgaben für die Applikationsentwicklung zu erarbeiten.

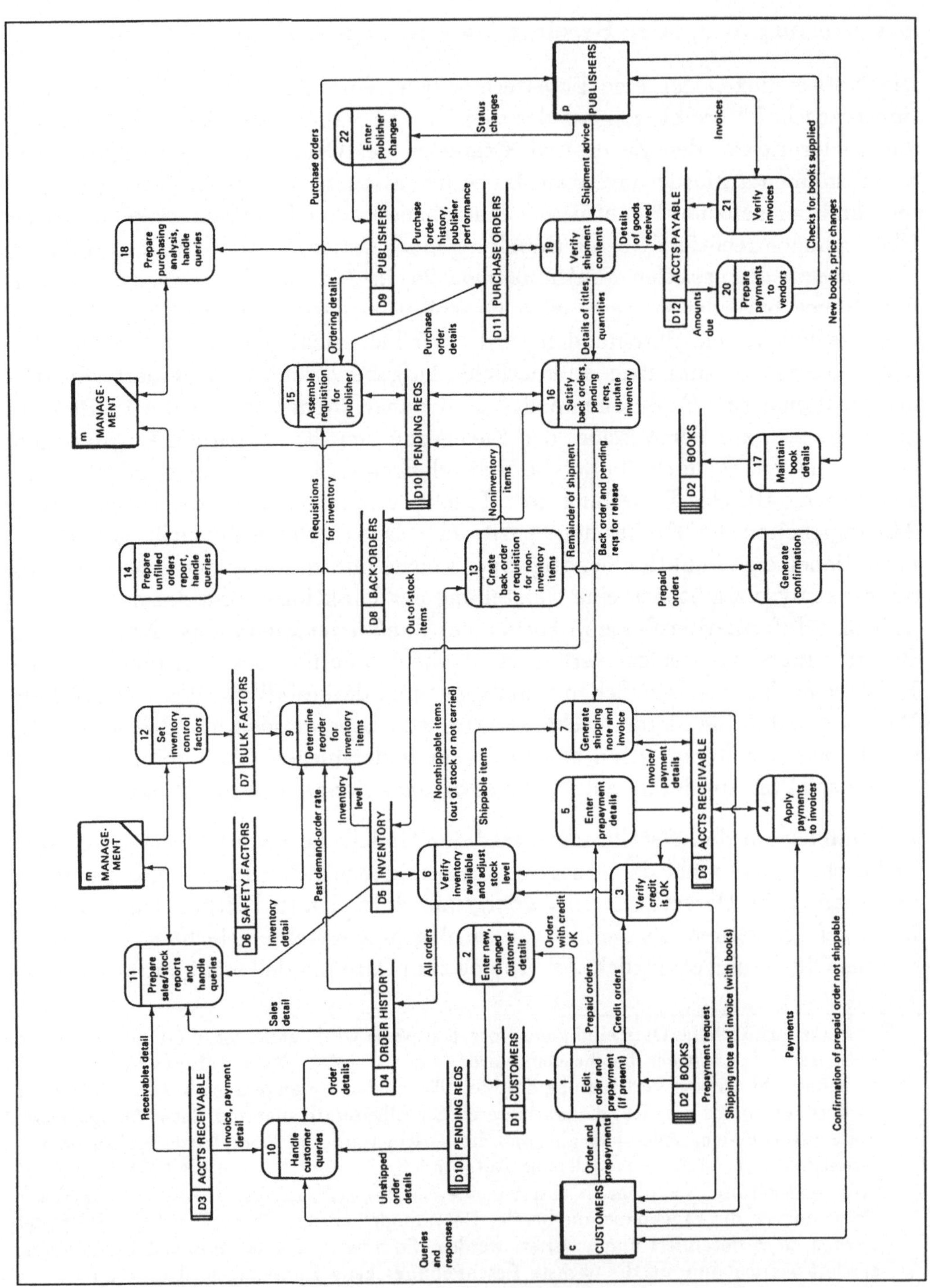

Abbildung 4.25: Organisationsweites Funktionenmodell (Quelle: [GaSa 79] S. 44)

tionenmodell ein Kommunikationsinstrument für die Strategieplanung im Bereich Erweiterung und/oder Bereinigung des Applikationsspektrums dar. In der Folge sind hier Entscheidungen darüber zu treffen, welche Applikationssysteme neu entwickelt, ausgeweitet, adaptiert oder aufgegeben werden sollen.[132] Diese Vorgehensweise führt auch hier zur Definition von IS–Projekten. Die Projekte werden wieder verbal beschrieben und der Zeit- und Mitarbeiterbedarf überschlagsmäßig ermittelt. Für die Aufwandschätzung bei der Applikationsentwicklung können neben der Berücksichtigung von Erfahrungswerten auch strukturierte Methoden zum Einsatz gelangen.[133] Ergebnis der strategischen Überlegungen zur Erweiterung bzw. zur Bereinigung des Applikationsspektrums ist wieder

- ein Katalog der IS–Projekte, der die Beschreibung der entsprechenden Entwicklungsmaßnahmen enthält, und

- eine tabellarische Übersicht, die den Zeit- und den Mitarbeiterbedarf für die IS–Projekte ausweist (siehe Abbildung 4.26).

Ausweitung und/oder Anpassung des Kommunikationsnetzes

Analog zu den beiden vorher genannten Bereichen erfordert die Aufgabenstruktur der Organisation strategische Überlegungen in bezug auf die Ausweitung bzw. die Anpassung des Kommunikationsnetzes.[134] Gestaltungs- und Diskussionsgrundlage dafür stellt die dritte Teilarchitektur in Form eines *organisationsweiten Kommunikationsmodells* dar.[135] Um zu greifbaren Aussagen für den Bereich der Kommunikation innerhalb der Organisation zu gelangen, sind in einem derartigen Modell folgende Aspekte abzubilden, weil erst dadurch gewährleistet wird, daß auch die zukünftigen Bedürfnisse berücksichtigt werden:

---

[132]In diesem Zusammenhang ist natürlich auch die Frage „Eigenentwicklung oder Fremdbezug von Applikationssystemen" zu beantworten. Eine seriöse Antwort auf diese Problemstellung ist jedoch nur vor dem Hintergrund der derzeitigen und vor allem der zukünftigen funktionalen Anforderungen der betroffenen Funktionsbereiche der Organisation möglich. Derartige Entscheidungen werden durch die Erstellung des Funktionenmodells unterstützt, weil erst dadurch die funktionalen Anforderungen klar herausgearbeitet werden können. In besonderen Fällen kann daher das Modell auch im Rahmen der SISP wesentlich detaillierter ausgeführt werden.

[133]Empfehlenswert sind in dieser Phase, wo exakte Anforderungen an die zu entwickelnden Applikationen noch nicht bekannt sind, die *Function Point–Methode* (siehe dazu z.B. [IBM 81] und [NoKr 86]) oder ähnliche systematische Verfahren zur Aufwandschätzung.

[134]Unter *Kommunikationsnetz* ist hier das Gefüge in einer Organisation gemeint, innerhalb dessen Informationen ausgetauscht werden. Die technische Unterstützung des Informationsaustausches ist dagegen Gegenstand der Überlegungen zu den IV–Ressourcen (vgl. Abschnitt 4.4.2).

[135]Für die konzeptionelle Modellierung des Kommunikationsnetzes bestehen in der Literatur kaum brauchbare Vorschläge. Die vorhandenen Ansätze sind vor allem im Hinblick auf den Detaillierungsgrad recht unterschiedlich (vgl. dazu z.B. [Zach 87] und [Kral 87]).

	Beschreibung	Dauer	Mitarbeiter	Dringlichkeit
Projekt A1		54 MM		
Projekt A2		22 MM		
Projekt A3		102 MM		
Projekt A4		24 MM		
⋮				

Abbildung 4.26: IS–Projektübersicht für Erweiterung und/oder Bereinigung des Applikationsspektrums

- *Kommunikationswege:* Dabei sind einerseits die organisationsinternen Beziehungen zu berücksichtigen. Darunter fallen — wie bereits ausgeführt — sowohl die hausinterne Kommunikation als auch der Informationsaustausch zwischen Filialen, Geschäftsstellen, Produktions- und Lagerstätten etc. Andererseits sind die externen Kommunikationsbeziehungen zu kennzeichnen, die zu den Partnern — Kunden, Lieferanten, Mutter-, Schwester- und Tochterorganisationen etc. — bestehen sollen.

- *Kommunikationsart:* Die Überlegungen zum Kommunikationsinhalt bestimmen die Art der Kommunikation, d.h. in welcher Form Informationen übertragen werden sollen. Dabei kommt — wie bereits erwähnt — die Übermittlung in Form von Text/Daten, Graphik, Festbild, Bewegtbild und Sprache in Frage.

- *Kommunikationsinhalte:* Hierbei geht es darum, den Informationsaustausch auf inhaltlicher Ebene zu spezifizieren und die Bedeutung der Kommunikationsinhalte zu spezifizieren.

Ebenso wie für das Daten- und das Funktionenmodell ist auch das organisationsweite Kommunikationsmodell in grafischer Form festzuhalten. Für die Beschreibung eignen sich *Kommunikationsdiagramme*, in denen Kommunikationspartner und auzutauschende Informationsinhalte dargestellt werden können.[136] Abbildung 4.27 zeigt ein Beispiel für ein organisationsweites Kommunikationsmodell.

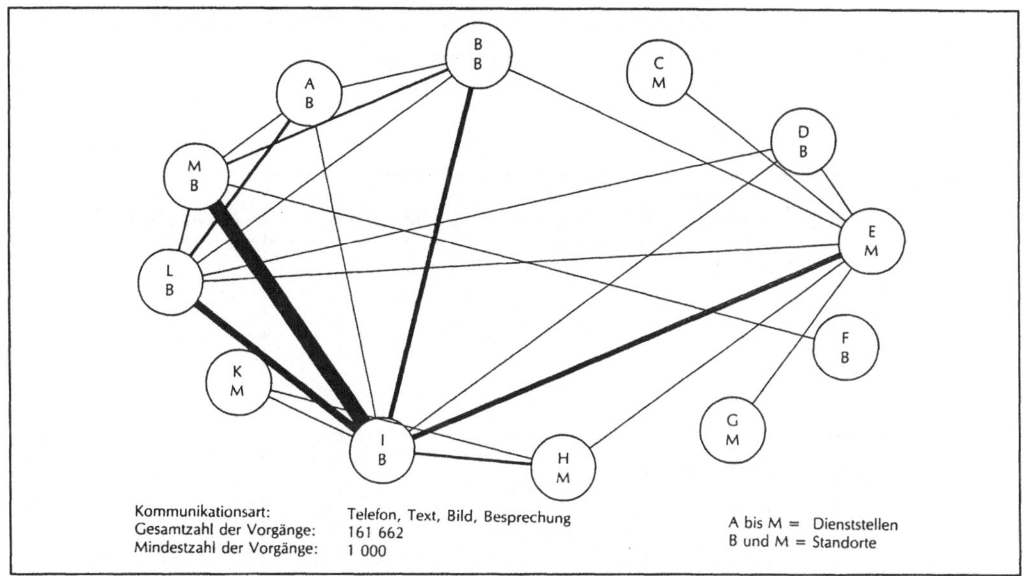

Abbildung 4.27: Organisationsweites Kommunikationsmodell (stark vereinfacht, Quelle: [HaLe 87] S. 20)

Auch dieses Modell dient als Hilfsmittel zur Kommunikation zwischen Entwickler und Benutzer. Weiters ist es Basis für sämtliche strategischen Überlegungen, die im Bereich Ausweitung und/oder Anpassung des Kommunikationsnetzes anzustellen sind. Diese Überlegungen münden wieder in die Formulierung entsprechender IS–Projekte, die eine Neuentwicklung, Ausweitung, Adaptierung oder Einstellung von Systemen zur Unterstützung der organisationsweiten Kommunikation zum Ziel haben. Entsprechende Anforderungen sind wieder zu verbalisieren und in einem Projektkatalog zusammenzufassen. Abschließend sind auch in diesem Bereich entsprechende Aufwandschätzungen durchzuführen. Als Ergebnis der strategischen Überlegungen zur Ausweitung bzw. zur Anpassung des Kommunikationsnetzes erhält man dann

---

[136]Kommunikationspartner lassen sich z.B. als Kreise darstellen, während die Informationsflüsse als gerichtete Pfeile dargestellt werden können. Knoten (also Informationsquellen und -senken) sowie Kanten (also Informationsinhalte) sind nun noch entsprechend zu bezeichnen. Die Regeln, die für die hierarchische Strukturierung des Funktionenmodells gelten, lassen sich in der gleichen Form auch für das Kommunikationsmodell anwenden. Auf diese Weise können auch hier Übersichtsdiagramme und Detaildiagramme mit beliebiger Genauigkeit entwickelt und für den jeweiligen Zweck bzw. die aktuelle Zielgruppe verwendet werden.

- einen Katalog der IS–Projekte, der die Beschreibung der entsprechenden Entwicklungsmaßnahmen enthält, und

- eine tabellarische Übersicht, die den Zeit- und den Mitarbeiterbedarf für die IS–Projekte ausweist (siehe Abbildung 4.28).

	Beschreibung	Dauer	Mitarbeiter	Dringlichkeit
Projekt K1		26 MM		
Projekt K2		28 MM		
Projekt K3		32 MM		
Projekt K4		36 MM		
⋮				

Abbildung 4.28: IS–Projektübersicht für Ausweitung und/oder Anpassung des Kommunikationsnetzes

4.4.1.3 Reihenfolgeplanung für die IS–Entwicklung

Nachdem bei der Entwicklung von *Strategien in bezug auf Daten-, Applikations- und Kommunikationsstruktur* eine Reihe von IS–Projekten identifiziert und beschrieben wurde, geht es nun darum, die Vorhaben zeitlich zu koordinieren und den vorhandenen Ressourcen entsprechend zu terminieren. Aufgrund inhaltlicher Zwänge ist die Abfolge einiger Projekte bereits vorgegeben.[137] Für eine Reihe von Projekten bestehen diese Sachzwänge jedoch nicht, sodaß für die Reihenfolge-

---

[137]So müßte z.B. ein IS–Projekt „Detailanalyse des Funktionsbereichs Produktionsplanung" vor einem IS–Projekt „Adaptierung der vorhandenen Applikationen zur Unterstützung der Produktionsplanung" abgewickelt werden.

planung in diesem Fall entsprechende Kriterien heranzuziehen sind.[138] Folgende
Faktoren müssen bei der Vergabe von Prioritäten berücksichtigt werden:[139]

- *Materielle Gesichtspunkte (Kosten und Nutzen):* Die Bewertung von rein
  finanziellen Größen eines IS–Projekts, d.h. der geldmäßig bewertete Ent-
  wicklungsaufwand und die Erträge bzw. Einsparungen, die mit einem IS
  nach dessen Fertigstellung zu realisieren sind, stellen den klassischen Ansatz
  zur Bewertung von IS–Projekten dar. Dieser Ansatz wird auch heute noch
  in sehr vielen Organisationen als alleinige Entscheidungsgrundlage herangezogen und führt dort häufig zu Manipulationen in den entsprechenden Re-
  chenmodellen, da viele IS allein auf finanzieller Basis nicht zu rechtfertigen
  sind. Problematisch ist diese rein nominale Kosten-/Nutzenbetrachtung in
  erster Linie dann, wenn keinerlei andere Faktoren, wie z.B. Unterstützung
  der Organisationziele oder Realisierung von Wettbewerbsvorteilen, in Betracht gezogen werden. Aber auch innerhalb der Berechnungsschemata zur
  Ermittlung der finanziellen Vorteile von Projekten können problematische
  Annahmen enthalten sein. So wird etwa der Rückzahlungsperiode[140] häufig
  besondere Wichtigkeit beigemessen. Dies führt u.U. zu Entscheidungen, bei
  denen Projekte unabhängig von deren fachlich–organisatorischer Priorität
  — nur deshalb, weil sie sich z.B. innerhalb eines Jahres amortisieren — solchen vorgezogen, bei denen die Amortisationsdauer mehrere Jahre beträgt.
  Daraus wird klar, daß eine finanzielle Bewertung von Projekten erst in
  Verbindung mit den nachfolgend dargestellten Kriterien sinnvoll sein kann.

- *Immaterieller Nutzen:* Eine Reihe von gewünschten Effekten von IS lassen
  sich weder monetär messen noch werden sie direkt durch Organisationsziele
  oder -strategien gefordert. Trotzdem bewirken sie bei den Benutzern und
  damit für die gesamte Organisation eine positive Wirkung. Beispiele hierfür
  sind bessere Informationsdarstellung, schnellere Informationsaufbereitung,
  einfachere Bedienung und Handhabung von IS etc. Solche Verbesserungen
  führen in der Folge u.U. zu erhöhter Mitarbeitermotivation, verbessertem
  Image der Organisation u.ä. Obwohl sich dieser immaterielle Nutzen kaum
  quantifizieren läßt, herrscht allgemein darüber Einigkeit, daß diese Nutzen-
  kategorie bei der Reihung von IS–Projekten beachtet werden muß.[141]

---

[138]Die Notwendigkeit für eine derartige Reihenfolgeplanung ergibt sich aus der Tatsache, daß
IS–Entwicklungen im allgemeinen unter der Nebenbedingung knapper Ressourcen (Ent-
wicklungspersonal, einschlägiges Know–how, finanzielle Mittel etc.) bzw. beschränkter
Fristen (aufgrund der Geschäftstätigkeit der Organisation, wegen rechtlicher Bestimmungen etc.) ablaufen und es dadurch im allgemeinen nicht möglich ist, sämtliche Vorhaben
gleichzeitig in Angriff zu nehmen.

[139]Vgl. dazu [Buss 83] S. 118 ff.

[140]Darunter ist das Zeitintervall zu verstehen, innerhalb dessen die Kosten des IS–Projekts
wieder hereinkommen.

[141]Vgl. [IBM 76] S. 6 ff. und [Nage 88] S. 71 ff.

- *Technische Bedeutung:* Neben den bisher angesprochenen mehr organisatorisch orientierten Kriterien müssen naturgemäß auch technische Nebenbedingungen beachtet werden. So muß die Reihenfolgeplanung — wie bereits angesprochen — auch dadurch beeinflußt werden, daß ein IS–Projekt Voraussetzung für ein anderes ist. Ein weiterer Aspekt ist die technische Verfügbarkeit von Applikationen (z.B. bestimmte Standardanwendungen), Hardware und Software am Markt für Informationstechnik. So können Produktankündigungen von Herstellern die Entwicklungsreihenfolge, die anhand materieller und immaterieller Gesichtspunkte ausgerichtet wurde, wieder in Frage stellen, wenn dadurch die IS–Entwicklung einfacher und kostengünstiger gestaltet werden kann. Auch personelle Engpässe, wie z.B. die Verfügbarkeit von bestimmten Qualifikationen, können die Reihenfolgeplanung erheblich beeinflussen. Weiters können auch software- und hardwaretechnische Restriktionen (z.B. Umstellungen im Bereich System- und systemnaher Software oder Datenverwaltungssoftware, Umstellungen, Tausch oder Erweiterung von Hardwarekomponenten) für die Änderung von Entwicklungsprioritäten relevant sein.

- *Unterstützung der Organisationsziele und -strategien:* Der Beitrag, den ein IS–Projekt zur Unterstützung der Organisationsziele und -strategien leistet, ist ein weiteres Kriterium in der Reihenfolgeplanung.[142] Agiert eine Organisation sehr marktnah, so würden z.B. IS–Projekte, die die Marktbearbeitung unterstützen, höher eingestuft werden als IS–Projekte zur Unterstützung der Büroautomation. Hier spielen aber auch Überlegungen eine Rolle, die darauf abzielen, IS im Wettbewerb einzusetzen. Materielle Vorteile sind in solchen Fällen kaum bestimmbar, die Organisationsstrategie gebietet jedoch den Aufbau entsprechender IS. Beim Vorliegen marktorientierter Strategien können z.B. auch gewisse Konstellationen am Markt (Zwänge, die von Kunden- oder Lieferantenseite ausgehen) ganz bestimmte IS–Projekte favorisieren.

Bei isolierter Anwendung der angeführten Faktoren zur Prioritätenvergabe können die Bewertungen zu unterschiedlichen Ergebnissen führen. Um zu einer sinnvollen Entscheidungsbasis zu gelangen, müssen daher die Beurteilungskriterien simultan betrachtet werden. Zu diesem Zweck wird ein Portfolioansatz vorgeschlagen:[143] Zunächst wird jedes einzelne IS–Projekt anhand der vier Faktoren bewertet. Für jeden Faktor existiert ein entsprechendes Portfolio, mit dessen Hilfe die Projekte vorerst separat positioniert werden. In der abschließen-

---

[142]Obwohl dieses Kriterium einleuchtend erscheint, wird dieser Zusammenhang nach den Erfahrungen des Autors sehr häufig übersehen.

[143]Vgl. dazu die Empfehlungen von Buss, an die sich der vorliegende Vorschlag anlehnt ([Buss 83] S. 118 ff.).

den Bewertung werden die IS–Projekte in ein Reihenfolgeportfolio übertragen.[144]
Basis für die materielle Kosten- und Nutzenbewertung sind Aufwandschätzungen für den Zeitbedarf der einzelnen IS–Projekte.[145] Die daraus ableitbaren
Personalaufwendungen, der Aufwand für Hardware und Software sowie sonstige
Aufwendungen ergeben die Gesamtkosten des Projekts. Schwieriger ist die Er-
mittlung des Nutzens. Zwar steht eine Reihe von Methoden zur Verfügung, deren
Anwendbarkeit ist jedoch nur bedingt gegeben, weil durch den Einsatz von IS
kein direkt errechenbarer materieller Nutzen entsteht.[146] Aus diesem Grund kann
in vielen Fällen dieser Nutzen nur sehr grob und nur relativ, im Verhältnis zu
anderen IS–Projekten, bestimmt werden. Trotz dieser Schwierigkeit müssen die
IS–Projekte möglichst realistisch bewertet und anschließend in das entsprechende
Portfolio eingeordnet werden. Abbildung 4.29 zeigt dazu ein Beispiel.

Die Bestimmung des immateriellen Nutzens wird in vier Schritten vorgenommen. Zunächst werden die immateriellen Effekte, anhand derer die Bewertung
vorgenommen werden soll, identifiziert und diskutiert. Als nächstes muß das
Gewichtungsschema für diese Teilnutzen festgelegt werden. Im allgemeinen wird
es ausreichen, dafür eine relativ einfache Punktebewertung zu verwenden.[147] Im
dritten Schritt wird die eigentliche Bewertung der einzelnen IS–Projekte vorgenommen, die letztlich zur Vergabe eines Zahlenwertes für jedes Projekt führt.
Die auf diese Weise vergebenen Zahlenwerte ermöglichen die Angabe einer Rang-
folge in bezug auf den immateriellen Nutzen. Im abschließenden Schritt werden
wieder sämtliche Projekte in das entsprechende Portfolio eingetragen (vgl. dazu
Abb. 4.29 rechts oben).

Für die Bewertung der technischen Bedeutung existieren im Gegensatz zu den
bereits behandelten Aspekten objektive Notwendigkeiten. So können teilweise

---

[144]Ein ähnliches Verfahren wurde von IBM entwickelt (vgl. [IBM 76]). Dabei wird die Bewertung der beiden Faktoren *materielle Gesichtspunkte* und *immaterieller Nutzen* in anderer
Form vorgenommen als dies Buss vorschlägt. Das Verfahren der IBM sieht eine Klassifizierung des Nutzens von IS in die drei Kategorien *direkter Nutzen* (Einsparung bestehender
Kosten), *relativer Nutzen* (Einsparung zukünftiger Kosten) und *schwer faßbarer Nutzen*
(Nutzen durch den Erfolgsfaktor Information) vor. Zusätzlich wird die Wahrscheinlichkeit
für die Nutzenrealisierung mit *hoch, wahrscheinlich* oder *gering* beurteilt. Damit steht
ebenfalls ein brauchbares Instrument für die Projektbewertung zu Verfügung. Im Vergleich
zum hier vorgestellten Vorgehen fehlen jedoch die Dimensionen *technische Bedeutung* und
Unterstützung der Organisationsziele und -strategien, sodaß für die Reihenfolgeplanung der
IS–Entwicklung dem hier vorgestellten Ansatz der Vorzug gegeben wird.

[145]Vgl. dazu Abschnitt 4.4.1.2. Für eine eingehende Diskussion von Verfahren zur Aufwandschätzung siehe [NoKr 86].

[146]Vgl. die diesbezügliche Diskussion in [Nage 88] S. 24 ff.

[147]Beispielsweise könnte man eine Punkteskala mit Werten von 0 bis 10 vereinbaren. 0 Punkte
würden dabei bedeuten, daß ein geplantes IS überhaupt nichts zur Realisierung des Teil-
nutzens beiträgt; 10 Punkte würden bedeuten, daß ein geplantes IS einen Teilnutzen vollständig realisiert.

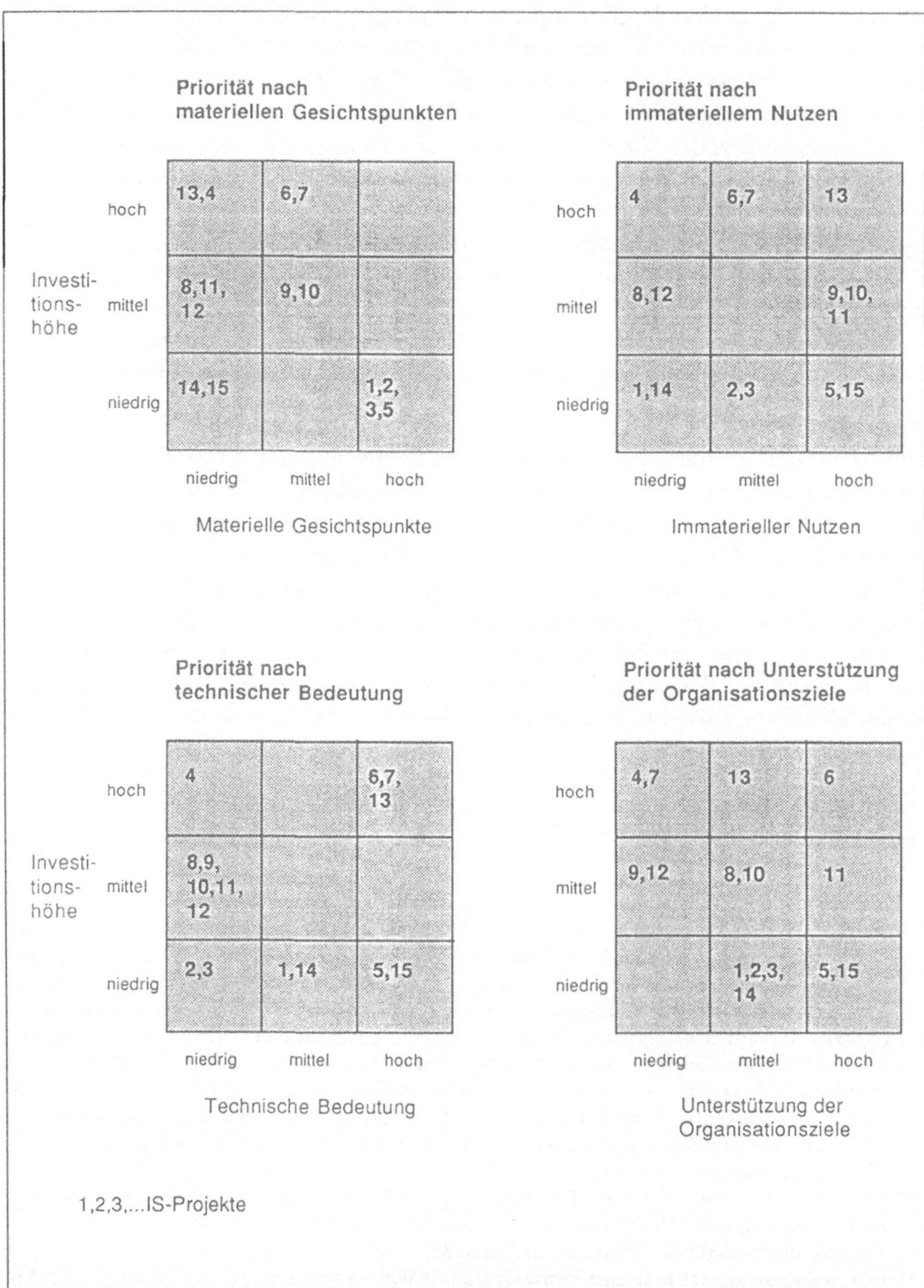

Abbildung 4.29: Bewertung der IS–Projekte anhand von vier Kriterien (Quelle: [Buss 83] S. 122)

die Vorbedingungen für die Entwicklung von IS recht genau angegeben werden. Wesentlich ist in diesem Zusammenhang auch die Berücksichtigung einer ausgeglichenen Altersstruktur der vorhandenen Applikationssysteme.[148] Abschließend werden die IS–Projekte wieder in das entsprechende Portfolio übernommen (vgl. Abb. 4.29 links unten).

Auch die Bewertung der IS–Projekte nach dem Kriterium *Unterstützung der Organisationsziele und -strategien* erscheint vergleichsweise einfach. Allerdings muß zunächst überlegt werden, wie die Ziel- und Strategieunterstützung gemessen wird. Im allgemeinen sollte jedoch auch dabei eine relativ einfache Evaluation ausreichen.[149] Die Ergebnisse dieser Teilbewertung werden wieder in ein entsprechendes Portfolio übertragen (vgl. Abb. 4.29 rechts unten).

Nachdem die einzelnen Kategorien bisher isoliert bewertet wurden, muß im abschließenden Schritt des Verfahrens eine endgültige Reihung der IS–Projekte vorgenommen werden. Diese Gesamtschau erfolgt wiederum nach subjektiven Gesichtspunkten. Zwar ist die Häufigkeit, mit der ein gewisses IS–Projekt in einem bestimmten Quadranten des Gitters zu finden ist, ein Richtwert und ermöglicht bei einer konstanten Positionierung eine eindeutige Zuordnung. Bei IS–Projekten, die bei den Bewertungen nach den verschiedenen Kriterien stark unterschiedlich abschneiden, fällt eine Positionierung nicht mehr so leicht. Deshalb ist es sinnvoll, die Bewertungskriterien selbst wieder zu gewichten, um damit deren relative Bedeutung für die Reihenfolgeplanung zum Ausdruck zu bringen.[150] Abbildung 4.30 zeigt ein Beispiel für ein Ergebnis des Bewertungsverfahrens wieder in Form eines Portfolios.

Das Ergebnis des beschriebenen Bewertungsverfahrens ermöglicht nun, die IS–Projekte in eine, den gegebenen Prioritäten entsprechende Reihenfolge zu bringen. Aus dieser Aufstellung läßt sich ein Zeitplan erstellen, der einerseits Basis für die Ermittlung des Ressourcenbedarfs darstellt, und andererseits die termin-

---

[148]Das bedeutet, daß darauf zu achten ist, daß das Applikationsportfolio nicht zu viele „alte" Applikationen enthält, von denen absehbar ist, daß sie in Kürze grundlegend überarbeitet oder ausgetauscht werden müssen. Auf diese Weise wird verhindert, daß es zu einer „Überalterung" des Applikationsspektrums kommt. Eine derartige Situation würde nämlich zu einer überproportionalen Zunahme des Ressourcenbedarfs für Wartungs- und Anpassungsarbeiten führen und nicht genügend Spielraum für Neuentwicklungen lassen.

[149]Wie im Fall der Bestimmung der technischen Bedeutung wird man hier mit einer zehnstufigen Bewertungsskala auskommen. 10 Punkte würden dabei die vollkommene Übereinstimmung mit Organisationszielen und -strategien bedeuten; 0 Punkte würden dagegen überhaupt keine Unterstützung von Zielen und Strategien signalisieren.

[150]Dieser Gewichtungsschritt stellt eine methodische Erweiterung der Vorschläge von Buss dar. Das Gewichtungsschema sollte vor der Bewertung der IS–Projekte anhand der oben beschriebenen Faktoren erfolgen, um die Objektivität der Beurteilung zu gewährleisten. Im Normalfall ist eine Gewichtung der Faktoren im Verhältnis von 1:2:1:4 (materielle Gesichtspunkte : immateriellen Nutzen : technische Bedeutung : Unterstützung der Organisationsziele und -strategien) zu empfehlen.

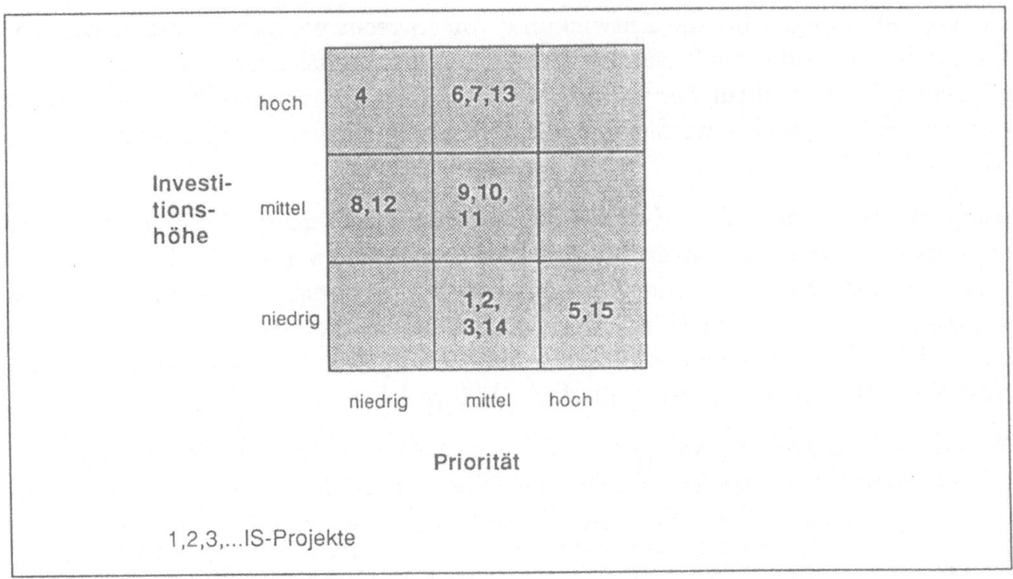

Abbildung 4.30: Endgültige Bewertung der IS–Projekte

liche Abwicklung sämtlicher IS–Projekte aus dem Bereich Daten-, Applikations-
und Kommunikationsstruktur über den gesamten Planungshorizont festlegt. Abbildung 4.31 zeigt ein Beispiel für einen derartigen Zeitplan.

4.4.2 Strategien in bezug auf IV–Ressourcen

Nachdem im vorangegangenen Teilschritt die Strategien in bezug auf die Daten-,
Applikations- und Kommunikationsstruktur entwickelt wurden, können nun auf
dieser Basis die Erfordernisse hinsichtlich der IV–Ressourcen abgeleitet werden.
Dabei sind strategische Überlegungen anzustellen bezüglich der IV–Mitarbeiter,
hinsichtlich der Informationstechnik, die für Entwicklung und Betrieb der Datenbasis, des Applikationsspektrums sowie des Kommunikationsnetzes erforderlich
ist, und im Hinblick auf das dafür aufzuwendende IV–Budget. Nachfolgend wird
die Vorgehensweise bei der Entwicklung dieser Bereichsstrategien erläutert.

4.4.2.1 IV–Mitarbeiter

Da der Aufwand für die IS–Projekte aus dem Bereich Daten-, Applikations- und
Kommunikationsstruktur geschätzt und die Terminierung der Vorhaben durchgeführt wurde, kann nun der Mitarbeiterbedarf festgestellt werden. Dieser Bedarf

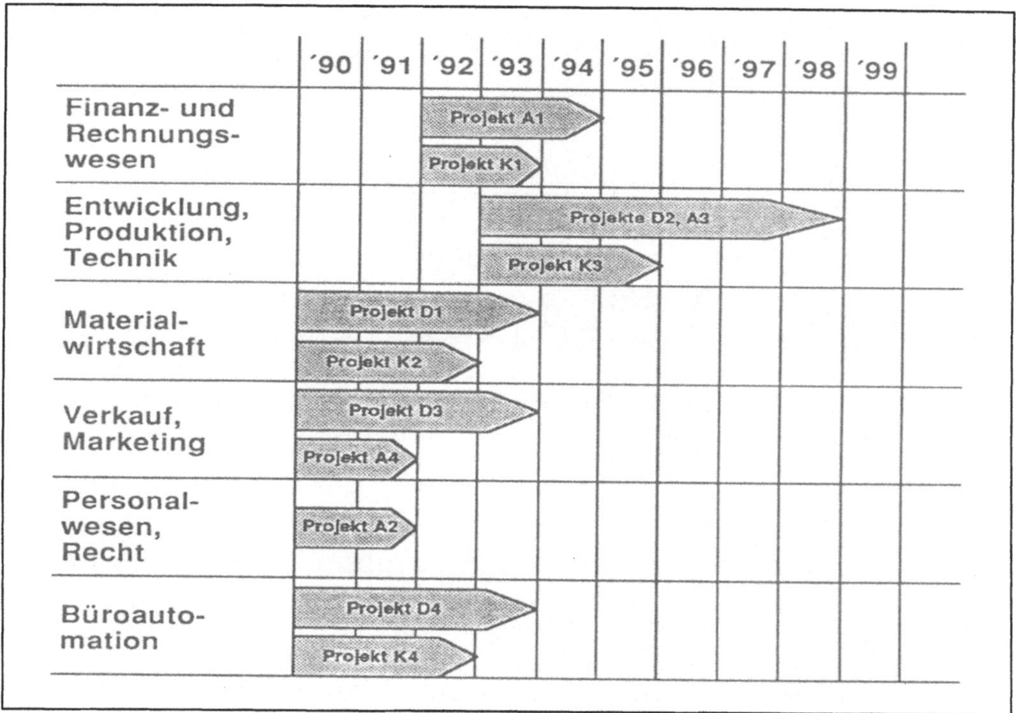

Abbildung 4.31: Terminplan für die Realisierung der IS–Projekte aus dem Bereich Daten-, Applikations- und Kommunikationsstruktur

ergibt sich zum einen aus den IS–Projekten.[151] Aus dem periodenweise zusammengefaßten Aufwand in Mannmonaten läßt sich die Anzahl der erforderlichen IV–Mitarbeiter für die Realisierung der anstehenden Vorhaben ableiten.[152] Abbildung 4.32 zeigt dazu ein Beispiel.

Darüber hinaus geben die funktionalen Spezifikationen der IS–Projekte Auskunft über den Bedarf hinsichtlich der Personalqualifikation. Da die Formulierung der Projektspezifikationen im Rahmen der SISP relativ grob bleiben muß, ist eine exakte Definition der personellen Anforderungen jedoch nicht immer möglich. Trotz dieser Schwierigkeit muß der Personalbedarf dem vorhandenen Potential an IV–Mitarbeitern gegenübergestellt werden.[153] Aus dem benötigten Know–how und den in der Organisation vorhandenen Qualifikationen können sich folgende Konstellationen ergeben:

---

[151]Vgl. dazu nochmals Abb. 4.31.

[152]Dazu kommt noch der Bedarf an Mitarbeitern für die Realisierung der Projekte aus dem Bereich Informationstechnik (vgl. Abschnitt 4.4.2.2).

[153]Die vorhandene Personalsituation wurde ja bereits im Rahmen der *Analyse der internen Situation* eingehend untersucht und bewertet (vgl. Abschnitt 4.2.2).

	'90	'91	'92	'93	'94	'95	'96	'97	'98	'99	Gesamt
Finanz- und Rechnungswesen	12	12	12 / 8	24 / 18	18	12	12	12	12	12	164
Entwicklung, Produktion, Technik	6	6	6	10, 16 / 10	12, 18 / 12	12, 20 / 10	18, 18	12, 18	12, 12	12	240
Materialwirtschaft	12 / 12	18 / 8	22 / 8	18	12	12	12	12	12	12	167
Verkauf, Marketing	30 / 12	30 / 12	30	20	12	12	12	12	12	12	206
Personalwesen, Recht	12	10	6	6	6	6	6	6	6	6	70
Büroautomation	12 / 12	24 / 12	28 / 12	10	6	6	6	6	6	6	146
Periodenbedarf	120	132	132	132	96	90	84	78	72	60	
Mitarbeiteranzahl	10	11	11	11	8	7,5	7	6,5	6	5	

Abbildung 4.32: Mitarbeiterbedarfsplan für die IS–Entwicklung (Einheit: Mannmonate)

- Der IV–Mitarbeiterbedarf kann durch die vorhandenen personellen Ressourcen befriedigt werden. Damit können die Anforderungen vollständig abgedeckt werden.

- Der IV–Mitarbeiterbedarf entspricht nicht den gegebenen Erfordernissen, kann aber am Personalmarkt ohne größere Schwierigkeiten abgedeckt werden.[154] In diesem Fall ist ein entsprechendes Angebot vorhanden und auch die finanzielle Belastung, die sich durch die Personalakquisition ergibt, ist für die Organisation zu verkraften.

- Der IV–Mitarbeiterbedarf entspricht nicht den gegebenen Erfordernissen und kann auch am Personalmarkt nicht problemlos abgedeckt werden. Diese Situation besteht, weil entweder entsprechende Spezialisten nicht verfügbar sind oder weil sie aus finanziellen Gründen für die Organisation nicht

---

[154]Dies ist dann der Fall, wenn IV–Mitarbeiter ohne besondere Spezialkenntnisse gesucht werden (wie z.B. Operatoren, Systemprogrammierer etc.).

tragbar sind.[155]

Die ersten beiden Szenarien stellen die Organisation in bezug auf die zukünftige Personalausstattung im IV–Bereich vor keine größeren Probleme. Im dritten Fall muß entschieden werden, in welcher Form entsprechende Mitarbeiter — soferne sie gefunden werden — an der Realisierung mitwirken sollen. Je nach Bedeutung der Vorhaben, in denen diese Spezialisten mitwirken sollen, muß auch an eine Sonderfinanzierung gedacht werden. Hierbei sollte auch die Möglichkeit einer nur temporären Beschäftigung von externen Mitarbeitern bzw. Beratern in Betracht gezogen werden, um auf diese Weise die laufenden Personalkosten möglichst gering zu halten. Diesbezügliche Überlegungen und abschließende Entscheidungen hinsichtlich der personellen Ausstattung des IV–Bereichs können jedoch nur im konkreten Einzelfall getroffen werden. Hinsichtlich der Höhe des Einkommens von neugewonnenen Mitarbeitern liegt eine Orientierung an der erforderlichen Qualifikation und an den Gegebenheiten des Personalmarktes nahe. Die entsprechenden Kostenblöcke sind hier überschlagsmäßig zu kalkulieren, um sie bei der Ermittlung des nötigen IV–Budgets zur Verfügung zu haben.

4.4.2.2 Informationstechnik

Im Rahmen von Überlegungen zur Informationstechnik müssen sämtliche Entscheidungen getroffen werden, die Voraussetzung für die technische Realisierung der Strategien in bezug auf Daten-, Applikations- und Kommunikationsstruktur sind. Aufgrund der Vielzahl an möglichen Strategien, die für diese Bereiche in Frage kommen, sowie insbesondere wegen der großen Anzahl von alternativen Realisierungsmöglichkeiten können hier keine „Normstrategien" angeführt werden. Unabhängig davon, wie das Strategieprogramm für den Bereich der Daten-, Applikations- und Kommunikationstruktur konkret ausfällt, sind hier jedenfalls eine Reihe von Grundsatzentscheidungen zu treffen. Die Ergebnisse dieser Entscheidungen sind insofern kritisch, als sich die damit verbundenen organisatorischen, finanziellen und rechtlichen Bindungsdauern für eine Organisation langfristig auswirken. Folgende Grundsatzentscheidungen stehen an und sind unter Berücksichtigung der Ergebnisse der *Analyse der Umwelt*, insbesondere der informationstechnologischen Entwicklung und der Gegebenheiten auf dem Markt für Informationstechnik, zu fällen:[156]

- Wahl einer dem strategischen IS–Programm angepaßten und für die Organisation als Ganzes geeigneten „Hardware–Welt" bzw. „Rechnerland-

---

[155]Dieser Fall tritt u.U. dann auf, wenn Spezialisten für besondere Methoden, zur Betreuung bestimmter Software- und Hardwareprodukte oder für die Lösung spezieller Kommunikationsaufgaben gesucht werden.

[156]Vgl. Abschnitt 4.2.1.

schaft".[157] So sind, im Zusammenhang mit dieser Grundsatzentscheidung, der zukünftige Bedarf an Rechnerleistung zu evaluieren und die dafür notwendigen Hardware–Komponenten — soweit dies aufgrund der bisher entwickelten IS–Strategien möglich ist — zu ermitteln.[158] Weiters ist eine möglichst langfristig orientierte Beschaffungspolitik für das gesamte Hardware–Spektrum zu erarbeiten. Diese Festlegung umfaßt einerseits die Entscheidung für eine Ein–Hersteller– vs. einer Mixed–Hardware–Politik. Andererseits müssen die Hersteller bzw. potentielle Lieferanten ausgewählt werden, mit denen zukünftig zusammengearbeitet werden soll.

- Wahl einer mit dem Hardware–Programm abgestimmten „Software–Welt". Dabei sind — soweit nicht bereits vorhanden — die Systemsoftware sowie die systemnahen Software–Komponenten für sämtliche Rechnerkategorien, die organisationsweit zur Verfügung stehen werden, auszuwählen. In diesem Zusammenhang sind insbesondere auch Entscheidungen hinsichtlich der erforderlichen Datenbankverwaltungssysteme und der Software zur Unterstützung von lokalen, regionalen bzw. überregionalen Kommunikationsnetzen zu treffen. Auch für die Anschaffung der Software–Komponenten sind — soweit dies nicht bereits durch Hardware–Entscheidungen vorweggenommen wurde — die Hersteller bzw. Lieferanten auszuwählen.

- Grundsatzentscheidung bezüglich der Frage „Eigenentwicklung oder Fremdbezug von Applikationssystemen". Diese Fragestellung wird in erster Linie durch die im Rahmen der Strategien in bezug auf Daten-, Applikations- und Kommunikationsstruktur erarbeiteten Vorgaben beeinflußt und kann daher nicht organisationsweit beantwortet werden.[159] Aufgrund der vielfältigen Vorteile von Standardapplikationen ist deren weitgehender Einsatz jedoch generell empfehlenswert.[160] Auch für den Fremdbezug von Applikationen ist ein entsprechendes Beschaffungskonzept zu erstellen, das sich in funktionaler Hinsicht sowie bezüglich der Qualität am IS–Bedarf orientiert.[161]

---

[157]Diese Grundsatzentscheidung war in der Vergangenheit auf die Frage „IBM– vs. Nicht-IBM–Welt" beschränkt. Aufgrund des Aufbrechens der abgrenzbaren Rechnertypen und -kategorien und -architekturen, das sich vor allem durch die vielfältigen Kombinations- und Vernetzungsmöglichkeiten sowie durch die laufend steigenden Rechnerleistungen ergibt, hat sich jedoch hier das Spektrum der möglichen Alternativen wesentlich erweitert.

[158]Der Hardware–Bedarf kann zwar einerseits auf Basis der *Analyse der internen Situation* und andererseits aufgrund der Strategien in bezug auf Daten-, Applikations- und Kommunikationsstruktur nur grob abgeschätzt werden. Trotzdem müssen die derart ermittelten Ergebnisse in eine Grobevaluation des Hardware–Bedarfs münden.

[159]Vgl. Abschnitt 4.4.1.

[160]In diesem Zusammenhang sei z.B. nur auf die rasche Verfügbarkeit, die weitgehende Fehlerfreiheit (zumindest bei Standardanwendungen), die Aktualität der Dokumentation hingewiesen.

[161]Vgl. Abschnitt 4.4.1.1.

Obwohl im Rahmen dieser strategischen Festlegungen zu manchen Detailfragen noch keine konkreten Einzelheiten festgelegt werden können, liegt mit den Entscheidungen zu den IV–Ressourcen bereits ein greifbares und vor allem globales Konzept für die zukünftig benötigte Informationstechnik vor. Dieses organisationsweite Programm umfaßt damit Aussagen zu

- Art, Anzahl, Zuordnung und Kosten für Hardware-, Software- und Applikationskomponenten, die für die Realisierung der Strategien in bezug auf Daten-, Applikations- und Kommunikationsstruktur erforderlich sind, und

- zu den Erfordernissen hinsichtlich der Verteilung (Zentralisierung bzw. Dezentralisierung)[162] und Vernetzung der Hardware- und Software–Komponenten in der Organisation.[163]

Aus den vielfältigen technischen Notwendigkeiten, die sich aus obigem Programm ergeben, lassen sich wieder entsprechende IS–Projekte ableiten. Die Vorgehensweise dabei unterscheidet sich prinzipiell nicht vom Procedere, das im Rahmen der Entwicklung von Strategien in bezug auf Daten-, Applikations- und Kommunikationsstruktur angewendet wird. Auch hier ist es notwendig, die einzelnen Vorhaben inhaltlich zu spezifizieren und die anstehenden Aufgaben bezüglich ihres Zeit- und Ressourcenbedarfs einigermaßen realistisch abzuschätzen.[164] Dabei ist insbesondere auf mögliche Rückwirkungen zu achten, die sich aus den bereits vereinbarten IS–Projekten im Rahmen von Ausbau und/oder Konsolidierung der organisationsweiten Datenbasis, von Erweiterung und/oder Bereinigung des Applikationsspektrums und von Ausweitung und/oder Anpassung des Kommunikationsnetzes ergeben.[165] Als Ergebnis der strategischen Überlegungen zur Informationstechnik erhält man auf diese Weise wieder

- einen Katalog der IS–Projekte, der die Beschreibung der entsprechenden technischen Maßnahmen enthält, und

---

[162]Nach Mertens läßt sich generell in räumliche, organisatorische und technische Zentralisierung/Dezentralisierung unterscheiden (vgl. [Mert 85] S. 16 ff.). *Räumliche* Zentralisierung/Dezentralisierung macht Aussagen über die physische Aufstellung der Hardwarekomponenten und Beratungsinstanzen. Der *organisatorische* Zentralisierungs-/Dezentralisierungsgrad hängt damit zusammen, inwieweit die Verantwortung für die IS–Planung, –Einführung und –Wartung von zentralen oder dezentralen Stellen getragen wird. *Technische* Zentralisierung/Dezentralisierung beinhaltet die Aufteilung der „maschinellen Intelligenz" auf Zentralrechner, Abteilungsrechner und Arbeitsplatzrechner.

[163]Aufgrund der Tatsache, daß Entscheidungen über die Verteilung von IV–Komponenten in einer Organisation nicht isoliert getroffen, sondern nur in Zusammenhang mit den organisatorischen Nebenbedingungen gefällt werden können, wird an dieser Stelle keine konkrete Vorgehensweise vorgeschlagen. Weitere Anmerkungen folgen im Abschnitt 4.4.3.

[164]Hier werden bei den Zeitschätzungen vor allem auch die Angaben von Herstellern und Lieferanten zu berücksichtigen sein.

[165]Dabei handelt es sich in erster Linie um technische Aspekte.

- eine tabellarische Übersicht, die den Zeit- und den Mitarbeiterbedarf für die IS–Projekte, aber auch die Reihenfolge der Projektabwicklung ausweist und die mit den IS–Projekten, die sich aufgrund der Strategien in bezug auf Daten-, Applikations- und Kommunikationsstruktur ergeben haben, inhaltlich und terminlich abgestimmt ist (vgl. Abb. 4.33).[166]

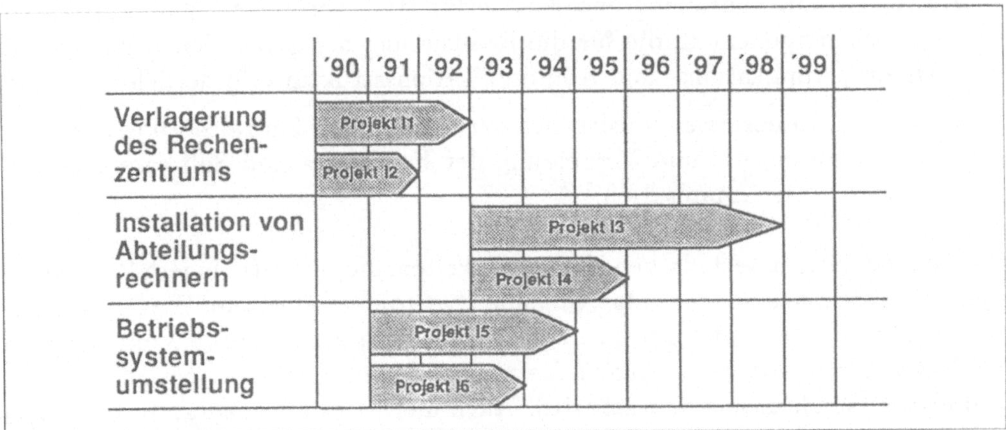

Abbildung 4.33: Terminplan für die Realisierung der IS–Projekte aus dem Bereich Informationstechnik

4.4.2.3　IV–Budget

In groben Zügen wird die finanzielle Belastung des IV–Bereichs durch die bisher festgelegten Strategien bestimmt. Die laufenden und die fixen Kosten, die sich aufgrund der Strategien in bezug auf Daten-, Applikations- und Kommunikationsstruktur ergeben sowie in den Bereichen IV–Mitarbeiter und Informationstechnik anfallen, konstituieren die zu berücksichtigenden IV–Kosten. Eine periodenbezogene Budgetierung läßt sich dann aus dem vereinbarten Zeitplan für die Abwicklung der IS–Projekte ableiten (vgl. dazu nochmals Abb. 4.31 bzw. Abb. 4.33). Aufgrund der zum Teil recht groben Vorgaben für die Kostenermittlung kann damit nur eine grobe Budgetvorschau erstellt werden (vgl. Abb. 4.34).[167] Diese entspricht damit noch keiner endgültigen Finanzplanung für

---

[166]Analog zur Projektplanung im Bereich Daten-, Applikations- und Kommunikationsstruktur kann auch hier der periodenbezogene Mitarbeiterbedarf für die Realisierung der IS–Projekte aus dem Bereich Informationstechnik ermittelt werden (vgl. Abschnitt 4.4.2.1).

[167]So können z.B. nur vage Aussagen über die Kostenbelastung durch IV–Mitarbeiter gemacht werden, die im Rahmen innovativer IS–Projekte eingesetzt werden sollen. Auch hinsichtlich der Hardware und Software, die im Planungsstadium noch nicht auf dem Markt verfügbar ist, können über die Anschaffungs-, Installations- und Wartungskosten u.U. nur ungefähre Angaben gemacht werden.

den IV–Bereich, sondern stellt insbesondere für die Entscheidungsträger in der Organisation einen Orientierungsrahmen dar.[168] Dazu kommt, daß die Budgetwerte für spätere Perioden aufgrund der Unsicherheit der Annahmen bezüglich der Preisentwicklung naturgemäß nur Anhaltspunkte für die organisationsweite Finanzplanung bzw. die Finanzplanung des IV–Bereichs sein können.

	'90	'91	'92	'93	'94	'95	'96	'97	'98	'99	
Zentral- und Abteilungsrechner (HW und SW)	6,0	7,0	7,0	7,0	7,0	8,0	8,0	8,0	8,0	8,0	
Arbeitsplatzrechner (HW und SW)	2,0	2,0	2,0	2,0	2,0	2,0	2,0	2,0	2,0	2,0	
IV-Mitarbeiter	10,8	11,9	12,3	12,7	13,0	13,4	12,9	13,3	13,7	14,1	
Datenübertragung, Datenträger, Drucksorten, Schulung etc.	4,7	5,0	5,2	5,5	5,7	6,0	6,3	6,6	7,0	7,3	
Gesamte IV-Kosten	23,5	25,9	26,5	27,2	27,7	29,4	29,2	29,9	30,7	31,4	
Zuwachs in Prozent	4,4	10,2	2,3	2,6	1,8	6,1	-0,7	2,4	2,7	2,3	

Abbildung 4.34: IV–Budgetvorschau über den gesamten Planungshorizont

4.4.3 Strategien in bezug auf IV–Organisation und –Führung

Ausgehend von den Strategien in bezug auf Daten-, Applikations- und Kommunikationsstruktur sowie in bezug auf IV–Ressourcen sind nun Überlegungen hinsichtlich der Organisations- und Führungsstrukturen im IV–Bereich anzustellen.

---

[168]Da viele IS–Notwendigkeiten von den Entscheidern nur anhand der Kosten beurteilt werden, kann es im konkreten SISP–Projekt in dieser Phase durchaus noch zu Diskussionen über die Notwendigkeit einzelner IS–Vorhaben kommen. Es liegt dann in der Hand des Planungsteams, die entsprechenden fachlichen Notwendigkeiten aufzuzeigen.

In diese Überlegungen sind insbesondere auch die diesbezüglichen Stärken und Schwächen miteinzubeziehen, die ja bereits in der *Analyse der internen Situation* festgestellt wurden.[169] Auch in diesem Bereich lassen sich keine „Normstrategien" aufstellen. Die strategischen Überlegungen müssen vielmehr danach ausgerichtet werden, daß das bisher beschlossene Programm organisatorisch bestmöglich realisiert werden kann. Je nach Ausgangslage in der Organisation werden sich die konkreten Strategien daher u.U. erheblich voneinander unterscheiden. Es kann damit durchaus erforderlich sein, den IV–Bereich in der Organisation an höherer Position einzugliedern, um den anstehenden Maßnahmen dadurch wirklich zum Durchbruch zu verhelfen.[170] Weiters kann die Notwendigkeit bestehen, das Aufgabenprofil des IV–Bereichs sowie die internen und externen Berichtswege den zukünftigen Erfordernissen anzupassen. Neben diesen organisatorischen Maßnahmen müssen auch Überlegungen hinsichtlich der IV–Führung angestellt werden. So können insbesondere der Umfang und die Komplexität der Strategien in bezug auf Daten-, Applikations- und Kommunikationsstruktur das Aufgabenspektrum der IV–Führung vollkommen verändern. Damit ist u.U. die Notwendigkeit verbunden, Aufgabenbereiche neu zu definieren, andere Managementstrukturen zu entwickeln und daraus abgeleitet, entsprechende personelle Konsequenzen zu ziehen. Abbildung 4.35 verdeutlicht das zu gestaltende Aufgabenspektrum der IV–Führung.

4.4.3.1 IV–Aufbau und –Ablauforganisation

Eine wesentliche Frage bei der Bestimmung einer geeigneten IV–Organisation ist, wie Dienstleistungen des IV–Bereichs zukünftig zu erbringen sind. Dazu sind u.U. nachhaltige Änderungen innerhalb des IV–Bereichs, aber auch hinsichtlich der Zusammenarbeit mit Fachabteilungen nötig. Insbesondere sind dabei Strategien und Richtlinien für folgende Aspekte zu erstellen bzw. sind die bestehenden Regelungen an die zukünftigen Bedürfnisse anzupassen:

- Struktur des IV–Bereichs und Eingliederung in die Organisation: Hierbei ist die Frage zu klären, ob der IV–Bereich organisatorisch in einer Abtei-

---

[169]Vgl. Abschnitt 4.2.2.

[170]Aufgrund der Tatsache, daß der IV–Bereich Servicefunktionen für die gesamte Organisation wahrnimmt, können die anstehenden Aufgaben nur dann vernünftig konzipiert und die verfügbaren Ressourcen nur dann sinnvoll verteilt werden, wenn die dafür verantwortliche Stelle in der Organisationshierarchie entsprechend hoch eingegliedert ist. Diese Tatsache hat dazu geführt, daß in sehr vielen Fällen der IV–Bereich auf gleicher Ebene mit den Hauptfunktionsbereichen einer Organisation angesiedelt ist (in einem Industriebetrieb z.B. auf gleicher Ebene mit den Fachabteilungen für Finanz- und Rechnungswesen, Verkauf/Marketing oder Materialwirtschaft). In manchen Organisationen untersteht der IV–Bereich auch als Stabstelle direkt der Organisationsleitung.

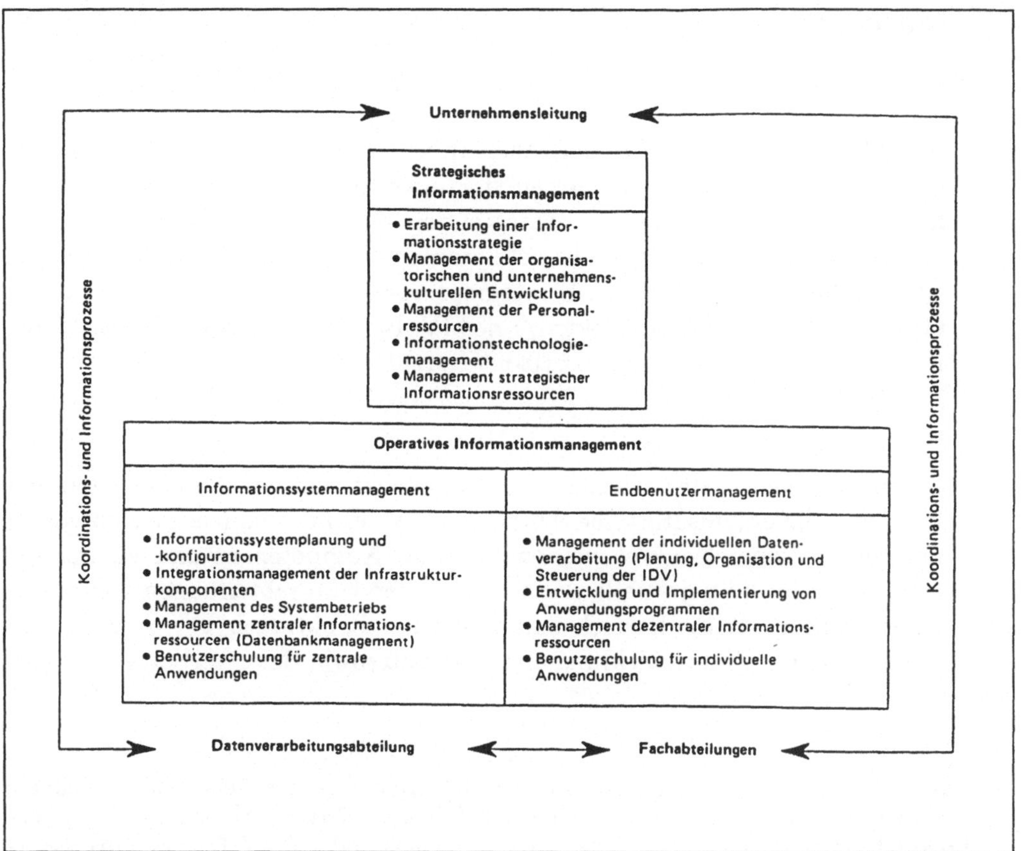

Abbildung 4.35: Aufgabenfelder der IV–Führung (Quelle: [ZaRu 89] S. 37)

lung oder aber in Form mehrerer Abteilungen verankert werden soll. Die
zweite Variante bietet die Möglichkeit einer stärkeren Spezialisierung auf
bestimmte für die Organisation wesentliche Fachgebiete.[171] Andererseits
wird dadurch die Kommunikation zwischen den einzelnen Abteilungen erschwert und es besteht die Gefahr, daß die getrennten Bereiche ein „Eigen-
leben" beginnen. Neben der Entscheidung über die Struktur muß auch die
Eingliederung des IV–Bereichs in die Organisation bestimmt werden. Dazu
ist zu klären, ob der IV–Bereich zukünftig in Form einer Stabs- oder einer
Linienabteilung geführt werden soll. Darüber hinaus sind auch allgemeine
Überlegungen hinsichtlich des Zentralisierungsgrades des IV–Bereichs an-

---

[171]So wäre eine Abteilungsstrukturierung in *kommerzielle IV* und *technische IV* möglich.
Ebenso könnte es sinnvoll sein, mit der Abteilungsgliederung an den wichtigsten Fachbereichen der Organisation anzusetzen, um deren Aufgaben bestmöglich zu unterstützen.

zustellen.[172]

- Aufgabenspektrum des IV–Bereichs: Im wesentlichen ergeben sich die Aufgaben aus dem bisher entwickelten Strategieprogramm. Aufgrund der möglichen Kursänderung, die die Strategien mit sich bringen, kann sich die Aufgabenstruktur des IV–Bereichs vollkommen verändern.[173] An dieser Stelle ist es daher erforderlich, das Strategieprogramm zu sichten und auf dieser Grundlage das Aufgabenspektrum des IV–Bereichs und seiner Mitarbeiter über den gesamten Planungshorizont festzulegen.

- Innenorganisation des IV–Bereichs: Abgeleitet von der Aufgabenstruktur kann nun die organisatorische Aufgliederung des IV–Bereichs an sich vorgenommen werden. Konkret werden dabei die Kompetenzen und Verantwortungen sowie die personelle Ausstattung der Unterabteilungen festgelegt. Dabei sollten im IV–Bereich zumindest die Funktionen IV–Organisation und –Planung, IS–Entwicklung und –Betrieb sowie Benutzerbetreuung vor-

---

[172]Für die Vorentscheidung derartiger Problemstellungen sind eine Reihe von Vorschlägen publiziert worden (vgl. dazu [KrMe 82] S. 237 ff. und die dort angegebene Literatur). Von praktischer Relevanz sind das Verfahren von Rockart (vgl. [RoBL 77] sowie die methodischen Erweiterungen in [HeRo 85] S. 29 ff.). Rockart geht davon aus, daß die Verteilungsentscheidung für eine große Organisation nicht global getroffen werden kann. Vielmehr muß sie für möglichst kleine Teilbereiche differenziert durchgeführt werden. Dazu wird die Organisation entlang der Dimensionen Aufgabenfelder, Funktionen und Teilbereiche in sog. *Entscheidungseinheiten* unterteilt. Unter *Aufgabenfeldern* werden die Funktionen IS–Entwicklung (d.s. Analyse des Istzustandes, Entwicklung von Sollkonzepten, Programmierung, Einführung, Wartung), IS–Betrieb (d.s. die typischen Aufgaben eines Rechenzentrumsbetriebs) und IV–Führung (d.s. Planung und Kontrolle sämtlicher IV–Aktivitäten) zusammengefaßt. Unter *Teilbereichen* werden jene organisatorischen Einheiten verstanden, die als Betreiber eigener IV–Komponenten in Frage kommen. Das können einzelne Produktionsstätten eines Industriebetriebs oder Sparten bzw. Profit Centers eines nach Produktbereichen gegliederten Unternehmens sein. Die Dimension *Funktionen* bezeichnet die Aufgabenbereiche einer Organisation. Bei einem kommerziellen Unternehmen können dies z.B. die Bereiche Finanz- und Rechnungswesen, Verkauf/Marketing, Materialwirtschaft, Entwicklung/Produktion/Technik und Personalwesen/Recht sein. Für jede Entscheidungseinheit (z.B. die Entwicklung eines neues IS zur Materialdisposition in der Sparte Düngemittel eines Chemiekonzerns) ist nun anhand von fünf Faktorentabellen die Tendenz zu einer mehr zentralen bzw. mehr dezentralen Organisationsform zu evaluieren und im Anschluß daran ein umfassendes Organisationskonzept auszuarbeiten.

[173]So würde eine Richtlinie, daß in Zukunft nur mehr Standardapplikationen eingesetzt werden, eine Programmierergruppe weitgehend überflüssig machen. Für die bestehenden Kapazitäten müßte in diesem Fall ein neuer Aufgabenbereich definiert werden.

handen sein.[174]

Weiters sind Strategien für folgende Punkte zu entwickeln bzw. bestehende Richtlinien entsprechend zu adaptieren:

- Managementstrukturen innerhalb des IV–Bereichs,

- Zusammenarbeit mit den Benutzerbereichen (Kommunikations- und Berichtswege, Entwicklungsanträge, Benutzerbetreuung und -schulung, Art und Umfang der Serviceleistungen),

- Datenmanagement (Vorgehensweise, Methoden und Werkzeuge zur Unterstützung von Analyse, Design und Implementierung),

- Applikationsmanagement (Vorgehensweise, Methoden und Werkzeuge zur Unterstützung von Analyse, Design, Programmierung, Test und Wartung),

- Kommunikationsmanagement (Vorgehensweise, Methoden und Werkzeuge zur Unterstützung von Analyse, Design und Implementierung),

- Beschaffungs-, Einsatz- und Wartungskonzept für Hardware– und Software–Komponenten, um die Verwendung von organisationsweit einheitlichen Werkzeugen zu gewährleisten,

- Maßnahmen zur Aus- und Weiterbildung von IV–Mitarbeitern und Benutzern,

- Richtlinien zur Dokumentation der Daten-, Applikations- und Kommunikationsstruktur, der Hardware und der Software sowie zur Produkt- und Entwicklungsdokumentation bei Eigenentwicklungen,

- Vorgehensweise bei der kurz-, mittel- und langfristigen IV–Planung sowie bei der IS–Projektplanung und -abwicklung,

- Verteilung von IV–Ressourcen und –Kosten auf die Benutzerbereiche,

- Sicherheits- und Katastrophenkonzept.

---

[174]Auch für die Innenorganisation können keine allgemeingültigen Regeln aufgestellt werden. Allerdings empfiehlt es sich, die Unterabteilungen in sich nach den wesentlichen Funktionsbereichen der Organisation zu gliedern (für einen Industriebetrieb z.B. in Finanz- und Rechnungswesen, Verkauf/Marketing, Materialwirtschaft, Entwicklung/Produktion/Technik, Personalwesen/Recht etc.). Auf diese Weise entstehen wertvolle Erfahrungspotentiale, die die Bearbeitung der Benutzerprobleme, die Weiterentwicklung der entsprechenden IS und die Installation der jeweiligen informationstechnischen Komponenten in der Organisation wesentlich vereinfachen.

4.4.3.2 IV–Kontrolle, –Revision und –Kostenverrechnung

Im Rahmen der Überlegungen zur IV–Führung muß auch ein Kontrollinstrumentarium entwickelt werden, mit dessen Hilfe die laufende, organisationsweite Bewertung der Effektivität und der Effizienz der IV möglich ist.[175] Die Messung der Effektivität kann anhand des Kriteriums *Benutzerzufriedenheit* vorgenommen werden. Dazu muß die Adäquanz der IS–Unterstützung in regelmäßigen Abständen von den Benutzern selbst bewertet werden. Die Evaluierung kann formell (z.B. mit Hilfe entsprechender Fragebögen) oder informell (im Rahmen von Gruppengesprächen) durchgeführt werden und vermittelt der IV–Führung auf diese Weise — trotz der Subjektivität derartiger Ergebnisse — einen Eindruck über Akzeptanz und Zufriedenheit mit der bestehenden IS–Umgebung. Andererseits muß auch die Effizienz der IV mit Hilfe entsprechender Kennzahlen und Erfahrungswerte, die Aufschluß über die *technischen und* vor allem *ökonomischen Leistungsmerkmale* der eingesetzten Informationstechnik geben, abgeschätzt werden.[176] Neben diesem Kontrollinstrumentarium sollten im Rahmen der SISP auch Art, Umfang, Inhalt und Intervalle einer IV–Revision festgelegt werden.[177]

Aufgrund der Tatsache, daß das IV–Budget eine wichtige Ressource und gleichzeitig häufig ein limitierender Faktor ist, kommt der IV–Kostenverrechnung wesentliche Bedeutung als Kontrollmechanismus zu. Generell wird die Bedeutung der Art der Kostenverrechnung als Kontroll- und Steuerungssystem bei weitem unterschätzt.[178] Je nach Entwicklungsstand des IV–Bereichs in einer Organisation sind verschieden ausgereifte Konzepte zur Kostenübertragung auf die Benutzerbereiche anzutreffen. Allen unterscheidet in bezug auf die IV–Kostenverrechnung drei wesentliche Entwicklungsstufen.[179] Die *klassische zentralisierte IV* liegt dann vor, wenn die Aufwendungen für IV lediglich in Form einer Gemeinkostenstelle berücksichtigt werden und keine weitere Umlage auf die Benutzerbereiche erfolgt. Diese Abrechnungsform findet man in Organisationen, in denen die Organisationsleitung im wesentlichen allein über IV–Ausgaben entscheidet. Eine Weiterentwicklung stellt die *bürokratische Kontrolle* der IV–Aufwendungen dar, bei der organisationsintern (meist durch einen IV–Ausschuß) Kostenverteilungsschlüssel festgelegt werden. Die Kostenumlage stellt dabei eine Möglichkeit dar, angefallene Kosten zu erfassen, nicht aber „Marktpreise" für IV–Dienstleistun-

---

[175]Die in der Folge angegebenen Meßkriterien lassen nur recht grobe Bewertungen zu. Diese Problematik ergibt sich aus dem teilweise subjektiven Charakter der zugrundeliegenden Daten. Trotzdem sollten entsprechende Kontrollen in regelmäßigen Abständen durchgeführt werden, um ein wenigstens einigermaßen realistisches Bild der Situation zu erhalten.

[176]Vgl. dazu die diesbezüglichen Vorschläge in [SVD 81] S. 50 ff.

[177]Vgl. [ArRo 86] S. 47 ff. zur Vorgehensweise bei der IV–Revision.

[178]Vgl. dazu diesbezügliche Aussagen bei [Alle 87] S. 57 ff.

[179]Vgl. dazu [Alle 87] S. 57.

gen zu ermitteln. Bei dieser Kostenverrechnungsvariante ist die Kontrolle bereits mehr in den Verantwortungsbereich der Benutzer gerückt, da zumindest hinterher die Möglichkeit einer detaillierteren Kostenanalyse besteht. Aus heutiger Sicht erscheint die effizienteste Kostenkontrolle dann gegeben, wenn der IV–Bereich als *Profit Center* geführt wird. In diesem Fall „verkauft" der IV–Bereich seine Dienstleistungen an die Benutzerbereiche und befindet sich damit in einem Konkurrenzverhältnis zu organisationsexternen Anbietern von IV–Dienstleistungen. Bei dieser Form sind die Benutzer unmittelbar verantwortlich für die bereichseigenen IV–Kosten und damit gezwungen, ihre Wünsche in geeigneter Form zu artikulieren und deren Realisierung in die Wege zu leiten. Innerhalb der drei beschriebenen Entwicklungsstufen findet sich eine Reihe von Vorgehensweisen für die konkrete Verrechnungspraxis, die nachfolgend kurz dargestellt werden:[180]

- *Keine Kostenumlage:* Bei dieser Alternative werden weder Kosten für die IS–Entwicklung noch solche für den IS–Betrieb auf die Fachbereiche überwälzt.

- *Einbeziehung der IV–Kosten in die Gemeinkostenumlage:* Diese Möglichkeit sieht zwar eine Umlage der IV–Kosten vor, die Bemessungsgrundlage sind jedoch Umsatz, Anlagevermögen, Mitarbeiterzahl o.ä. und nicht die tatsächliche Nutzung von IV–Ressourcen und –Diensten.

- *Keine Kostenumlage, aber Information der Anwender:* Bei dieser Lösung kommt es zu keiner tatsächlichen Kostenverrechung. Die Benutzerbereiche werden jedoch darüber informiert, wie hoch die von ihnen verursachten IV–Kosten sind.

- *Kostenumlage zum Periodenende:* Bei dieser Variante werden die angefallenen Kosten jeweils erst zum Periodenende (monatlich, vierteljährlich etc.) den Benutzern zugerechnet. Nachteil dieses Vorgehens ist das Fehlen einer aktuellen Kontrollmöglichkeit der Kostenentwicklung.

- *Break even–Umlage mit Korrektur zu Jahresende:* Dieses Verfahren stellt eine Erweiterung des klassischen Kostenumlageverfahrens dar. Die Kosten werden in Abhängigkeit vom jeweiligen IS–Vorhaben bzw. von der Art der IV–Benutzung im vorhinein aufgrund von Erfahrungswerten aus vergangenen Perioden geschätzt, anschließend auf die Benutzerbereiche überwälzt und jeweils am Jahresende den tatsächlichen Aufwendungen gegenübergestellt. Eventuelle Kostenüber- oder -unterdeckungen werden am Jahresende abgerechnet.

---

[180]Die beschriebenen Verfahren gehen auf Untersuchungen von Allen zurück (vgl. dazu [Alle 87] S. 57 ff.). Dabei entsprechen die ersten beiden Umlageverfahren der Entwicklungsstufe *zentralisierte IV*. Die Verfahren 3 bis 6 sind der *bürokratischen Kontrolle* und die beiden letzten Verfahren dem *Profit Center-Konzept* zuzurechnen.

- *Sollkostensätze:* Hier werden innerhalb der Organisation verbindliche Kostensätze für die IV–Nutzung festgelegt, die ein Break even–Ergebnis ermöglichen sollen. Über- oder Unterdeckungen werden nicht weiter umgelegt oder in die nächste Periode übertragen, sondern als Gemeinkosten abgerechnet.

- *Standardkostensätze und Verrechnungspreise:* Bei diesem Verfahren wird bei der Kostenverrechung unterschieden in die IS–Entwicklung und den IS–Betrieb. Während für die IS–Entwicklung vom IV–Bereich Verrechnungspreise ermittelt werden, wird der IS–Betrieb anhand von Standardkostensätzen abgerechnet.[181]

- *Funktionale Preise:* Hierbei werden die Preise für die IV nicht aufgrund der verwendeten Ressourcen ermittelt, sondern nach den erfüllten Aufgaben berechnet. Diese Preise orientieren sich daran, was der Benutzerbereich tatsächlich bekommt (z.B. einen ausgedruckten Bericht, eine Programmadaption, einen Datenbankauszug).[182] Wenn auch nach wie vor eine Reihe von IV–Leistungen nach dem traditionellen Schema berechnet werden müssen, so ist es auf diesem Weg möglich, für einen Großteil der Dienste des IV–Bereichs ein transparentes Verrechnungsschema anzubieten.

Für die praktische Vorgehensweise in bezug auf Entscheidungen zur IV–Kostenverrechnung sind die oben beschriebenen Alternativen insofern interessant, als sich die Wahl des geeigneten Systems am Entwicklungsstand der Organisation orientieren muß.[183] Generell ist aus der Sicht der Fachabteilung ein Maximum an Entscheidungsfreiheit anzustreben. Andererseits können nur Fachabteilungen, die in der Benutzung der IV bereits weit fortgeschritten sind, entsprechende Spielräume sinnvoll nutzen. Ein maßgeschneidertes Kostenverrechnungssystem kann somit nur im Einzelfall anhand der spezifischen Bedingungslage einer Organisation bestimmt werden.

4.4.4 Präsentation und Dokumentation des Strategieprogramms

Am Ende der wohl wichtigsten SISP–Phase *Entwicklung von IV–Strategien* müssen die gewonnenen Ergebnisse zusammengefaßt und der Organisationsleitung

---

[181]Diese Standardkosten können sein: Plankosten, tatsächliche Kosten mit einem Gewinnaufschlag, gemeinsam ausgehandelte Gebühren etc.

[182]So werden z.B. einer Fachabteilung für eine bestimmte Auswertung öS 50.– oder für einen Programmlauf des Gehaltsabrechnungssystems öS 1.800.– in Rechnung gestellt.

[183]Die Bestimmung der IV–Entwicklungsstufe einer Organisation wurde ja bereits in der SISP–Phase *Vorbereitung* durchgeführt (vgl. Abschnitt 4.1).

sowie der Leitung der Fachabteilungen präsentiert werden. Bei dieser Gelegenheit ist insbesondere darauf zu achten, daß das gesamte Strategieprogramm von den Führungskräften akzeptiert und als Basis der weiteren Arbeit angenommen wird. Der Umfang einer derartigen Präsentation richtet sich danach, wie weit die Führungsmannschaft an der Entwicklung der Strategien mitgearbeitet hat. Üblicherweise wurden die wesentlichen Inhalte des Strategieprogramms ohnehin gemeinsam erarbeitet. Aufgrund der Tatsache, daß nicht immer alle betroffenen Führungskräfte aktiv an der Strategieentwicklung teilnehmen konnten, besteht jedoch in der Regel ein erheblicher Informationsbedarf. Darüber hinaus geht es hier auch darum, einen breiten Konsens für das erarbeitete Programm herbeizuführen. Beim Auftreten von Unstimmigkeiten müssen daher u.U. weitere Alternativen erarbeitet und dem Gremium zur endgültigen Verabschiedung vorgelegt werden. Auf diese Weise entsteht schließlich ein organisationsweit akzeptiertes Strategieprogramm, das in der Folge auch entsprechend dokumentiert werden muß. Eine derartige Dokumentation enthält dann:[184]

1. Darstellung des ermittelten IS–Bedarfs als Rechtfertigung für die Strategien in bezug auf Daten-, Applikations- und Kommunikationsstruktur sowie der IS–Architektur als Orientierungsrahmen für die Ableitung konkreter IS–Projekte.

2. Gesamtübersicht über das organisationsweite Strategieprogramm in bezug auf Daten-, Applikations- und Kommunikationsstruktur, in bezug auf IV–Ressourcen und in bezug auf IV–Organisation und –Führung. Diese Übersicht umfaßt das detaillierte Gestaltungskonzept hinsichtlich Ausbau und/oder Konsolidierung der organisationsweiten Datenbasis, Erweiterung und/oder Bereinigung des Applikationsspektrums und Ausweitung und/oder Anpassung des Kommunikationsnetzes. Weiters enthält sie Einzelheiten über die Strategien bezüglich IV–Mitarbeiter, zur Informationstechnik und zum IV–Budget. Schließlich werden in der Gesamtübersicht die Strategien zur Aufbau- und Ablauforganisation, zur Kontrolle und Revision sowie zur Kostenverrechnung des IV–Bereichs dargestellt.

3. Darstellung der verfügbaren Ressourcen und Dienste sowie der für die Realisierung des Strategieprogramms erforderlichen Mittel.

4. Kennzeichnung der Standards und Vorgaben bezüglich des Einsatzes von Methoden und Werkzeugen bei der Planung, Entwicklung, Wartung und dem Betrieb von IS sowie der Benutzerbetreuung.

5. Gesamtübersicht über sämtliche IS–Projekte und deren Ressourcenbedarf (Angabe der benötigten Kapazitäten und der prognostizierten Kosten) jah-

---

[184]Vgl. [Hans 84] S. 14.

resweise spezifiziert nach einzelnen IS und Ressourcen sowie jahresweise aggregiert nach Ressourcengruppen.

6. Tabellarische IV–Budgetvorschau und eventuell Finanzplan.

4.4.5 Vorstellung der Ergebnisse

Bevor mit der Realisierung des Strategieprogramms begonnen werden kann, müssen die Ergebnisse des SISP–Projekts auf breiter Basis präsentiert werden.[185] Wie bei der *Vorstellung der Vorgehensweise* sollten bei dieser Informationsveranstaltung zumindest die Organisationsleitung, die Leiter der Fachabteilungen, maßgebliche Mitarbeiter aus den Fachabteilungen sowie Führungskräfte und Mitarbeiter aus dem IV–Bereich anwesend sein. Im Rahmen dieser Abschlußpräsentation wird der genannte Personenkreis umfassend über die Ergebnisse des SISP–Projekts und über die daraus resultierenden kurz-, mittel- und langfristigen Konsequenzen informiert. Dabei ist folgender Verlauf empfehlenswert:

1. Rückblick auf das abgeschlossene SISP–Projekt,

2. Darstellung der Ausgangssituation für das SISP–Projekt, des Status quo und der Stoßrichtung,[186]

3. Präsentation des gesamten Strategieprogramms,[187]

4. Vorausschau auf die terminliche Abwicklung der einzelnen Vorhaben des Strategieprogramms und Darstellung der dafür notwendigen personellen und finanziellen Mittel,

5. Ableiten der Konsequenzen für die Führungskräfte sowie für die einzelnen Fachabteilungen und deren Mitarbeiter,

6. Beantwortung allfälliger Fragen.

Mit der *Vorstellung der Ergebnisse* ist die SISP an sich abgeschlossen. Aufgrund der diagnostizierten Probleme bei der Umsetzung von IV–Strategien soll jedoch nachfolgend noch kurz auf die Realisierungsphase eingegangen werden.[188]

---

[185] Die Argumente für eine entsprechende Informations- und Motivationspolitik, treffen auch hier zu. Die Notwendigkeit dafür wurde bereits im Abschnitt 4.1.2 begründet.

[186] Diese Punkte sollten lediglich überblicksmäßig dargestellt werden.

[187] Das Strategieprogramm sollte detailliert dargestellt werden. Auch für die Vorstellung der Ergebnisse gilt, daß die wesentlichen Aussagen durch geeignete audiovisuelle Hilfsmittel sowie durch entsprechende schriftliche Unterlagen (Zusammenfassung) besser vermittelt werden können.

[188] Vgl. Abschnitt 2.3 und insbesondere die Abbildungen 2.33, 2.34 und 2.35 zu den Problemen bei der Umsetzung strategischer Programme.

4.5 Realisierung von IV–Strategien

Wie erwähnt, gehört die Phase *Realisierung von IV–Strategien* eigentlich nicht mehr zur SISP, da es sich hierbei bereits um die operative Umsetzung des geplanten Programms handelt. Praktische Erfahrungen haben jedoch gezeigt, daß die im Rahmen der SISP aufwendig erarbeiteten und durchaus nutzbringenden Vorhaben häufig ohne Konsequenzen bleiben. Daher ist unmittelbar nach der Planverabschiedung darauf zu achten, daß die ersten IS–Projekte planmäßig in Angriff genommen werden, um die Realisierung ins Rollen zu bringen. Häufig ist es dazu unumgänglich, daß das Planungsteam die verantwortlichen Führungskräfte bei der Durchführung der „ersten robusten Schritte" unterstützt. Zusätzlich ist jedoch das Engagement und die volle Unterstützung der Planrealisierung durch die Organisationsleitung, die Leiter der Fachabteilungen und insbesondere durch die IV–Leitung auch während der Realisierungsphase erforderlich.[189]

Für den weiteren Fortgang dieser Phase ist vor allem die Einsatzbereitschaft und eine entsprechende Führungsqualifikation der IV–Leitung gefragt. In erster Linie sind Durchsetzungsvermögen auf der einen Seite und Konsensfähigkeit auf der anderen Seite Voraussetzung für eine erfolgreiche Realisierung des Strategieprogramms.[190]

---

[189] Fehlt diese Unterstützung, so kann aufgrund von kurzfristigen finanziellen oder personellen Engpässen die Projektabwicklung stocken. Wird dann nicht sofort steuernd eingegriffen, so kann eine Situation entstehen, in der auch die Folgeprojekte nicht begonnen werden können. Letztlich wird durch eine derartige Entwicklung das gesamte Strategieprogramm gefährdet.

[190] In die Realisierungsphase fällt auch die Aufgabe der Planrevision, die von der IV–Führung wahrgenommen werden muß. Aufgrund der Tatsache, daß aktuelle Entwicklungen innerhalb und außerhalb der Organisation eine laufende Anpassung des Strategieprogramms erforderlich machen, sind in regelmäßigen Abständen Überarbeitungszyklen erforderlich. Details zu dieser Problemstellung folgen im Abschnitt 5.2.1.3.

Kapitel 5

Gestaltungsrahmen für SISP

Um ein SISP–Vorgehen erfolgreich durchführen zu können, sind die rein inhaltlichen Vorschläge, die im Kapitel 4 präsentiert wurden, nicht ausreichend. Zusätzlich sind Empfehlungen hinsichtlich der Gestaltung der SISP erforderlich. Die Notwendigkeit dafür ergibt sich einerseits aus den vielfältigen Situationen und den unterschiedlichen Organisationstypen, für die das SISP–Instrumentarium anwendbar sein soll. Deshalb ist es erforderlich, die Vorgehensweise — zumindest innerhalb einer bestimmten Bandbreite — an die gegebenen Bedingungen anzupassen. Andererseits müssen über methodische Gesichtspunkte hinaus im Rahmen der SISP menschliche, technische und organisatorische Aspekte berücksichtigt werden. Diesen Anforderungen wird durch pragmatische Empfehlungen zum Gestaltungsrahmen der SISP Rechnung getragen. Aus dieser inhaltlichen Teilung in Vorgehenskonzept und Gestaltungsrahmen ergeben sich allerdings zwei Schwierigkeiten: Zum einen entsteht das Problem der konsequenten Trennung von vorgehenstechnischen und gestaltungsbezogenen Vorschlägen.[1] Zum anderen erhebt sich die Frage, welche Rahmenbedingungen relevant sind und deshalb behandelt werden müssen.[2] Im folgenden wird auf organisatorische, gestalterische und kulturelle Aspekte der SISP eingegangen.[3]

Im Rahmen von *organisatorischen Aspekten* werden die Problemstellungen be-

---

[1] Diese Schwierigkeiten ergeben sich daraus, daß die Antworten auf die Fragen *Was muß man innerhalb der SISP tun?* (Vorgehenskonzept) und *Wie muß man die SISP abwickeln?* (Gestaltungsrahmen) häufig verschwimmen.

[2] Die Auswahl der relevanten Aspekte wurde aufgrund der vom Autor gesammelten Erfahrungen vorgenommen und um die in der Literatur diskutierten gestalterischen Gesichtspunkte ergänzt.

[3] Obwohl sich der Autor der Wichtigkeit des Themenkomplexes *Kultur* bewußt ist, würde es den Rahmen dieser Arbeit bei weitem sprengen, diesen Bereich erschöpfend zu behandeln. In dieser Arbeit können daher nur recht globale Aussagen zu den wichtigsten für die SISP relevanten kulturellen Aspekten gemacht werden.

handelt, die sich mit der Einordnung der SISP in das Planungsgefüge einer Organisation sowie mit der Bedeutung bzw. dem Stellenwert befassen, der der SISP aufgrund ihrer Zielsetzungen zukommt. Darüber hinaus wird versucht, Einflußfaktoren zu finden, mit deren Hilfe eine Anpassung der SISP–Vorgehensweise an die individuellen Gegebenheiten einer Organisation möglich ist.

Im Rahmen von *gestalterischen* Überlegungen werden Richtlinien in zeitlicher, personeller und kommunikativer Hinsicht sowie Vorschläge zur SISP–Dokumentation erarbeitet. Einen wesentlichen Problembereich stellen temporale Aspekte dar. So ist einsichtig, daß dem Planungsteam nur ein beschränkter Zeitrahmen für die Durchführung eines SISP–Projekts zur Verfügung steht, da die Auftraggeber nach möglichst kurzer Zeit konkrete Ergebnisse der Planungsarbeit erwarten. Eine weitere Schwierigkeit bei der Planungsarbeit liegt darin, daß das Zeitbudget von für SISP wesentlichen Mitarbeitern der Organisation (insbesondere das von Führungskräften) im allgemeinen recht beschränkt ist. Daraus ergibt sich die Notwendigkeit, die für ein SISP–Projekt verfügbare „Managerzeit" bestmöglich zu nutzen. Schließlich stößt man auf das Dilemma, daß mit Verlängerung der Projektdauer der SISP die Aktualität der erarbeiteten Ergebnisse abnimmt.[4]

Ein weiteres Problemgebiet sind personelle Aspekte. Innerhalb dieses Problembereichs sind die personelle Ausstattung (hinsichtlich der Qualifikationen, Erfahrung etc.) und die Aufgabenzuordnung innerhalb des Planungsteams zu klären. Ebenso muß die Aufgabenverteilung auf nicht dem Planungsteam angehörige Mitarbeiter überlegt werden. Weiters ist in diesem Zusammenhang die Art und Weise der Interaktion des Planungsteams mit den relevanten Mitarbeitern der Organisation zu klären.

Wesentlich für den Erfolg eines SISP–Vorgehens sind darüber hinaus kommunikative Aspekte. Darunter ist der Ablauf sämtlicher mündlicher und schriftlicher Interaktionen zu verstehen, die bei den Erhebungsarbeiten sowie bei Antritts-, Zwischen- und Abschlußpräsentationen erforderlich sind. Aufgrund der Tatsache, daß eine Reihe von Fakten gesammelt werden muß, sind dazu eine Vielzahl von Einzelinterviews und Gruppengesprächen nötig. Zusätzlich müssen die erhobenen Ergebnisse sowie die erarbeiteten Pläne den Entscheidungsträgern der Organisation zur Verabschiedung vorgelegt werden. Weiters müssen aber auch jene Mitarbeiter, die nicht am Planungsprozeß teilnehmen konnten, in ausreichendem Maß vom zukünftigen IV–Arbeitsprogramm informiert werden. Dieser Aufgabe dient u.a. auch die Dokumentation. Sie erlaubt Mitarbeitern, die nur Teilausschnitte des Planungsprozesses mitverfolgen konnten, die Ergebnisse der SISP in komprimierter Form nachzuvollziehen. In erster Linie stellt die Dokumentation jedoch ein gemeinsam erarbeitetes und verabschiedetes Arbeitspro-

---

[4]Dies ergibt sich aus der technischen Weiterentwicklung sowie aus der sich zum Teil rasch verändernden Situation am Markt für Informationstechnik.

gramm als Basis für die Vorgehensweise im IV–Bereich der Organisation dar. Für den redaktionellen Teil müssen Überlegungen im Hinblick auf den formalen Aufbau, die Detaillierungsstufe je nach Adressatenkreis und den Umgang mit vertraulicher Information angestellt werden.

Ein Problemkomplex, der nicht unterschätzt werden darf, ist die SISP–Kultur. Die Beschäftigung mit *kulturellen Aspekten* ist deshalb unumgänglich, weil die Anwendung des SISP–Vorgehenskonzepts nur dann zum Erfolg führt, wenn eine Reihe von Kriterien erfüllt sind, die hier salopp mit dem Begriff *Kultur* zusammengefaßt werden. Diese manifestiert sich in erster Linie in der Einstellung, die die Betroffenen (Organisationsleitung, Leiter der Fachabteilungen, IV–Leitung, Mitarbeiter) dem SISP–Vorhaben entgegenbringen. Diese Einstellung äußert sich in erster Linie in der Vertrauensbasis, die zwischen Mitarbeitern der Organisation und dem Planungsteam besteht. Darüber hinaus beeinflußt aber auch die Bedeutung, die dem Projekt und seinen Ergebnissen allgemein beigemessen wird, die Einstellung zur SISP. Je höher ganz allgemein die Wichtigkeit des SISP–Vorgehens eingeschätzt wird und je besser die Vertrauensbasis ist, umso höher ist die Erfolgswahrscheinlichkeit der SISP.

5.1 Organisatorische Aspekte

5.1.1 Einordnung und Bedeutung

Eine wesentliche organisatorische Fragestellung ist die Einordnung der SISP in das Planungs- und Führungssystem der Organisation. Aufgrund der Tatsache, daß SISP in der hier dargestellten Form für die meisten Organisationen einen neuen Ansatz darstellt, fehlen Vorschläge hinsichtlich der Einordnung der SISP in das Planungsgefüge von Organisationen.[5] Aufgrund der Tatsache, daß die IV–Strategie neben einer Reihe von strategischen Konzepten anderer Fachbereiche steht, besteht die Notwendigkeit einer Abstimmung der Einzelstrategien (vgl. Abb. 5.1.)

Für diesen Abgleich existiert keine allgemein akzeptierte Vorgehensweise. Ein praktikables Strategieprogramm liegt jedoch erst dann vor, wenn neben den IV–spezifischen Planungsanforderungen auch die Auswirkungen der übrigen Bereichsstrategien berücksichtigt wurden. Es ist daher einsichtig, daß wegen des

---

[5]Diese Aussage beschränkt sich auf den dem Autor bekannten, deutschsprachigen Bereich. Trotz einer Reihe von einschlägigen Publikationen, die aus dem angloamerikanischen Raum stammen und Hinweise auf die Einordnung in die Gesamtplanung der Organisation geben (vgl. z.B. [BuKn 78] S. 4 ff.), darf angenommen werden, daß auch dort die angesprochenen Probleme noch nicht restlos gelöst worden sind.

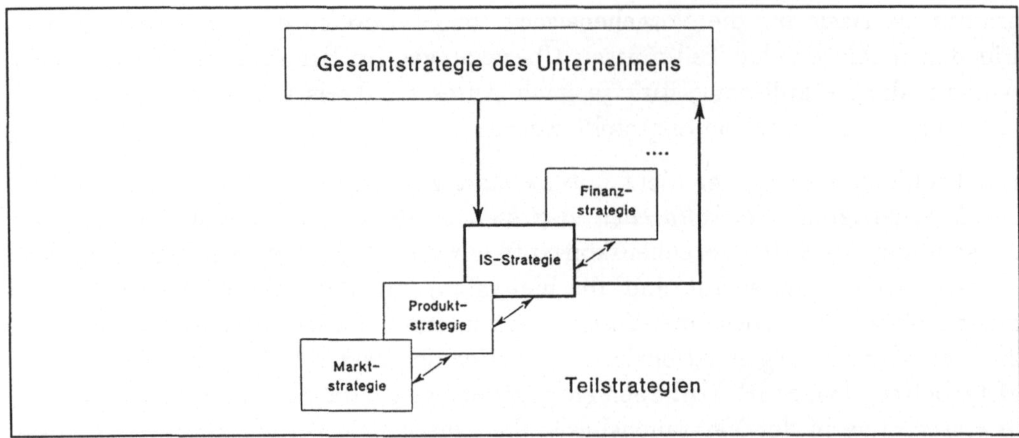

Abbildung 5.1: Nebeneinander von Bereichsstrategien (Quelle: [HaRi 90] S. 664)

Querschnittscharakters der IV sämtliche Strategien der Fachbereiche mit dem strategischen IV–Strategieprogramm abgeglichen werden müssen. Bei einer solchen Abstimmung sind inhaltliche, organisatorische und ressourcenbezogene Aspekte zu beachten.[6]

Auf der *inhaltlichen* Ebene muß diese Abstimmung einerseits garantieren, daß die Strategien der Fachbereiche durch entsprechende IV–Strategien unterstützt werden.[7] Andererseits muß gewährleistet sein, daß neue informationstechnologische Möglichkeiten den Fachbereichen nahegebracht werden, sodaß deren Aufgabenstellungen durch zeitgemäße IS und moderne Informationstechnik unterstützt werden kann. Innerhalb der SISP ist dieser Abgleich zum Großteil in den Phasen *Analyse der IV–Bedingungslage* und *Entwicklung von IV–Strategien* im Rahmen der Erhebungen in den Fachabteilungen durchzuführen. Zu prüfen bleibt, wieweit und in welcher Form sich bereichsübergreifende Strategien auf das IV–Strategieprogramm auswirken und daher berücksichtigt werden müssen.[8]

In bezug auf die *organisatorische* Abstimmung sind personelle, prozedurale und zeitliche Aspekte zu beachten. So kann die organisatorische Abstimmung dadurch erreicht werden, daß die gleichen Mitarbeiter an den strategischen Planungsaufgaben zumindest beteiligt sind. Diese Personen bzw. -gruppen können sein: Organisationsleitung, Steuerungskomitees, IV–Koordinatoren, Planungsstäbe etc. Die prozedurale und zeitliche Abstimmung soll garantieren, daß der Ablauf und

---

[6]Vgl. dazu auch die Vorschläge in [SzKo 78] S. 78 ff. und [Krus 87] S. 245 ff.

[7]So würde z.B. die Entwicklung von speziellen Datenbankapplikationen die Realisierung von Marktstrategien unterstützen.

[8]Es wäre z.B. denkbar, daß eine bestimmte Marktstrategie nicht nur die Marketingabteilung betrifft, sondern sich massiv auf das Aufgabenspektrum einer Reihe anderer Abteilungen auswirkt und daher in ihrer Gesamtheit noch nicht ausreichend erfaßt wurde.

die Vorgehensweise bei der Erstellung der Bereichsstrategien mit der Entwicklung des IV–Strategieprogramms vergleichbar ist. Erst dadurch ist ein inhaltlicher Abgleich möglich. Diese Forderung gilt auch in zeitlicher Hinsicht und betrifft damit die Dimensionierung des Planungshorizonts.[9] Diesbezüglich ist darauf zu achten, daß die Planungsüberlegungen aller Fachbereiche, also auch die des IV–Bereichs, sich über vergleichbare Zeitintervalle erstrecken. Andernfalls sind inhaltliche Beziehungen nur schwer herzustellen.

Die Notwendigkeit für eine *ressourcenbezogene* Abstimmung ergibt sich daraus, daß die verschiedenen Bereichsstrategien in bezug auf die in der Organisation vorhandenen und im allgemeinen begrenzten Ressourcen gerecht verteilt werden müssen.[10] In erster Linie wird dabei ein Ausgleich in finanzieller Hinsicht herzustellen sein, in besonderen Fällen können jedoch durchaus auch Abgleiche in personeller Hinsicht erforderlich werden.[11]

Ein zweiter wichtiger Gesichtspunkt ist die Bedeutung der SISP, die aus Organisationssicht einem derartigen Vorhaben beigemessen wird. Diesem Aspekt ist deswegen besondere Aufmerksamkeit zu widmen, weil nicht nur der gesamte Planungszyklus, sondern auch die Realisierungsphase maßgeblich von den Einstellungen geprägt wird, die generell der SISP entgegengebracht werden.[12] Man hat sich daher im Rahmen der SISP auch mit der Frage zu beschäftigen, wovon der Stellenwert der SISP abhängt bzw. wie er beeinflußt werden kann. Grundsätzlich hängt die Bedeutung davon ab, aus welchen Gründen und mit welchen Zielsetzungen an ein derartiges Projekt herangegangen wird. Hierzu sind zwei Extrempositionen denkbar: SISP wird als *erweiterte Revision des IV–Bereichs* aufgefaßt:[13] In diesem Fall erhält SISP stark den Charakter einer vergangenheits- bzw. gegenwartsbezogenen Studie zur Feststellung von Stärken und Schwächen. Der Schwerpunkt einer derartigen Revision liegt auf der Momentaufnahme des Status quo. Diese Betrachtungsweise kann dazu führen, daß den zukunftsorientierten Planungsphasen *Bestimmung der strategischen Richtung für die IV* und *Entwicklung von IV–Strategien* nicht die nötige Aufmerksamkeit zuteil wird, weil es ja in erster Linie um eine Bewertung der Istsituation geht. Vielfach fehlen da-

---

[9] Näheres dazu folgt im Abschnitt 5.2.1.1.

[10] Vgl. [Krus 87] S. 246.

[11] Dieser Fall tritt z.B. dann auf, wenn es um die Frage der Zuordnung von Mitarbeitern mit dualen Qualifikationen zu dem einen oder dem anderen Fachbereich einer Organisation geht, in dem bestimmte Strategien realisiert werden sollen.

[12] Dem Autor sind zwar keine einschlägigen Publikationen bekannt, die diese Aussagen belegen. Die Erfahrungen aus abgeschlossenen SISP-Projekten haben jedoch gezeigt, daß ein organisationsintern höher angesetzter „Stellenwert" des SISP-Vorhabens auch die Ergebnisse (damit sind sowohl die Planungsergebnisse am Ende des SISP-Projekts als auch die tatsächlich realisierten Strategien gemeint) sehr positiv beeinflußt haben.

[13] Dieser Fall ist z.B. dann gegeben, wenn SISP von einer vorgesetzten Körperschaft (z.B. Muttergesellschaft, vorgesetzte Behörde) empfohlen oder angeordnet wird.

her bei einer derartigen Vorgehensweise zukunftsorientierte Überlegungen oder sie kommen viel zu kurz. Beim Vorliegen eines solchen Szenarios ist die Wahrscheinlichkeit hoch, daß eine Reihe von Problemen nicht angesprochen wird oder deren Bedeutung nicht entsprechend dargestellt wird, weil die Betroffenen u.U. Angst davor haben, „schlecht wegzukommen". Damit sinkt aber auch die subjektive Bedeutung, die von Mitarbeiterseite den innovativen Möglichkeiten der SISP und ihrer Konsequenzen auf die Organisation zugemessen wird. Vor allem ist in diesem Fall fraglich, inwieweit und in welcher Form die Ergebnisse eines derartigen SISP–Projekts umgesetzt werden.

Im anderen Extremfall wird SISP aufgefaßt als die *einmalige Möglichkeit, den IV–Bereich den Zielen, Strategien und Aufgaben der Organisation anzupassen, diese bestmöglich zu unterstützen und darüber hinaus aufgrund der aktuellen technischen Entwicklung der IV neue Strategien zu generieren.* Liegt ein derartiges Szenario vor, so ist von Anfang an die Basis für eine aktive Mitarbeit und für eine in die Zukunft gerichtete Denkweise viel eher vorhanden. Hier ist die Bewertung des Status quo lediglich ein Mittel zum Zweck, nämlich den zukünftigen Handlungsspielraum aus der Sicht der gegebenen Daten-, Applikations- und Kommunikationsstruktur, der vorhandenen IV–Ressourcen sowie der bestehenden IV–Organisation und –Führung abzustecken. Bei einer derartigen Vorgehensweise sollte auch klar sein, daß die erarbeiteten Resultate unmittelbar umgesetzt werden und somit direkte Konsequenzen für die betroffenen Mitarbeiter aller Abteilungen und Hierarchiestufen der Organisation haben. Anhand der dargestellten Extrempositionen sollte gezeigt werden, daß die Wahrscheinlichkeit für ein erfolgreiches Vorgehen im zweiten Fall wesentlich höher ist. Daher muß es Aufgabe des Planungsteams sein,

- die Möglichkeiten und Chancen, die durch die SISP eröffnet werden, bei passender Gelegenheit immer wieder zu betonen (insbesondere im Rahmen der Antrittspräsentation, aber auch bei den Einzel- und den Gruppeninterviews sowie bei den Zwischenpräsentationen),

- SISP im Sinne des *strategischen Ansatzes* und nicht als *erweiterte Revision* durchzuführen und

- „kommunikative Schwächen"[14] aufzuspüren und zumindest für den Zeitraum des SISP–Vorgehens zu eliminieren.[15]

Letztlich wird es daher ganz wesentlich auch von den „menschlich–politischen"

---

[14]Darunter sind z.B. ein schlechtes Gesprächsklima und Kommunikationsarmut zu verstehen.

[15]Gründe für derartige „kommunikative Schwächen" könnten z.B. starre, autoritäre Führungsstrukturen, bei denen aktive Mitarbeit nicht gefördert wird, der SISP vergleichbare Beratungsprojekte mit Studiencharakter, die keine unmittelbaren Konsequenzen zur Folge hatten, gescheiterte IV–Projekte in der Vergangenheit o.ä. sein.

Fähigkeiten der Mitarbeiter des Planungsteams und insbesondere von der Persönlichkeit des Teamleiters abhängen, in welcher Form ein SISP–Projekt abläuft und welche Bedeutung die Mitarbeiter der Organisation einem derartigen Vorhaben beimessen.[16]

5.1.2 Anpassung an organisationsbedingte Gegebenheiten

Im Abschnitt 4 wurde das Vorgehenskonzept für die SISP präsentiert, ohne jedoch auf organisationsbedingte Begleitumstände einzugehen. Es ist jedoch einleuchtend, daß die Problemschwerpunkte und damit die spezifischen Anforderungen an die SISP von Organisation zu Organisation variieren können. Daraus ergibt sich die Notwendigkeit, den Maximalkatalog von Techniken im Sinn eines „Werkzeugkastens" zu nutzen. Dazu müssen die einzelnen Techniken gesichtet und jeweils an die konkrete SISP–Situation angepaßt werden.[17] Es ist daher notwendig, die Faktoren zu ermitteln, die sich auf die konkrete Gestaltung des SISP–Vorgehens auswirken. Anhand dieser Faktoren ist festzustellen, in welcher Form organisationbedingte Gegebenheiten die Durchführung der SISP beeinflussen und in welchem Umfang die Vorgehensweise dadurch beeinträchtigt wird. In der folgenden Aufzählung derartiger Faktoren wird in Umwelt, interne Situation und IV–Bereich unterschieden:[18]

- Umwelt:

    - Produkt- und/oder Dienstleistungsspektrum,

    - Wettbewerbssituation und Marktdynamik,

    - Kunden- und Lieferantensituation,

    - Abhängigkeit von der IV.

- Interne Situation:

    - Ziele und Strategien der Organisation,

    - Größe der Organisation,

    - Struktur der Organisation,

    - Entwicklungsstufe der Organisation,

    - Reifegrad und Erfahrung bezüglich Organisationsplanung,

---

[16]Näheres zu den Qualifikationen des Planungsteams folgt im Abschnitt 5.2.2.1.

[17]Diese Anpassung geschieht im SISP–Teilschritt *Präsentation und Dokumentation des Status quo* (vgl. Abschnitt 4.2.4).

[18]Vgl. dazu auch die Vorschläge in [Krus 87] S. 283.

- Reifegrad und Erfahrung bezüglich IV–Planung,

- Führungsphilosophie und -stil,

- Motivation und Einstellung der Führungskräfte,

- verfügbare Planungsressourcen,

- Stellenwert der IV in der Organisation,

- strategische Bedeutung der IV.

- IV–Bereich:

  - Ziele und Strategien des IV–Bereichs,

  - Größe des IV–Bereichs,

  - Struktur des IV–Bereichs,

  - Qualität des IV–Bereichs,

  - Entwicklungsstufe der IV,

  - Erfahrung und Erfolg im Umgang mit IV,

  - Durchdringungsgrad mit Informationstechnik,

  - Funktionsumfang der IS,

  - verfügbare Planungsressourcen.

Es wäre wünschenswert, aus den konkreten Ausprägungen dieser Faktoren direkt eine optimale Zusammenstellung der benötigten SISP–Teilschritte ableiten zu können und somit Aussagen über die relative Wichtigkeit bzw. über die notwendige Detaillierungstiefe der Techniken machen zu können. Das würde bedeuten, daß bestimmte Stärken den einen oder anderen Teilschritt entbehrlich bzw. besondere Schwächen eine detailliertere Durchführung von Teilschritten erforderlich machen würde. Diesem Ansatz zufolge würden sich die spezifischen Gegebenheiten einer Organisation in den bewerteten Faktoren widerspiegeln und damit das SISP–Programm determinieren.

Diesem Gedankenmodell stehen jedoch mehrere Schwierigkeiten entgegen: Einerseits ist es kaum möglich, ein allgemein gültiges, konsistentes und vollständiges System von Einflußfaktoren zu entwickeln, das eine automatische Überleitung ermöglicht. Dies ergibt sich aus der Vielzahl von Einflußfaktoren, die hierzu berücksichtigt werden müßte.[19] Neben dem Problem der Vollständigkeit eines derartigen Faktorensystems wäre noch die Schwierigkeit der Allgemeingültigkeit gegeben. Diese ergibt sich aus den verschiedenen Organisationstypen (also z.B. Unternehmen verschiedener Branchen, öffentliche und private Organisationen,

---

[19]Insoferne erhebt die obige Aufzählung der Faktoren keinen Anspruch auf Vollständigkeit und müßte für derartige Zwecke noch wesentlich stärker detailliert werden.

wettbewerbsorientierte und Non Profit–Organisationen etc.), die hier zu berücksichtigen wären.[20] Damit ist es fraglich, ob der Aufwand für die Entwicklung eines derartigen Auswahlsystems den daraus resultierenden Nutzen rechtfertigt.[21] Aufgrund dieser Problematik können daher unter Verwendung des oben angeführten Faktormaterials nur relativ globale und generelle Aussagen hinsichtlich des SISP–Ablaufs und der erforderlichen Teiltechniken gemacht werden. In der Praxis muß dieser Mangel dadurch ausgeglichen werden, daß der Anpassungsschritt durch das Planungsteam vorgenommen wird. Diese Aufgabe setzt jedoch ein umfangreiches Erfahrungspotential sowie solide methodische Kenntnisse seitens des Teamleiters und seiner Mitarbeiter voraus.[22]

Diese Überlegungen zeigen, daß es im Rahmen dieser Arbeit nicht gelingen kann, einen Anpassungsalgorithmus zu entwickeln. Stattdessen sollen die wichtigsten Prototypen hinsichtlich des SISP–Ablaufs kurz diskutiert werden. Aus der Vielfalt von möglichen SISP–Varianten, die sich aus der großen Anzahl von in unterschiedlich detaillierter Form ausführbarer Teiltechniken ergeben, sollen hier lediglich drei Typen vorgestellt werden:

- *Vollständige SISP:* Der einfachste und vom Autor bevorzugte Typ ist der, bei dem die SISP mit allen Teiltechniken vollständig durchgeführt wird. Dabei werden alle beschriebenen Phasen und deren Teilschritte durchlaufen. Voraussetzungen hierfür sind die Verfügbarkeit ausreichender finanzieller Mittel und die Einsicht, daß optimale Ergebnisse nur unter Anwendung des gesamten SISP–Instrumentariums erzielt werden können.

- *SISP mit speziellen Schwerpunkten:* Sind die finanziellen Voraussetzungen nicht gegeben oder bestehen in einer Organisation gravierende Probleme, die einen vollständigen Durchlauf der SISP nicht zulassen oder nicht vernünftig erscheinen lassen, so kann es sinnvoll sein, nur jene Teiltechniken anzuwenden, die zur Lösung der identifizierten Schwerpunktprobleme führen.[23] Die Vorbedingungen für die Durchführung eines derartigen SISP–Vorgehens werden grob in der Phase *Vorbereitung* bzw. im Detail in der Phase *Analyse der IV–Bedingungslage* identifiziert. Daraufhin werden die notwendigen Teiltechniken zusammengestellt.

---

[20] Auf die Probleme in diesem Zusammenhang weist auch Kruse hin (vgl. [Krus 87]). Er ist aufgrund der Ergebnisse einer empirischen Untersuchung bei Großanwendern zur Auffassung gelangt „..., daß die einzelnen Unternehmen selbst innerhalb gleicher Branchen und ähnlicher Größenklassen so unterschiedlich sind, daß sich nicht einfach Typen von Vorgehensweisen Typen von Unternehmen zuweisen lassen."

[21] Auf jeden Fall würde die Entwicklung eines derartigen Faktorensystems den Rahmen dieser Arbeit sprengen, weil dafür umfangreiche empirische Erhebungen nötig wären.

[22] Auf die diesbezüglichen Anforderungen an das Planungsteam wird im Abschnitt 5.2.2.1 eingegangen.

[23] Das kann z.B. die Entwicklung eines organisationsweiten Datenmodells als Grundlage für den Einsatz relationaler Datenbanksysteme o.ä. sein.

- *Verkürzte SISP:* Ein weiterer SISP-Typ bietet sich dann an, wenn entweder die finanziellen bzw. personellen Möglichkeiten begrenzt sind oder in der Organisation solide methodische Kenntnisse vorhanden sind. In diesem Fall ist die Durchführung einer verkürzten SISP möglich. Dabei würde das Planungsteam nur die Phase *Vorbereitung* und *Analyse der IV-Bedingungslage* gestalten und allenfalls gemeinsam mit der Organisationsleitung und der Leitung der Fachabteilungen einen Katalog von Grobstrategien ausarbeiten. Die weiteren SISP-Aufgaben müßten dann von speziell dafür abgestellten Mitarbeitern der Organisation mehr oder weniger detailliert zu Ende geführt werden.

Abschließend soll versucht werden, einen zwar recht groben, dafür aber allgemein gültigen Orientierungsrahmen für die Bewertung der einzelnen SISP-Teilschritte zu erstellen. Zweck der nachfolgenden Tabelle ist es, die Teilschritte bezüglich ihrer Wichtigkeit einzustufen. Mit den Wichtigkeitsstufen *unumgänglich, wichtig* und *vorteilhaft* wird die relative Bedeutung der einzelnen Teilschritte bezeichnet.[24]

SISP-Phase bzw. -Teilschritt	Wichtigkeit
Vorbereitung	
Initiierung	U
Vorstellung der Vorgehensweise	U
Abgrenzung des Planungsbereichs	U
Standortbestimmung	W
• Erfasssung der Organisationsstruktur	W
• Kurzdiagnose des IV-Bereichs	V
• Bestimmung der IV-Entwicklungsstufe	V
• Ermittlung der strategischen Bedeutung der IV	V
Präsentation und Dokumentation der Ausgangssituation	W
Analyse der IV-Bedingungslage	
Analyse der Umwelt	U
Analyse der internen Situation	U
• Daten-, Applikations- und Kommunikationsstruktur	U
• IV-Ressourcen	U
• Analyse der IV-Organisation und -Führung	W
Bewertung der IV-Bedingungslage	U
Präsentation und Dokumentation des Status quo	W
Bestimmung der strategischen Richtung für die IV	
Erarbeiten der Grundlagen	V
Definieren einer IV-Mission	V
Setzen strategischer IV-Ziele	U
Präsentation und Dokumentation der Stoßrichtung	W

---

[24]In der Tabelle bedeutet *U* unumgänglich, *W* wichtig und *V* vorteilhaft.

SISP–Phase bzw. –Teilschritt	Wichtigkeit
Entwicklung von IV–Strategien	
Strategien in bezug auf Daten-, Applikations- und Kommunikationsstruktur	U
• Evaluierung des IS–Bedarfs	U
• Erstellung der IS–Architektur	V
• Reihenfolgeplanung für die IS–Entwicklung	U
Strategien in bezug auf IV–Ressourcen	U
• IV–Mitarbeiter	U
• Informationstechnik	U
• IV–Budget	U
Strategien in bezug auf IV–Organisation und –Führung	W
• IV–Aufbau- und –Ablauforganisation	W
• IV–Kontrolle, –Revision und –Kostenverrechnung	W
Präsentation und Dokumentation des Strategieprogramms	W
Vorstellung der Ergebnisse	U
Realisierung von IV–Strategien	

5.2 Gestalterische Aspekte

5.2.1 Temporale Aspekte

5.2.1.1 Planungshorizont

Ein wesentlicher Gestaltungsaspekt der SISP ist die Wahl eines geeigneten Planungshorizonts. Darunter ist der Zeitraum zu verstehen, auf den sich die Planungsüberlegungen beziehen. Die diesbezüglichen Literaturvorschläge weichen zum Teil erheblich voneinander ab. Für die strategische Unternehmensplanung reichen die empfohlenen Betrachtungszeiträume von drei bis zu 15 Jahren.[25] Für die SISP gibt es nur wenige konkrete Vorschläge. Allerdings ergibt sich die Wahl eines entsprechenden Planungshorizonts aus der jeweiligen organisationsspezifischen Bedingungslage. Dazu zählen Begleitumstände, wie Organisationsgröße, organisationsbedingte Probleme im IV–Bereich, Entwicklungsstand der IV in der Organisation etc. Erfahrungsgemäß hat sich ein Planungshorizont von fünf bis zehn Jahren als vernünftig herausgestellt. Ein derartiger Planungszeitraum ist deswegen sinnvoll, weil die zu erwartenden Umweltentwicklungen und die organisationsinternen Veränderungen bis zum Ende dieses Betrachtungszeitraumes noch einigermaßen realistisch abgeschätzt werden können.[26] Andererseits nimmt auch die Umsetzung des Strategieprogramms in der Regel einige Jahre in

---

[25]Vgl. dazu die Vorschläge von [Wild 81] und [McSo 77].

[26]Die Analyse der Umwelt wurde bereits im Abschnitt 4.2.1 behandelt. Zu bedenken sind in diesem Zusammenhang allerdings auch die Entwicklungszyklen der Hardware- und Softwarehersteller, die derzeit mit rund drei bis fünf Jahren angenommen werden können.

Anspruch, sodaß die Realisierung der verschiedenen Vorhaben innerhalb dieses Zeitraums planerisch noch berücksichtigt werden kann.

Somit stellt die Wahl des Planungshorizonts im Grunde einen Kompromiß dar: Je kürzer der Planungshorizont gewählt wird, umso höher ist die Wahrscheinlichkeit, die zukünftigen Entwicklungen realistisch einzuschätzen und diese als Rahmenbedingungen für die Strategieentwicklung vernünftig zu berücksichtigen. Diese Sichtweise würde die Wahl eines möglichst kurzen Planungshorizonts, in der Größenordnung von drei bis fünf Jahren, begünstigen. Sollen dagegen sämtliche im Strategieprogramm festgelegten Vorhaben innerhalb des Betrachtungszeitraums abgewickelt werden, so wird man aufgrund der begrenzten Ressourcensituation in den meisten Fällen mit einem derartigen Zeitraum nicht auskommen. Daraus ergibt sich die Notwendigkeit, den Planungshorizont entsprechend auszudehnen (fünf bis zehn Jahre). Diese Überlegungen zeigen aber auch, daß die Wahl eines geeigneten Planungshorizonts von der konkreten Planungssituation abhängt.

5.2.1.2 Projektdauer

Hinsichtlich der Gesamtdauer eines SISP–Projekts stößt man auf eine Reihe von Faktoren, die sich positiv bzw. negativ auf die Länge des Vorhabens auswirken. So verlängert sich die Projektdauer z.B. mit der Ausweitung des Planungsbereichs, mit der zunehmenden Anzahl von Verfahrensschritten und mit einem höheren Detaillierungsgrad der Planung. Andererseits kann ein zu Beginn des SISP–Vorhabens fest vereinbarter Endtermin ein Ausufern des Projekts verhindern. Ein weiterer den Zeitrahmen limitierender Faktor ist die Notwendigkeit einer hohen Aktualität der Ergebnisse, die — wie bereits erwähnt — mit der Länge des Projekts eher abnimmt. Schließlich gibt es eine „psychologische Schranke". Sowohl für die Auftraggeber und die betroffenen Mitarbeiter der Organisation als auch für die Mitglieder des Planungsteams müssen nach angemessener Zeit brauchbare und allgemein akzeptierte Ergebnisse vorliegen. Andernfalls würde allgemein der Eindruck entstehen, daß an einem endlosen Projekt ohne konkrete Konsequenzen gearbeitet wird.

Diese Überlegungen legen daher auch für die Festlegung der Projektdauer einen Kompromiß in der Art *so lang wie nötig* und *so kurz wie möglich* nahe. Praktische Erfahrungen des Autors sowie allgemein anerkannte Richtwerte aus ähnlichen Vorhaben sprechen für eine Größenordnung von sechs Monaten für ein SISP–Vorhaben. In besonderen Fällen kann dieser Richtwert nach oben überschritten werden, allerdings sind zehn bis zwölf Monate als absolute Obergrenze zu betrachten.[27] Diese Richtwerte hängen maßgeblich von den oben angeschnittenen Faktoren ab und können folglich im Einzelfall mehr oder weniger stark abweichen. Wesentlich ist jedoch, daß zu Beginn des Projekts[28] für alle beteiligten Mitarbeiter transparent wird, welche Schwerpunkte gesetzt werden und wie sich diese auf die zeitliche Struktur auswirken werden.[29]

Wie bereits ausgeführt, hängt die SISP–Projektdauer auch von den Verweildauern in den einzelnen Phasen ab. Daraus ergibt sich die Notwendigkeit, auch die zeitliche Struktur der einzelnen Projektphasen durchzudenken. Das Vorgehenskonzept für SISP besteht aus den Phasen *Vorbereitung, Analyse der IV–Bedingungslage, Bestimmung der strategischen Richtung für die IV* und *Entwicklung von IV–Strategien*, denen ein entsprechendes Zeitbudget zugeordnet werden muß. Zweifellos sind die Phasen *Analyse der IV–Bedingungslage* und *Entwicklung von IV–Strategien* aufgrund der Komplexität der Erhebungs- und Evaluationsaufgaben mit einem höheren Zeitaufwand verbunden als die verbleibenden Phasen. Deshalb erscheint als grober Richtwert für den jeweilige Phasenaufwand ein Verhältnis von 2:4:1:5 Zeiteinheiten gerechtfertigt.[30] Je nach spezifischer Problemstellung kann sich der Schwerpunkt der Planungsarbeit noch zugunsten der Phasen *Analyse der Bedingungslage* bzw. *Entwicklung von IV–Strategien* verschieben.

5.2.1.3 Planungszyklus

In Zusammenhang mit Überlegungen zur Dauer des SISP–Projekts ist auch die Schwierigkeit der „abnehmenden" Aktualität der Ergebnisse zu bedenken. Dieses Problem ist nach Abschluß des SISP–Vorhabens keinesfalls gelöst. Vielmehr ergeben sich auch danach durch die laufende organisationsinterne und -externe Entwicklung eine Reihe von Änderungen. Damit besteht auch nach Beendigung des SISP–Projekts ein laufender Aktualisierungsbedarf. Hinsichtlich der Aktualität des Strategieprogramms sind daher folgende Fragen zu klären:

---

[27]Diese Werte wurden sowohl von Führungskräften, die in ihren Unternehmen selbst für strategische IS–Planung verantwortlich sind, als auch von SISP–Beratern bestätigt.

[28]„Zu Beginn" ist hier etwas salopp formuliert, da erst nach der Phase *Vorbereitung* die Ergebnisse der Standortbestimmung vorliegen, die Basis für eine seriöse Abschätzung des Planungsumfangs und damit der Projektdauer sind.

[29]Es könnte in einem konkreten SISP–Projekt z.B. erforderlich sein, die Überlegungen hinsichtlich *Ausbau und/oder Konsolidierung der organisationsweiten Datenbasis* besonders detailliert durchzuführen und damit zeitlich auszuweiten, wenn in der Organisation spezielle Probleme im Bereich der Datenverwaltung und -auswertung bestehen.

[30]Bei diesen Angaben kann es sich naturgemäß nur um grobe Richtlinien handeln. Sie beziehen sich auf die vier erwähnten Phasen in der Reihenfolge ihrer Durchführung und gelten nur dann, wenn die SISP vollständig und ohne besondere thematische Schwerpunkte durchgeführt wird.

- Welche Teile des Strategieprogramms sind zu überarbeiten? und

- In welchen Zeitabständen muß das Strategieprogramm überarbeitet werden?

Zur ersten Frage ist festzustellen, daß das Strategieprogramm Teile enthält, die über den gesamten Planungshorizont hinweg „stabil" sind, während andere Teile aufgrund der organisationsinternen und -externen Entwicklung rascher einer Überarbeitung bedürfen.[31] Jede Veränderung der Rahmenbedingungen, auf deren Basis IV–Strategien entwickelt wurden, machen einen Überarbeitungszyklus notwendig. Die Frage nach den Intervallen für eine derartige Überarbeitung kann daher zunächst so beantwortet werden kann, daß alle relevanten Änderungen eine Planrevision notwendig machen. Für die praktische Arbeit ist diese Vorgabe zuwenig operativ. Darüber hinaus ist es kaum denkbar, daß sämtliche Strategien dahingehend untersucht werden, ob sich die eine oder andere Vorbedingung geändert hat. Deswegen erscheint es günstiger, einen festen Kontrollzyklus einzuführen. Das bedeutet, daß einmal jährlich, zumindest aber alle zwei Jahre eine Revision durchgeführt wird. Dabei wird das Strategieprogramm auf Basis der aktuellen Entwicklungen nicht nur aktualisiert, sondern auch um ein bzw. zwei Jahre inhaltlich fortgeschrieben. Eine Reihe von SISP–Ergebnissen werden dabei — wie erwähnt — relativ „änderungsresistent" sein,[32] andere Planungsteile dagegen wegen vorher nicht absehbarer Veränderungen innerhalb der Organisation oder aufgrund neuer technologischer Möglichkeiten rascher überholt sein.[33] Unabhängig davon, ob die Planrevision und -fortschreibung im Ein- oder Zweijahresrhytmus vorgenommen wird, ist es notwendig, aktuelle Entwicklungen auch außerhalb dieses institutionalisierten Planungszyklus zu berücksichtigen und die sich daraus ergebenden Anpassungsarbeiten durchzuführen.[34]

---

[31]So werden z.B. eine vernünftig formulierte IV–Mission oder ein gut durchdachter IV–Zielkatalog durchaus über eine Periode von zehn Jahren ihre Gültigkeit bewahren. Einzelne Details der strategischen IV–Ressourcenplanung werden dagegen z.B. aufgrund der zum Zeitpunkt der Planerstellung nicht absehbaren Preisentwicklung bei Hardware- oder Software–Komponenten nach wenigen Perioden bereits überholt sein. Derartige Entwicklungen machen damit einen Überarbeitungszyklus notwendig.

[32]Die grundlegenden Überlegungen zur Daten-, Applikations- und Kommunikationsstruktur sollten — soferne gründlich durchdacht — stabil bleiben und sich nur durch Zusatzanforderungen auszeichnen.

[33]Vor allem Strategien bezüglich der Informationstechnik sind eher „änderungsanfällig".

[34]So können z.B. strategische Geschäftsentscheidungen, die in der Planungsphase in keiner Weise absehbar waren (etwa der Markteintritt eines neuen Konkurrenten), direkte Auswirkungen auf den IV–Bereich haben und das Überdenken bestimmter Planungsdetails erforderlich machen.

5.2.2 Personelle Aspekte

5.2.2.1 Planungsträger

Hinsichtlich der personellen Besetzung des Planungsteams, das ja die Hauptverantwortung für die SISP trägt, tauchen die Fragen nach den erforderlichen *Qualifikationen*[35] und nach der *Anzahl* der benötigten Mitarbeiter auf. Erst wenn Klarheit darüber besteht, welche Qualifikationen in welcher Menge benötigt werden, kann an die nächste Problemstellung herangegangen werden. Dabei handelt es sich um die Frage, wer das SISP–Vorhaben durchführen soll.[36] An sich kommen für diese Aufgabe die IV–Leitung, ein übergreifend mit Führungskräften bzw. Spezialisten aus allen Fachbereichen einer Organisation besetzter IV–Ausschuß[37] oder ein für die Dauer und den Zweck der SISP eigens zusammengestelltes, unabhängiges Planungsteam in Frage. In der Folge werden die Vor- und Nachteile diskutiert, die sich aus diesen Varianten ergeben können:

1. *IV–Leitung:* Die Leitung eines SISP–Projekts durch die IV–Leitung ist die nächstliegende Variante, laufen doch in der IV–Abteilung „alle Fäden zusammen". Die IV–Leitung hat die notwendigen Kenntnisse über die aktuelle Daten-, Applikations- und Kommunikationsstruktur, über die eingesetzten IV–Ressourcen und die bestehende IV–Organisation und –Führungsstruktur. Damit würde sie sich bereits einen Großteil der Erhebungsarbeiten ersparen. Die verbleibenden Arbeiten wären darüber hinaus einfacher durchzuführen, weil die Mitarbeiter „an der Quelle" sitzen. Weiters ist im IV–Bereich das nötige Fachwissen sowohl in technischer als auch in organisatorischer Hinsicht vorhanden. Auf Basis der Anforderungen aus den Fachabteilungen und den Konsequenzen für die Ressourcensituation kann das Strategieprogramm entwickelt und abschließend von der Organisationsleitung verabschiedet werden.

   Dieses Szenario wurde bewußt etwas überspitzt dargestellt, weil es eine naheliegende, aber durchaus problematische Variante wiedergibt: den IV–Leiter als Strategieplaner. Die potentiellen Nachteile der Variante SISP

---

[35] Dazu zählen die qualitativen Charakteristika, wie z.B. Kenntnisse, Erfahrungen, charakterliche Eigenschaften etc.

[36] Offensichtlich sind die zwei in diesem Zusammenhang bisher angeführten Alternativen — organisationsinternes oder -externes Planungsteam — eine vereinfachte Darstellung, weil es eine Reihe von Organisationen gibt, die verschiedene Dienstleistungen im Bereich der IS–Planung anbieten.

[37] Für dieses Gremium findet man in der Litarur auch die Bezeichnungen *Steering Committee, Informatikausschuß, IV–Steuerungskomitee, IV–Koordinierungsausschuß, IV–Lenkungsausschuß* u.ä.

durch die IV–Leitung sind:[38]

- Mangelnde Kenntnis und Erfahrung mit SISP–Methoden,

- fehlende Ganzheitssicht,

- Betriebsblindheit,

- mangelnde Kenntnis von modernen Produkten und Dienstleistungen sowie zeitgemäßen Methoden,

- Bereichsdenken und damit fehlendes Gefühl für optimale Lösungen aus Sicht der Gesamtorganisation,

- Überbetonung von technischen Aspekten gegenüber den „wirklichen" Benutzerbedürfnissen,

- mangelnder Kontakt mit den Fachabteilungen, dadurch unrealistische Einschätzung der Benutzerbedürfnisse sowie fehlende Kenntnis dezentraler IS,

- belastetes emotionelles Verhältnis zwischen dem IV–Bereich und den Fachabteilungen,

- mangelnde Durchsetzungskraft bei höheren Stellen, insbesondere bei der Organisationsleitung, und damit nur unzureichende Möglichkeiten, umfassende personelle und führungsbezogene Änderungen herbeizuführen,[39]

- Tendenz, so weiterzumachen wie bisher, fehlende originelle Lösungen und spärliche Impulse von außen,

- fehlende Überzeugungskraft bei der Klärung von Unstimmigkeiten (z.B. bezüglich der Reihenfolge von IS–Projekten).

Diese Liste von möglichen Nachteilen überwiegt zweifellos die oben angeführten Vorteile und macht deutlich, daß die IV–Leitung nicht für die eigenverantwortliche Durchführung eines SISP–Projekts prädestiniert ist. Diese Tatsache darf allerdings nicht darüber hinwegtäuschen, daß der IV–Leitung eine zentrale Rolle im SISP–Projekt zukommt. Sie ist unentbehrlicher Ansprechpartner und wesentlicher Informationslieferant vor allem in den Phasen *Analyse der IV–Bedingungslage* und *Entwicklung von IV–Strategien*.

---

[38]Bei dieser Aufzählung handelt es sich um einen Maximalkatalog von Nachteilen. Das bedeutet daher nicht, daß die IV–Leitung grundsätzlich sämtliche hier aufgezählten Schwächen aufweist. Allerdings genügt ein einzelner Schwachpunkt, um die Variante ungünstig erscheinen zu lassen.

[39]Die mangelnde Durchsetzungskraft kann sich auch aus einer zu niedrigen hierarchischen Stellung des IV–Bereichs in der Organisation ergeben.

2. *IV–Ausschuß:* Bei dieser Variante wird versucht, den Problemen aus dem Weg zu gehen, die sich aus dem in vielen Organisationen belasteten Verhältnis zwischen dem IV–Bereich und den Fachbereichen ergeben. Führungskräfte und maßgebliche Mitarbeiter der Fachabteilungen bringen ihre Probleme und Wünsche ein und erarbeiten das Strategieprogramm gemeinsam mit der IV–Leitung.[40] Dieses wird dann abschließend wieder von der Organisationsleitung verabschiedet.

Diese Lösung erscheint zunächst der vorherigen Variante überlegen, da einige Probleme wegfallen. Da der IV–Ausschuß aufgrund der Meinungsvielfalt das weite Spektrum der Benutzerwünsche besser repräsentiert, müßten auch die Ergebnisse insgesamt zufriedenstellender ausfallen. Aber auch gegen diese Lösung spricht eine Reihe von potentiellen Nachteilen:

- Mangelnde Kenntnis und Erfahrung mit SISP–Methoden,

- fehlende Ganzheitssicht,

- Betriebsblindheit,

- mangelnde Kenntnis von modernen Produkten und Dienstleistungen sowie zeitgemäßen Methoden,

- problematische Entscheidungsfindung vor allem bei der Reihenfolgeplanung und Ressourcenverteilung,

- Koordinierungsprobleme aufgrund der Größe des IV–Ausschusses.

Bei dieser Variante dürfte die Wahrscheinlichkeit, SISP–Ergebnisse zu erzielen, die aus Organisationssicht optimal sind, höher sein als bei der vorher dargestellten Alternative. Die erwähnten Nachteile lassen aber auch diese Lösung nicht befriedigend erscheinen, sodaß anschließend eine dritte Möglichkeit vorgestellt wird.

3. *Unabhängiges Planungsteam*, das eigens für SISP–Zwecke zusammengestellt wird: Die Hauptschwächen der beiden bisher beschriebenen Varianten sind fehlende Unabhängigkeit, mangelndes technisches und methodisches Wissen und fehlende Durchsetzungskraft. Die *Unabhängigkeit* des Planungsteams ist deshalb ein unbedingtes Erfordernis, weil erst dadurch ein Ausgleich zwischen den Einzelinteressen der Fachabteilungen untereinander stattfinden kann. Dieser Ausgleich könnte zwar auch durch den IV–Ausschuß hergestellt werden. Eine für alle akzeptable Lösung ist jedoch meist nur von einem unabhängigen und außenstehenden Dritten möglich. Darüber

---

[40]Bei dieser Variante muß nicht notwendigerweise der Fachabteilungsleiter Mitglied des IV–Ausschusses sein. Aufgrund der Detailkenntnisse können durchaus auch besonders geschulte und entsprechend aufgeschlossene Mitarbeiter der jeweiligen Fachabteilung an der SISP mitarbeiten.

hinaus kann ein unabhängiges Team einen derartigen Interessenausgleich auch zwischen den Fachbereichen und dem IV–Bereich herstellen.[41] Wesentlich ist aber auch ein weiterer Aspekt, nämlich die Unabhängigkeit von Personen. Eine Reihe von Problemen im IV–Bereich ergeben sich aufgrund fehlender oder falsch eingesetzter Mitarbeiter. Strategische Überlegungen lassen sich deshalb von einem unabhängigen Planungsteam, das mit den Mitarbeitern der Organisation nicht direkt emotional verbunden ist, einfacher anstellen und durchsetzen. Ein weiterer Nachteil der beiden oben beschriebenen Varianten war das *fehlende Wissen* bzw. die *fehlende Erfahrung in technischer und in methodischer Hinsicht.* Aufgrund des zum Teil recht engen Aufgabenspektrums und der u.U. veralteten informationstechnischen Ausstattung ist das Know how im IV–Bereich häufig nicht ausreichend, um zukunftsweisende IV–Konzepte zu entwickeln. Zu diesen Schwierigkeiten kommt noch, daß auch die Techniken der SISP noch weitgehend unbekannt sind oder deren Stellenwert allgemein noch nicht entsprechend erfaßt wurde. Auch die Forderung nach der *Durchsetzungskraft* ist von einem unabhängigen Planungsteam zu erfüllen, wenn es direkt der Organisationsleitung unterstellt ist, an diese berichtet und das Strategieprogramm gemeinsam mit der Organisationsleitung und den Leitern der Fachabteilungen erarbeitet.

Die angeführten Argumente lassen die dritte Variante am günstigsten erscheinen. Allerdings muß nun noch die Frage nach der „Herkunft" des Planungsteams geklärt werden. Im Abschnitt 4.1.1 wurden dazu bereits Kriterien angeführt, nachfolgend werden sie im Sinne einer Entscheidungsgrundlage erweitert und verfeinert:

- Methodenbezogene Kriterien:

    - *Allgemeine Erfahrung mit strategischer und langfristiger Planung:* Diese Notwendigkeit ergibt sich aus der Forderung, daß SISP ein integraler Bestandteil der strategischen Organisationsplanung ist und nur dann zum gewünschten Erfolg führt, wenn auch die Ergebnisse der organisationsweiten Planungsüberlegungen direkt in die SISP übernommen werden.

    - *Spezielle Erfahrung mit strategischer langfristiger Planung im IV–Bereich:* Unabdingbare Voraussetzung für ein erfolgreiches SISP-Vorhaben ist eine entsprechende Planungserfahrung. Das heißt, die Mitglieder des Planungsteams sollten bereits einige derartige Projekte maß-

---

[41]Gerade auf dieser „Achse" kommt es immer wieder zu Spannungen und Differenzen, z.B. wenn es um die Frage „Bringschuld oder Holschuld" bei der Ermittlung von Benutzerbedürfnissen oder bei der Ressourcenzuteilung geht.

geblich mitgestaltet haben. Hier steht nicht so sehr die genaue Kenntnis aller im Kapitel 4 beschriebenen Teiltechniken im Vordergrund, sondern in erster Linie die generelle Kenntnis der Vorgehensweise und die Fähigkeit, systematisch langfristige IV–Konzepte zu entwickeln.[42]

– *Kenntnis und Erfahrung mit SISP–Techniken:* Die im Rahmen der SISP verwendeten Techniken wurden bereits ausführlich diskutiert. An dieser Stelle soll lediglich darauf hingewiesen werden, daß über die Methodenkenntnis hinaus auch Anwendungserfahrung eine wesentliche Voraussetzung für deren erfolgreiche Handhabung ist.

- Personenbezogene Kriterien:

– *Verfügbarkeit von Mitarbeitern für die Leitung eines SISP–Projekts:* Während die Erfordernisse bezüglich der SISP–Methoden bereits angesprochen wurden, sind hier eine Reihe von zusätzlichen Qualifikationsanforderungen notwendig. Dazu zählen einerseits Eigenschaften, die zu einer höheren Objektivität der Planungsergebnisse beitragen, wie Überzeugungskraft (zur Klärung widersprüchlicher Vorstellungen in der Organisation), nötiger Abstand zu den Alltagsproblemen der IV und den betroffenen Personen, Objektivität und Unvoreingenommenheit sowie Ganzheitssicht und Freiheit von Betriebsblindheit.[43] Andererseits werden auch — zumindest in beschränktem Maß — führungstechnische Fähigkeiten verlangt.[44] Wie praktische Erfahrungen zeigen, existieren in vielen Fällen in der Organisation, zumindest in Teilbereichen, recht konkrete und durchaus vernünftige Vorstellungen für die zukünftige Entwicklung der IV. Sehr häufig besteht jedoch zwischen den Fachabteilungen keine Einigkeit in bezug auf die Reihenfolge der Projektabwicklung. Oft wird auch aufgrund der isolierten Betrachtungsweise ein Bereichsoptimum angestrebt, das u.U. einer Optimallösung für die gesamte Organisation entgegensteht. Deshalb ist der Planer in vielen Fällen Katalysator, Moderator, Schiedsrichter, Experte und Schreiber in einer Person.

– *Verfügbarkeit von Mitarbeitern für das Projektteam:* Aufgrund des erheblichen Aufwandes eines SISP–Projekts und der bereits diskutierten Notwendigkeit, die Projektdauer in Grenzen zu halten, sind — je

---

[42]Es ist einsichtig, daß hierzu auch beträchtliche Methodenkenntnisse vonnöten sind. Profundes Methodenwissen allein reicht jedoch nicht aus, ein etwaiges Erfahrungsdefizit wettzumachen.

[43]Diese Ausführungen zeigen bereits, daß für eine derartige Aufgabe kaum Mitarbeiter der Organisation in Frage kommen, in der die SISP durchgeführt wird.

[44]In erster Linie die Führung und Anleitung des Projektteams sowie sonstiger Arbeitsgruppen, die für spezifische Problemstellungen der Organisation bei Bedarf zusammengestellt werden.

nach Aufgabenstellung — ein oder mehrere Mitarbeiter für das Planungsteam erforderlich. Generell ist es jedoch sinnvoll, das Planungsteam möglichst klein zu halten, um „Reibungsverluste" zu minimieren, die aufgrund der erforderlichen internen Kommunikation entstehen. Teamgrößen von zwei bis drei Mitarbeitern dürften dabei optimal sein. Die Teammitglieder müssen mit den SISP–Techniken entsprechend vertraut sein und sollten über einschlägige Projekterfahrung verfügen.

- Organisationsbezogene Kriterien:

  - *„Kommunikationsqualität und -kultur" innerhalb des IV–Bereichs, aber v.a. auch zwischen dem IV–Bereich und den Fachabteilungen:* Eine tragfähige Gesprächsbasis und ein offenes Kommunikationsklima sind unabdingbare Voraussetzungen für das Zustandebringen eines allgemein akzeptierbaren Strategieprogramms. Erst in einem offenen und unbelasteten Klima können sämtliche für die SISP relevanten Details zur Sprache kommen.

  - *Technischer Standard und Image des IV–Bereichs:*[45] Je höher der technische Standard der IV ist und je besser das daraus resultierende Image des IV–Bereichs organisationsintern bewertet wird,[46] umso größer ist die Wahrscheinlichkeit, daß ein SISP–Projekt erfolgreich verläuft. Größere Zufriedenheit in bezug auf die IV–Unterstützung führt zweifellos zu einer höheren Bereitschaft seitens der Benutzer, aktiv mitzuarbeiten.

  - *Stellenwert der Ergebnisse eines derartigen Projekts und Konsequenzen für die Organisation:* In Abhängigkeit von der Erwartungshaltung der Organisationsleitung und der maßgeblichen Führungskräfte bzw. auch von den in Aussicht gestellten Konsequenzen eines SISP–Vorhabens wird die Einstellung und damit das Engagement der Mitarbeiter stark differieren. Hat ein SISP–Projekt eher den Charakter eines Gutachtens bzw. einer Studie und werden die Mitarbeiter nicht unmittelbar in den Planungsprozeß einbezogen, so ist durchaus mit ablehnenden Verhaltensweisen zu rechnen. Wird dagegen ein Strategieprogramm von Mitarbeitern der Organisation für die Organisation entwickelt und ist auch garantiert, daß die erarbeiteten Strategien unmittelbar umgesetzt werden, so wird die Motivation der betroffenen Mitarbeiter zweifellos höher sein als im vorher beschriebenen Fall.

---

[45]Mit dem *technischen Standard* ist keineswegs nur die Hardware– und Software–Ausstattung gemeint, der Begriff umfaßt hier auch die Daten-, Applikations- und Kommunikationsstruktur sowie Informatik- und Managementmethoden im IV–Bereich.

[46]Vgl. dazu die Abschnitte 4.1.4.2 und 4.2.2.3 sowie insbesondere die Abbildung 4.14.

Wie obige Kriterien zeigen, wird es in der Mehrzahl der Fälle sinnvoller sein, ein organisationsexternes Planungsteam mit der Durchführung der SISP zu beauftragen.[47] Dies gilt uneingeschränkt zumindest für die erstmalige Erstellung eines derartigen Konzepts. Vor allem die nur in den seltensten Fällen befriedigend erfüllten methoden- und personenbezogenen Kriterien lassen eine solche Vorgehensweise vernünftig erscheinen. Aber auch das planerische Know how und die nötige Erfahrung im Umgang mit SISP–Methoden fehlt sehr häufig.[48] Weiters sind auch die personenbezogenen Merkmale, wie Freiheit von Betriebsblindheit und Ganzheitssicht aufgrund des typischen Aufgabenspektrums in Organisationen kaum zu finden.[49]

5.2.2.2 Aufgabenverteilung in der Organisation

Wie bereits ausführlich begründet, liegt die Durchführung eines SISP–Projekts sinnvollerweise im Verantwortungsbereich eines Planungsteams. Daraus ergibt sich die Notwendigkeit einer besonders engen Zusammenarbeit mit den Mitarbeitern der Organisation, weil die für die SISP notwendigen Daten und Fakten dem Planungsteam nur im Rahmen eines permanenten Dialogs mit den Betroffenen zugänglich sind. Dazu kommt, daß die Arbeitsergebnisse der einzelnen SISP–Phasen der Organisationsleitung, der Leitung der Fachabteilungen sowie der im Einzelfall Beteiligten zur Verabschiedung präsentiert werden müssen. Das bedeutet, daß einzelnen Mitarbeitern der Organisation besondere Funktionen zukommen. Nachfolgend werden die Aufgabenspektren der verschiedenen Personengruppen diskutiert:

---

[47]Der Versuch, für die angeführten Entscheidungskriterien Meßskalen zu entwickeln, würde sicher zu weit führen. Obwohl es bei oberflächlicher Betrachtung verlockend erscheint, die Entscheidung — externe oder interne Vergabe — auf „exakte" Daten gestützt vorzunehmen. Dazu sind die angeführten Kriterien jedoch zu unscharf. Zusätzlich müßte eine Bewertung der einzelnen Faktoren vorgenommen werden, sodaß ein Faktor zumindest teilweise durch einen anderen aufgewogen werden könnte. Der Aufwand für eine derartige Vorgehensweise erscheint in diesem Fall nicht gerechtfertigt. Es ist durchaus ausreichend, wenn die Organisationsleitung Faktor für Faktor durchgeht, eine realistische Bestandsaufnahme durchführt und auf dieser Basis entscheidet.

[48]Diese Aussage beruht nicht nur auf eigenen Erfahrungen, sondern wurde u.a. auch durch Arbeiten von [Krus 87] und [Lind 88] empirisch belegt.

[49]Diese Aussage ist nicht empirisch nachgewiesen worden, ist aber einsichtig, wenn man sich die isolierten Sichtweisen von Führungskräften und Mitarbeitern der einzelnen Benutzerbereiche in vielen Organisationen traditioneller Prägung vor Augen führt. Durch das Fehlen von Querschnittsaufgaben — auch den allgemein geforderten Informationsmanager gibt es in der Praxis noch kaum — erklärt sich der Mangel an fachbereichsübergreifendem Denken bzw. ganzheitlicher Betrachtungsweise der IV-Funktion. Vielfach kommt daher auch der „klassische" IV-Leiter — wie bereits mehrfach ausgeführt — nicht für die Leitung eines SISP-Vorhabens in Frage.

- *Organisationsleitung:* Aufgabe der Organisationsleitung ist in erster Linie die Vermittlung und Interpretation der Organisationsziele und -strategien, sodaß das Planungsteam diese Vorgaben für die SISP-Phasen *Bestimmung der strategischen Richtung der IV* und *Entwicklung von IV–Strategien* zur Verfügung hat.[50] Eine weitere Hauptaufgabe der Organisationsleitung ist die laufende Prüfung und jeweilige Verabschiedung der Phasenergebnisse.[51] Die Mitarbeit der Organisationsleitung ist daher besonders im Rahmen der Präsentationen der Ausgangssituation, des Status quo, der Stoßrichtung und des Strategieprogramms notwendig.

- *IV–Leitung:* Die Leitung des IV–Bereichs verfügt aufgrund ihres Aufgabenbereiches über wesentliches Informationsmaterial zur Ermittlung der Ausgangssituation, zur Analyse des Status quo und zur Feststellung der geplanten Vorhaben. Sie hat daher die Aufgabe, die erforderlichen Informationen — soferne dies nicht bereits in der Phase *Vorbereitung* geschehen ist — aufzubereiten und an das Planungsteam weiterzuleiten. Darüber hinaus ist die IV–Leitung permanenter Gesprächspartner für das Planungsteam auch im Rahmen der Entwicklung von Strategien in bezug auf Daten-, Applikations- und Kommunikationsstruktur, in bezug auf IV–Ressourcen und zum Teil auch bei der Entwicklung von Strategien in bezug auf IV–Organisation und –Führung.

- *IV–Ausschuß:*[52] Aufgrund der Aufgabenstellung des IV–Ausschusses als Diskussionsforum für sämtliche Fragen in Zusammenhang mit der IV in der Organisation, müssen die von diesem Gremium erarbeiteten Empfehlungen bzw. getroffenen Entscheidungen an das Planungsteam weitergeleitet werden. Das Planungsteam hat die Aufgabe, die relevanten Aspekte zu sichten und wenn nötig in das Strategieprogramm aufzunehmen.[53]

---

[50] Auf die Probleme, die sich für das Planungsteam ergeben, wenn eine explizite Ziel- und Strategiedefinition für die gesamte Organisation nicht vorliegt, wurde bereits im Abschnitt 4.3.3 hingewiesen.

[51] Am Ende der Phasen *Vorbereitung* und *Analyse der IV–Bedingungslage* geht es in erster Linie darum die vom Planungsteam erarbeiteten Ausgangsvoraussetzungen und Rahmenbedingungen zur Kenntnis zu nehmen. In den darauffolgenden Phasen *Bestimmung der strategischen Richtung für die IV* und *Entwickeln von IV–Strategien* muß sich die Mitarbeit so gestalten, daß seitens der Organisationsleitung sowohl die oben erwähnten Beiträge eingebracht werden, als auch die gemeinsam erarbeiteten Ergebnisse genehmigt werden.

[52] Damit sind sämtliche vergleichbare Gremien eingeschlossen, auch wenn sie mit *Steering Committee, Informatikausschuß, IV–Steuerungskomitee, IV–Koordinierungsausschuß, IV–Lenkungsausschuß* o.ä. bezeichnet werden.

[53] Natürlich kann es aufgrund der wesentlich umfassenderen Vorgehensweise des Planungsteams dazu kommen, daß von den Arbeitsergebnissen des IV–Ausschusses im Strategieprogramm nicht mehr viel übrig bleibt. Trotzdem müssen die Überlegungen dieses Gremiums entsprechend berücksichtigt werden.

- *Leiter der Fachabteilungen:* Sie sind die wichtigsten Ansprechpartner bezüglich der Ermittlung von fachbereichsbezogenen Ziel- und Strategieüberlegungen. Daraus resultiert auch ihr Aufgabenbereich, nämlich die Entwicklung und Formulierung von bereichsspezifischen Programmen, die eine wichtige Voraussetzung für das Strategieprogramm darstellt. Vor allem hinsichtlich der Strategien in bezug auf Daten-, Applikations- und Kommunikationsstruktur müssen wesentliche Impulse von den Fachabteilungen, aber auch von deren Mitarbeitern ausgehen. Auch die Reihenfolgeplanung für die IS–Entwicklung wird wesentlich von den Abteilungskonzepten beeinflußt.

Neben dieser gruppenspezifischen Betrachtungsweise besteht die Notwendigkeit, in der Organisation Partner für die Durchführung der SISP zu gewinnen.[54] Es liegt auf der Hand, daß ein SISP–Projekt, bei dem die gesamte Organisation eingeschlossen werden soll, nur dann sinnvoll durchgeführt werden kann, wenn möglichst viele Betroffene in den Analyse- und Gestaltungsprozeß miteinbezogen werden.[55] Das Planungsteam ist bei seiner Arbeit mit drei Typen von Gesprächspartnern konfrontiert:

1. Mitarbeiter, die lediglich über den Status quo in ihrem Arbeitsbereich Auskunft geben können,

2. Mitarbeiter, die darüber hinaus Vorstellungen über zukünftige Lösungsmöglichkeiten in fachlicher Hinsicht entwickelt haben und

3. Mitarbeiter, die zusätzlich dazu auch Vorstellungen über die konkrete Realisierung in technischer, organisatorischer und/oder ressourcenbezogener Hinsicht entwickelt haben.

Wichtig ist es daher, möglichst frühzeitig die Mitarbeiter in der Organisation zu finden, deren eigenständige Ansätze in die SISP–Überlegungen aufgenommen werden können. Dies trifft in obiger Übersicht auf Personen der Gruppe 2 und

---

[54] Man könnte den Begriff *Partner* sogar noch pointierter formulieren und von „Verbündeten" sprechen. Damit soll nicht der Eindruck erweckt werden, daß es im Rahmen der SISP darauf ankommt, mit den richtigen Personen zu „taktieren". Vielmehr geht es darum, in der Organisation einen für alle Fachbereiche und für alle Mitarbeiter akzeptablen Kompromiß zu erzielen und dafür aufgeschlossene und durchschlagskräftige Partner zu gewinnen. Hier zeigt sich erneut die Bedeutung von menschlich–politischen Fähigkeiten im Zusammenhang mit SISP.

[55] Allerdings ist auch einsichtig, daß aus Zeitgründen niemals alle und nicht einmal ein Großteil der Mitarbeiter einer Organisation an diesem Prozeß teilnehmen können. Innerhalb eines SISP–Projekts können aus Zeitgründen (vgl. die diesbezüglichen Empfehlungen zur Projektdauer im Abschnitt 5.2.1.2) intensivere Gespräche erfahrungsgemäß nur mit etwa 50 bis 70 Personen (Gruppensitzungen eingeschlossen) geführt werden.

besonders der Gruppe 3 zu. Das Planungsteam sollte sich daher besonders in der SISP–Phase *Analyse der IV–Bedingungslage* im Rahmen der Interviews darum bemühen, die entsprechenden Mitarbeiter zur Zusammenarbeit zu aktivieren. Je mehr Ideen von Mitarbeitern in das Strategieprogramm einfließen, umso eher ensteht ein Konzept von der Organisation für die Organisation. Im Idealfall kann sich die Aufgabe des Planungsteams sogar auf das Sichten, Bewerten, Aufbereiten und Zusammenfassen der konzeptionellen Beiträge beschränken.[56]

5.2.3 Kommunikative Aspekte

Unter Kommunikation soll im Zusammenhang mit gestalterischen Aspekten der SISP der Informationsaustausch zwischen dem Planungsteam und den Mitarbeitern der Organisation verstanden werden. In welcher Form und in welcher Richtung sich dieser Informationsaustausch im einzelnen vollzieht, hängt vom jeweiligen Zweck ab. So sind z.B. Interviews und Gruppengespräche im Rahmen der *Analyse der Bedingungslage* notwendig, bei denen die Mitarbeiter ihr Wissen an das Planungsteam weitergeben. Aber auch das Planungsteam muß die erarbeiteten Ergebnisse immer wieder der Organisationsleitung präsentieren bzw. zur Verabschiedung vorlegen. Neben dieser formellen Kommunikation ist jedoch auch der informelle Informationsaustausch von großer Bedeutung. Die Notwendigkeit dafür ergibt sich, weil in der Regel nicht alle Fakten systematisch, innerhalb der Interviews erhoben werden können. Oftmals sind gerade auch Aussagen, die „zwischen Tür und Angel" fallen, wesentlich für die weiteren Überlegungen. Weiters muß es aber auch im Interesse des Planungsteams liegen, den Mitarbeitern, die nicht an den verschiedenen Zwischenpräsentationen teilnehmen können, über den Stand des Projekts und über relevante Konsequenzen zu berichten. Daher ist es unerläßlich, den Dialog auch in dieser informellen Form fortzuführen. Auf diesem Weg wird der Forderung nach einer offenen Kommunikationspolitik Rechnung getragen.[57] In der Folge werden die institutionalisierten Kommunikationsformen in der Reihenfolge ihres Auftretens im SISP–Ablauf diskutiert.

---

[56]In diesem Idealfall entwickelt nicht das Planungsteam das Strategieprogramm, sondern tritt — wie erwähnt — nur als Katalysator, Moderator, Schiedsrichter, Experte und Schreiber auf.

[57]Im Idealfall weiß tatsächlich jeder Mitarbeiter zu jeder Zeit über den Stand der Dinge Bescheid. Aufgrund der Tatsache, daß aus zeitlichen und organisatorischen Gründen nicht jeder Mitarbeiter angesprochen werden kann bzw. daß bestimmte Fakten zeitweilig oder permanent vertraulich zu behandeln sind, ist man jedoch diesbezüglich zu bestimmten Kompromissen gezwungen.

5.2.3.1 Antrittspräsentation

Wie bereits erwähnt, ist die Vorstellung der SISP-Vorgehensweise als Informationsveranstaltung für möglichst viele Mitarbeiter von besonderer Bedeutung.[58] In einer ein- bis zweistündigen Präsentation sollten den Mitarbeitern die Methode der SISP sowie die wesentlichen Teiltechniken vorgestellt werden. Zu diesem Zeitpunkt genügt es, die einzelnen Verfahrensschritte grob zu skizzieren, allzu detaillierte Erklärungen würden den anwesenden Personenkreis zu diesem Zeitpunkt eher überfordern, als zur Klärung der Vorgehensweise und des genauen Projektablaufs beizutragen. Dazu kommt, daß in dieser SISP-Phase — zumindest im Fall, daß ein externes Planungsteam engagiert wurde — organisationsspezifische Einzelheiten u.U. noch nicht detailliert genug vorliegen bzw. noch nicht aufgearbeitet werden konnten. Das bedeutet aber, daß noch nicht endgültig feststeht, welche Verfahrensschritte in welcher Ausprägung und mit welcher Detaillierungstiefe durchgeführt werden sollen.[59] Somit können diese Feinheiten zum Zeitpunkt der Antrittspräsentation noch nicht bekanntgegeben werden.

Die Antrittspräsentation ist für viele Mitarbeiter die erste Berührung mit der SISP und für die meisten auch die erste Möglichkeit der Kontaktaufnahme mit dem Planungsteam. Daher soll dieser erste Eindruck für die Mitarbeiter möglichst positiv gestaltet werden, um in weiterer Folge ihre Motivation zu steigern und deren Mitarbeit zu aktivieren. Dies kann dadurch erreicht werden, daß sowohl Ort als auch Zeit der Antrittspräsentation dem Anlaß entsprechend gewählt werden. Es erscheint daher angeraten, die Darstellung der SISP-Vorgehensweise in einem nicht–alltäglichen Umfeld zu präsentieren. Dabei ist es erfahrungsgemäß vorteilhaft, Räumlichkeiten zu nutzen, die fernab des Alltagsbetriebs und, wenn möglich, nicht am Organisationsgelände liegen. Durch solche Rahmenbedingungen wird den Mitarbeitern der Organisation von Anfang an der außergewöhnliche Charakter des SISP-Vorhabens signalisiert.

In bezug auf die zeitliche Strukturierung sollte darauf geachtet werden, daß reichlich Zeit für individuelle Fragen bleibt. Ist für die eigentliche SISP-Präsentation selbst auch nur eine Stunde vorgesehen, so benötigen die Erläuterungen hinsichtlich der Erstellung des Sekundärmaterials und bezüglich der Vorgehensweise in der Erhebungsphase bekanntermaßen mindestens ebenso lange. Auch sollte nach diesem offiziellen Teil genügend Zeit für die Kontaktaufnahme und für informelle Gespräche der Mitarbeiter der Organisation mit den Mitgliedern des Planungsteams sein. Hier besteht die erste Möglichkeit, sich persönlich kennenzulernen und in gelockerter Atmosphäre Bekanntschaften zu knüpfen. Insgesamt sollte ein

---

[58] Details zum Inhalt und zum Personenkreis, der bei einer derartigen Veranstaltung anwesend sein sollte, wurden bereits im Abschnitt 4.1.2 diskutiert.

[59] Details zur Problemstellung der Anpassung der SISP an organisationsbedingte Gegebenheiten wurden bereits im Abschnitt 5.1.2 diskutiert.

halber Tag für die Antrittspräsentation zur Verfügung stehen.

Für ein externes Planungsteam bietet die Veranstaltung auch die Möglichkeit, erste grobe Terminvereinbarungen für die Erhebungsphase zu treffen. Sinnvollerweise beginnen die Erhebungen im IV–Bereich und werden danach in den einzelnen Fachabteilungen weitergeführt. Zur Wahrung des fachlichen Überblicks sollten die Fachabteilungen jeweils zur Gänze analysiert werden. Dementsprechend sollten auch die Gesprächstermine vereinbart werden. Je nach Beginn der Erhebungsphase können zu diesem Zeitpunkt Interviewtermine bereits fix vereinbart oder aber zunächst nur grob, in Form einer Wochenplanung, vorreserviert werden.[60]

5.2.3.2   Präsentation der Ausgangssituation

Zweck dieser Präsentation ist es, der Organisationleitung erste Informationen über die Ausgangssituation für die SISP zu vermitteln. Zum Zeitpunkt dieser Präsentation hat das Planungsteam bereits Fakten bezüglich der Organisationsstruktur, der Situation im IV–Bereich, der IV–Entwicklungsstufe und der strategischen Bedeutung der IV gesammelt und kann aufbauend auf diesem Material grobe Aussagen über den weiteren SISP–Projektablauf machen. Aufgrund der Bewertung der Ausgangssituation können gemeinsam mit der Organisationsleitung einerseits Ziele und Grundsätze für das konkrete Projekt vereinbart werden, andererseits wird das Planungsteam die SISP–Vorgehensweise an die vorgefundenen Notwendigkeiten anpassen. Dabei können auch spezielle Wünsche seitens der Organisationsleitung aufgenommen werden und das weitere SISP–Programm — zumindest in groben Zügen — beschlossen werden.

5.2.3.3   Erhebung des Status quo

Obwohl die Erhebung des Status quo hier nach der Antrittspräsentation und nach der Präsentation der Ausgangssituation angeführt wird, sind Sitzungen zur Erhebung der verschiedenen Fakten während der gesamten Dauer eines SISP–Vorhabens erforderlich. Im Schwerpunkt finden diese Gespräche jedoch in der Phase *Analyse der IV–Bedingungslage* statt. Diese Analyse, ebenso aber auch die Sammlung von Verbesserungsvorschlägen, Ideen, Visionen, Wünschen und Bedürfnissen der zu befragenden Mitarbeiter werden im Rahmen der SISP zum größten Teil in Form von mündlichen Interviews durchgeführt. Nur ein kleiner

---

[60]Da das Planungsteam in der Phase *Vorbereitung* noch eine Reihe von Aufgaben zu erledigen hat (Abgrenzung des Planungsbereichs, IV–Standortbestimmung etc.), ergibt sich noch ein mehrwöchiges Intervall zwischen Antrittspräsentation und Beginn der Erhebungsphase.

Teil der für ein SISP–Projekt erforderlichen Informationsbasis kann sinnvollerweise in Form von schriftlichen Erhebungen ermittelt werden. Dies gilt insbesondere für das Sekundärmaterial, das in der Phase *IV-Standortbestimmung* benötigt wird. Hier empfiehlt es sich, die benötigten Vorabinformationen in Fragebogenform anzufordern.[61]

Die Form des mündlichen Interviews ist, trotz des erheblichen Aufwands sowohl was den Zeitbedarf für einzelne Gespräche betrifft als auch was den gesamten für die Interviewphase benötigten Zeitraum anbelangt, die einzige gangbare Alternative, weil der Gang der Erhebungen zunächst nicht im Detail feststeht. Vorab kann daher nicht (oder nur sehr oberflächlich) abgeschätzt werden, welche zunächst vielleicht unwesentlich erscheinenden Details für die weiteren Planungsüberlegungen Bedeutung erlangen könnten. Das Interview als flexible Form der Wissensaufnahme bietet die Möglichkeit, offene Fragen im Gespräch zu klären, wichtige Details zu vertiefen und somit der Bedeutung von einzelnen Aspekten situativ Rechnung zu tragen. Dazu kommt, daß das persönliche Gespräch viel eher die Mitarbeit der befragten Personen stimuliert. Weiters hat sich herausgestellt, daß viele für die weiteren Konzepte relevanten Aussagen (vor allem qualitative Angaben) im mündlichen Gespräch eher genannt werden, bei einer Fragebogenaktion wären diese Fakten dagegen kaum zu ermitteln. Wesentlich ist darüber hinaus auch das Erfasssen der alltäglichen Arbeitssituation der befragten Mitarbeiter. Dies ist jedoch nur möglich, wenn das Planungsteam die Interviews unmittelbar am Arbeitsplatz der betroffenen Mitarbeiter durchführt.[62]

In bezug auf die Reihenfolge der Interviews ist es empfehlenswert, mit dem IV–Bereich zu beginnen. Diese Vorgehensweise ist deshalb sinnvoll, weil sich das Planungsteam auf diese Weise zunächst einen Überblick über die Daten-, Applikations- und Kommunikationsstruktur, die IV–Ressourcensituation und die IV–Organisation und –Führung verschaffen kann. Diese Information ist am einfachsten und in komprimierter Form im IV–Bereich zu erheben. Die Reihenfolge der weiteren Interviews ist an sich beliebig. Sinnvollerweise werden die Interviews jedoch nach Fachabteilungen durchgeführt. Innerhalb der Interviews sind folgende Aspekte zu ermitteln:

- Verwendete Daten,
- eingesetzte Applikationen,

---

[61] Die derart gewonnene Information dient einer ersten Orientierung sowie einer gezielten Interviewvorbereitung. Über Aufbau und Inhalt des Sekundärmaterials wurde bereits im Abschnitt 4.1.4.1 berichtet.

[62] Bei derartigen Gelegenheiten kann sich das Planungsteam vom tatsächlich benötigten bzw. realisierten Funktionsumfang der Daten-, Applikations- und Kommunikationsstruktur ein Bild machen. Weiters können qualitative und quantitative Faktoren, wie z.B. Antwortzeiten, Ausmaß der Rechnerunterstützung, Auslastung von Bildschirmarbeitsplätzen u.ä. nur auf diesem Weg ermittelt werden.

- bestehende Kommunikationswege,

- zukünftige Anforderungen an die Daten-, Applikations- und Kommunikationsstruktur,

- zukünftige Anforderungen hinsichtlich der IV–Ressourcen (Informationstechnik, evtl. auch Mitarbeiter und Budget),

- zukünftige Anforderungen hinsichtlich der IV–Organisation und –Führung,

- eigene Ideen, Visionen, Wünsche oder auch bereits entwickelte Konzepte zu den drei letztgenannten Punkten.

Vor allem für die Kritik an der derzeitigen Daten-, Applikations- und Kommunikationsstruktur, für die Diskussion von Wünschen und Bedürfnissen sowie für die Erörterung von konkreten Verbesserungsvorschlägen sollte ausreichend Zeit zur Verfügung stehen. Je nach Größe der Fachabteilung sowie in Abhängigkeit von Komplexität und Umfang der IS–Umwelt bzw. den potentiellen Möglichkeiten auf diesem Gebiet werden die Interviews unterschiedlich viel Zeit in Anspruch nehmen. Die Dauer eines Interviewzyklus kann für eine Fachabteilung zwischen einigen Stunden und mehreren Wochen schwanken.[63] Die Dokumentation der erhobenen Fakten erfolgt in Form von schriftlichen Protokollen durch die Mitarbeiter des Planungsteams. Sie steht damit für die weitere Arbeit bzw. für eventuelle Rückfragen jederzeit zur Verfügung.

5.2.3.4 Präsentation des Status quo

Bei dieser Zwischenpräsentation berichtet das Planungsteam von den Ergebnissen der Phase *Analyse der IV–Bedingungslage*. Innerhalb dieser Istzustandsbeschreibung wird einerseits die Umweltsituation dargestellt. Dabei werden die möglichen Auswirkungen von rechtlichen Bestimmungen und gesellschaftlichen Entwicklungen, die zu erwartenden Einflüsse der relevanten Organisationen und Personengruppen sowie die potentiellen Chancen und Risiken aus der informationstechnologischen Entwicklung diskutiert. Andererseits wird die interne Situation beleuchtet und dabei die Daten-, Applikations- und Kommunikationsstruktur, die IV–Ressourcen und die IV–Organisation und –Führung dargestellt. Weiters wird detailliert auf Stärken und Schwächen in den genannten Bereichen eingegangen. Zusätzlich sollten auch die in den Fachabteilungen bzw. im IV–Bereich erhobenen Ideen für zukünftige Vorhaben vorgestellt und besprochen werden. Ziel der Sitzung, bei der neben der Organisationsleitung auch die Leiter

---

[63]Wichtig ist daher eine sinnvolle Terminplanung, um einerseits die Erhebungen jeweils abteilungsweise durchführen zu können. Andererseits muß die Zeitplanung so gestaltet werden, daß die betroffenen Mitarbeiter durch die einzelnen Interviews zeitlich und fachlich nicht überfordert werden.

der Fachabteilungen sowie die IV–Leitung anwesend sein sollten, ist einerseits die Präsentation eines aktuellen Bildes der IV in der Organisation. Bevor die Führungskräfte der Organisation in den SISP–Phasen *Bestimmung der strategischen Richtung für die IV* und *Entwicklung von IV–Strategien* mitwirken können, muß der diesbezügliche Informationsrückstand durch die Vermittlung eines realistischen Zustandsbildes aufgeholt werden. Andererseits geht es darum, auf Basis des Status quo die Vorgehensweise und insbesondere die Teiltechniken für die verbleibenden SISP–Phasen zu bestimmen. Auch diese Aufgabe kann nur vor dem Hintergrund der genauen Kenntnis der Istsituation wahrgenommen werden. Nach Abschluß der Präsentation des Status quo sollten somit zwei Ziele erreicht sein: Auf der einen Seite ist die Führungsmannschaft genauestens über die Stärken und Schwächen des IV–Bereichs informiert. Auf der anderen Seite wurde aufgrund der aktuellen Problemlage gemeinsam mit dem Planungsteam das weitere SISP–Programm verabschiedet.

5.2.3.5 Präsentation der Stoßrichtung

Bei dieser Präsentation geht es darum, die Definition der IV–Mission sowie die erarbeiteten IV–Ziele der Führungsmannschaft vorzustellen und ihre diesbezügliche Zustimmung zu erhalten. Der Ablauf dieser Präsentation wird davon abhängen, inwieweit eine Mission bzw. Ziele auf Organisationsebene bereits vorhanden sind. Wenn diese Voraussetzungen erfüllt sind, so wird die Verabschiedung einer IV–Mission und eines IV–Zielkatalogs wesentlich leichter fallen, da sich beides aus den Vorgaben der Gesamtorganisation ableiten läßt. Fehlen diese Voraussetzungen, so kann die Diskussion insoferne ausufern, als zunächst die Grundlagen erarbeitet werden müssen.[64] In diesem Fall kann es notwendig sein, mehrere Sitzungen zur Klärung der Standpunkte abzuhalten, um auf dieser Basis einen entsprechenden Konsens bezüglich der IV–Mission und der IV–Ziele herzustellen.

5.2.3.6 Präsentation des Strategieprogramms

In der Phase *Entwicklung von IV–Strategien* wird es üblicherweise zu mehr als einer Sitzung kommen. So müssen die Strategien, die im Detail vom Planungsteam erarbeitet werden, laufend mit den Vorstellungen der verantwortlichen Mitarbeiter abgesprochen und abgestimmt werden. Dazu sind in der Regel eine Reihe von Gruppengesprächen notwendig. Je nach thematischen Schwerpunkten dieser Sitzungen werden daran Führungskräfte und Mitarbeiter aus unterschiedlichen Fachabteilungen teilnehmen. Wesentlich ist, daß die Strategien nicht vom Planungsteam im Alleingang entwickelt werden. Vielmehr hat das Planungsteam

---

[64]Vgl. dazu Abschnitt 4.3.1.

hierbei die Aufgabe, die konzeptionellen Beiträge aus der Organisation zu moderieren und unterschiedliche Interessen inhaltlich und terminlich zu koordinieren. Dadurch wird einerseits gewährleistet, daß die strategischen Überlegungen von den Mitarbeitern der Organisation selbst entwickelt werden. Andererseits wird der Prozeß der Strategieentwicklung in überschaubare Abschnitte gegliedert. Die Präsentation des Strategieprogramms am Ende der SISP–Phase *Entwicklung von IV–Strategien* stellt dann im wesentlichen eine Zusammenfassung der Einzelsitzungen und der dabei erarbeiteten Ergebnisse dar. Der Organisationsleitung ermöglicht diese Sitzung, sich über das gesamte Strategieprogramm zu informieren. Darüber hinaus hat sie die Gelegenheit, das eine oder andere Vorhaben nochmals zu überdenken bzw. die Entwicklung von Alternativen anzuregen. Ergebnis der Präsentation ist ein von der Organisationsleitung, den Leitern der Fachabteilungen und der IV–Leitung akzeptiertes Strategieprogramm sowie ein gemeinsam verabschiedeter Zeitplan für die Realisierung der darin vorgesehenen IS–Projekte.

5.2.3.7   Abschlußpräsentation

Ebenso wie die Antrittspräsentation wendet sich auch die Abschlußpräsentation an einen möglichst breiten Mitarbeiterkreis. Ziel dieser Präsentation muß es sein, das gemeinsam erarbeitete Arbeitsprogramm, also die Mission, die Ziele und die Strategien für den IV–Bereich insbesondere auch jenen Mitarbeitern nahezubringen, die im Lauf des Projekts nicht oder nur abschnittsweise an der SISP mitwirken konnten. Bei der Abschlußpräsentation ist in erster Linie die Darstellung des Strategieprogramms vorzunehmen. Dabei steht nicht so sehr die Vermittlung aller Einzelheiten im Vordergrund, sondern die Darstellung und Begründung der einzelnen Strategien bzw. der konkreten IS–Projekte in ihrer Gesamtheit.

War die Antrittspräsentation der Beginn der SISP, so steht die Abschlußpräsentation am Ende eines SISP–Projekts. Gleichzeitig ist sie jedoch der Beginn der Phase *Realisierung von IV–Strategien*. Daher sollte diese Präsentation sowohl vom Planungsteam als auch von der Organisationsleitung zum Anlaß genommen werden, auf die Bedeutung eines unmittelbar anschließenden Beginns der Strategieumsetzung hinzuweisen. Unabhängig davon, in welcher Form das Planungsteam in dieser letzten SISP–Phase aktiv wird, kommt der Art und Weise, wie das Planungsteam das Strategieprogramm vorstellt, besondere Bedeutung zu. Natürlich kann es nicht die alleinige Aufgabe des Planungsteams sein, nach Beendigung der konzeptionellen Arbeit auch die erfolgreiche Umsetzung zu garantieren. Eine engagierte Präsentation der Ergebnisse, bei der Möglichkeiten und Chancen, aber auch Probleme und Risiken aufgezeigt und damit die Konsequenzen für die einzelnen Fachabteilungen und deren Mitarbeiter zum Ausdruck gebracht werden, hat jedoch wesentliche motivatorische Effekte. Deshalb empfiehlt es sich, diese Abschlußveranstaltung in enger Zusammenarbeit mit der Organisationsleitung zu gestalten. Die Art der Präsentation hilft auch, den falschen Eindruck zu vermeiden, daß das Planungsteam „sein" Konzept vorlegt. Vielmehr muß klar herausgestrichen werden, daß die inhaltlichen Überlegungen von Mitarbeitern der Organisation stammen und vom Planungsteam im wesentlichen nur zusammengetragen, geordnet und aufbereitet wurden.

Der Zeitrahmen für die Abschlußpräsentation sollte ähnlich wie der der Antrittsveranstaltung gewählt werden. Die Vorstellung der Ergebnisse wird dabei je nach Umfang der SISP variieren, als Richtwert können hier wieder eine bis zwei Stunden angenommen werden. Ein halber Tag für die gesamte Veranstaltung, bei der auch reichlich Zeit für die Diskussion unklarer Punkte eingeplant werden sollte, erscheint angemessen. In bezug auf den Veranstaltungsrahmen gelten die gleichen Empfehlungen wie für die Antrittspräsentation.[65]

5.2.4 Dokumentation

Die Dokumentation hat im Rahmen der SISP eine Reihe von Funktionen zu erfüllen. Einerseits stellt sie eine schriftliche Fassung aller relevanten, während des Projekts gesammelten Fakten und erarbeiteten Ergebnisse dar. Je nach Bedeutung der einzelnen Inhalte variiert auch die Form, in der sie dokumentiert werden. So werden im Lauf des SISP-Projekts eine Menge von Fakten anfallen, die zwar unmittelbar wichtig sind, nicht aber in eine abschließende Dokumentation aufgenommen werden müssen (vgl. Abb. 5.2).

In den *Abschlußbericht* werden nur mehr die für die Führungsmannschaft relevanten Inhalte bezüglich des Status quo, der strategischen Richtung für die IV und des Strategieprogramms aufgenommen. In Form des Abschlußberichts hat die Dokumentation über die Archivierungsfunktion hinaus noch die Funktion einer vertraglichen Vereinbarung. Die Organisationsleitung, die Leiter der Fachabteilungen sowie die IV–Leitung erkennen den Inhalt des Abschlußberichts an und akzeptieren das Strategieprogramm als Grundlage für die weitere Arbeit im IV–Bereich über den gesamten Planungshorizont.[66] Diese Vereinbarung soll vor allem garantieren, daß die Grundlagen des Strategieprogramms über den Planungshorizont erhalten bleiben, um diesbezügliche, zeitaufwendige Grundsatzdiskussionen

---

[65]Vgl. Abschnitt 5.2.3.1.

[66]Dieser für alle verbindliche Charakter des Strategieprogramms sowie der Dokumentation als seiner Niederschrift muß natürlich zu Beginn der SISP allen Führungskräften zur Kenntnis gebracht und gemeinsam beschlossen werden.

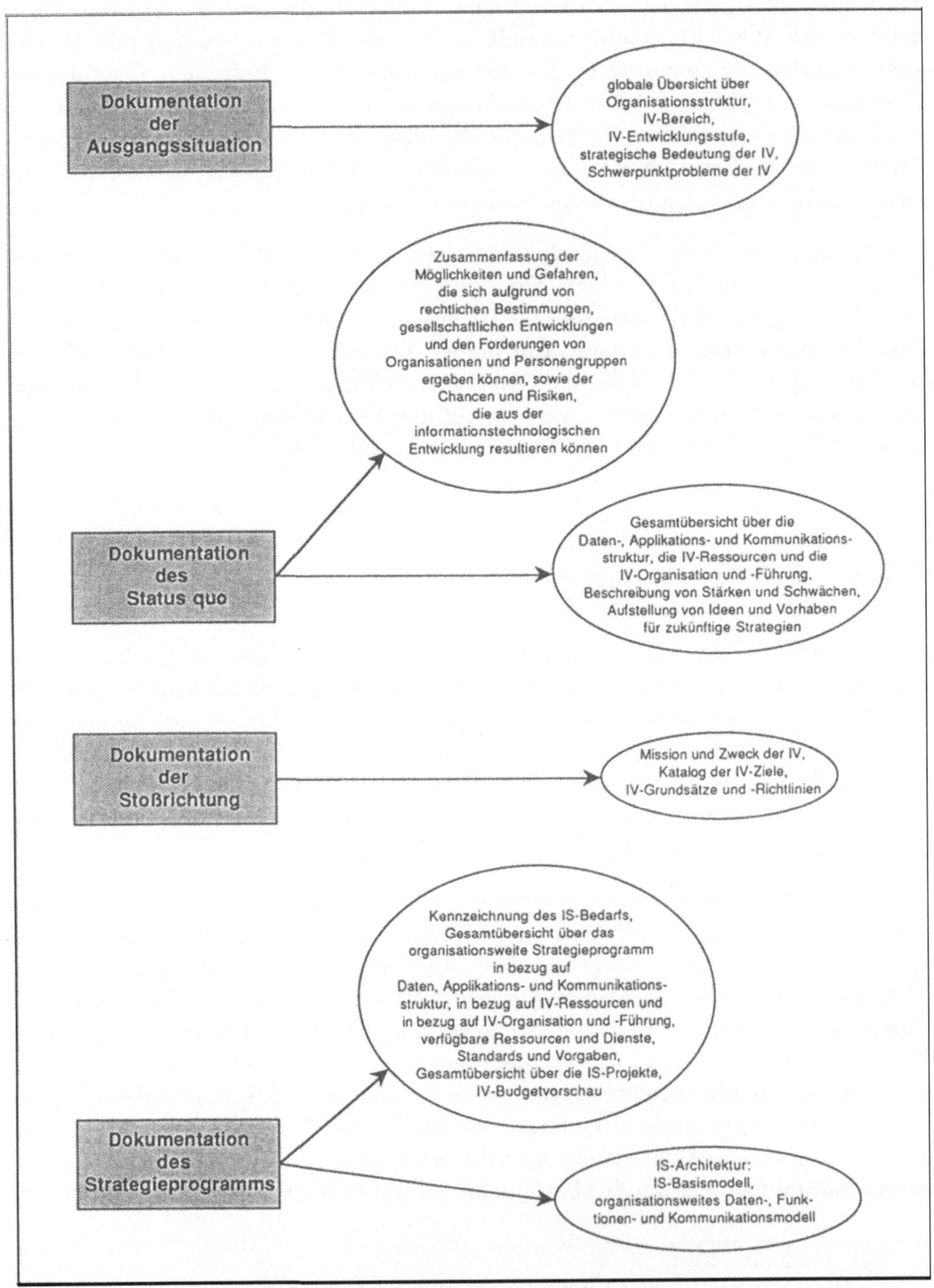

Abbildung 5.2: Dokumente im SISP–Ablauf

zu vermeiden.[67] Zusätzlich ermöglicht diese Dokumentation allen Mitarbeitern einer Organisation, sich jederzeit ein Bild über den derzeitigen Stand sowie die zu erwartenden Veränderungen und Entwicklungen im IV–Bereich zu machen. Damit wird der Forderung nach Transparenz entsprochen.

Ebenso wie das SISP–Vorgehenskonzept gliedert sich auch die Dokumentation im wesentlichen in zwei Teile, nämlich die Darstellung des Istzustands und die Präsentation des Sollkonzepts.[68] Die einzelnen Abschnitte des Abschlußberichts werden — zumindest in grober Form — parallel zu den entsprechenden SISP–Phasen erstellt. Diese Vorgehensweise sichert eine vollständige Aufzeichnung der relevanten Details und vermindert einen überproportionalen Dokumentationsaufwand am Ende des SISP–Projekts. Der Abschlußbericht sollte sich an folgendem Gliederungsschema orientieren:[69]

1. Einführung und Übersicht

    (a) Ziele und Ergebnisse

    (b) Vorgehensweise

2. Ausgangslage

    (a) Umweltsituation

    (b) interne Situation

        i. Daten-, Applikations- und Kommunikationsstruktur
        ii. IV–Ressourcen
        iii. IV–Organisation und –Führung

    (c) Stärken und Schwächen

3. Strategiekonzept

---

[67]Das bedeutet natürlich nicht, daß einmal verabschiedete Ziele und Strategien nicht aufgrund der aktuellen Umweltentwicklung oder wegen einschneidender organisationsinterner Veränderungen revidiert werden müssen. Erfahrungen des Autors haben jedoch gezeigt, daß in der Praxis häufig sehr viel Zeit für Grundsatzdiskussionen verwendet wird, ohne die eigentlichen Problemstellungen zu behandeln. Der wesentliche Aspekt an der Dokumentation ist demnach eine gemeinsame und allgemein bekannte Stoßrichtung in der IV–Entwicklung und das Vermeiden von kleinlichem „Hick Hack", das z.B. immer wieder bei Beschaffungsvorgängen oder in der Applikationsentwicklung auftritt.

[68]Auch das Vorgehenskonzept kann in diese beiden Abschnitte unterteilt werden. Dabei sind die SISP-Phasen *Vorbereitung* und *Analyse der IV–Bedingungslage* der Ermittlung des Istzustands zuzurechnen, während die Phasen *Bestimmung der strategischen Richtung für die IV* und *Entwicklung von IV-Strategien* der Erstellung des Sollkonzepts zuzurechnen sind.

[69]Inhaltliche Details zur Dokumentation wurden bereits in den Abschnitten 4.1.5, 4.2.4, 4.3.4 und 4.4.4 behandelt.

(a) IV–Mission

(b) strategische IV–Ziele

(c) Strategien in bezug auf Daten-, Applikations- und Kommunikationsstruktur

(d) Strategien in bezug auf IV–Ressourcen

(e) Strategien in bezug auf IV–Organisation und –Führung

(f) IS–Projektübersicht

(g) Kosten- und Kapazitätsübersicht

Die Detaillierung des Abschlußberichts hängt in erster Linie von der Zielgruppe ab. Es kann daher durchaus sinnvoll sein, die Dokumentation in zwei Versionen zu erstellen: Eine Kurzversion für die Organisationsleitung, in der die Inhalte lediglich im Überblick dargestellt werden. Zusätzlich dazu kann eine ausführliche Fassung des Abschlußberichts für die Leiter der Fachabteilungen und für die Leitung des IV–Bereichs angefertigt werden.[70] Darüber hinaus besteht seitens der Organisationsleitung häufig der Wunsch, den Abschnitt *Stärken und Schwächen* im Abschlußbericht, der ja für die Mitarbeiter der Organisation allgemein zugänglich sein sollte, wegzulassen.[71]

5.3 Kulturelle Aspekte

Die Kultur ist „...die Gesamtheit aller Wertvorstellungen, Normen und Überzeugungen, die in einer Organisation gemeinsam (vorherrschend) getragen und gelebt werden. Sie wirkt als System, das heißt die Elemente beeinflussen sich gegenseitig und hängen voneinander ab."[72] Aufgrund der weitreichenden Wir-

---

[70]Die Kurzversion sollte einen Umfang von 30 bis 50 A4–Seiten nicht überschreiten. Damit ist gewährleistet, daß der Abschlußbericht von sämtlichen Mitgliedern der Organisationsleitung gelesen werden kann. Der Umfang der ausführlichen Version kann in Abhängigkeit von den Ergebnissen der SISP durchaus weit darüber liegen.

[71]Wie bereits in Abschnitt 4.2.4 erläutert wurde, wird in diesem Teil der Dokumentation insbesonders auf Schwächen eingegangen, weil diese wesentlicher Ausgangspunkt für notwendige Neuerungen im IV–Bereich sind. Aus der Sicht der Benutzer kann jedoch die allzu detaillierte Ausführung der Schwachpunkte der IV ein verzerrtes Bild der tatsächlichen Situation entstehen lassen. Ist das Image des IV–Bereichs gut, so kann dieses Bild durch einen umfangreichen Schwachstellenkatalog stark ins Negative verschoben werden. Ist der Ruf des IV–Bereichs bereits schlecht, so verstärken negative Meldungen diesen Eindruck u.U. unnötig und die Motivation für neue Maßnahmen wird geschmälert. Aufgrund dieser Überlegungen kann es sinnvoll sein, auch hier zwei Versionen, eine mit und eine ohne Stärken- und Schwächenübersicht, anzufertigen.

[72]Obige Definition stammt aus [Sche 87] S. 301. Allgemein ist jedoch festzustellen, daß der Begriff *Kultur* bzw. *Organisationskultur* in der Literatur sehr vielfältig definiert wird, sodaß obiges Zitat nur eine von vielen Sichtweisen darstellt.

kung der Kultur auf die Verhaltensweisen von Mitarbeitern aller Hierarchiestufen einer Organisation bleiben kulturelle Aspekte offensichtlich auch nicht ohne Auswirkung auf die Durchführung und die Ergebnisse der SISP. Besonders betroffen von dieser „kulturellen Beeinflussung" sind sämtliche Interaktionen zwischen Planungsteam und Mitarbeitern der Organisation, die bei der Ermittlung der Ausgangssituation, der Erhebung des Status quo, den Strategiesitzungen sowie den Zwischen- und Abschlußpräsentationen erfolgen. Insbesondere sind auch die internen Entscheidungsprozesse von der jeweiligen Kultur einer Organisation geprägt.

Es würde zweifellos den Rahmen dieser Arbeit sprengen, würde man versuchen, den Bereich Organisationkultur auch nur einigermaßen umfassend zu behandeln. Dies wäre jedoch die Voraussetzung, um brauchbare Aussagen über die Rückwirkung der Kultur auf die SISP bzw. auch Effekte der SISP auf die Organisationskultur machen zu können. Solche Empfehlungen würden allerdings umfangreiche empirische Untersuchungen der kulturellen Aspekte erfordern, weil erst daraus die für SISP relevanten Faktoren ermittelt und deren relative Bedeutung beurteilt werden könnte.[73]

Dazu kommt, daß zwar die Berücksichtigung kultureller Faktoren im Rahmen eines SISP–Projekts — wie bereits in Abschnitt 5.1 angedeutet — bedeutsam ist, es aber nicht zu den primären Aufgaben der SISP zählt, die Organisationskultur nachhaltig zu beeinflussen.[74] Obwohl sich aus bestimmten Vorschlägen, die im Rahmen der SISP erarbeitet werden, durchaus wesentliche Impulse für die Veränderung bzw. Weiterentwicklung der Organisationskultur ergeben können, ist einsichtig, daß aufgrund der SISP–Zielsetzungen der Bereich Organisationskultur nur berührt werden kann.[75] Aus diesen Überlegungen folgt, daß trotz der Rückwirkung kultureller Aspekte auf die SISP, hier nur einige generelle Aussagen gemacht werden können. Aufgrund der Tatsache, daß die Kultur sowohl fördernde als auch hemmende Einflüsse auf die Organisation hat, sind im Zusammenhang mit SISP vor allem die hindernden Faktoren zu beachten.[76] Anhand

---

[73]Derartige Untersuchungen könnten sich z.B. am Modell von Cameron orientieren. Dort wird versucht, anhand der Dimensionen *Information Gathering* und *Decision Making* verschiedene Kulturtypen herauszuarbeiten (vgl. dazu [Came 84]).

[74]Einerseits wäre das Planungsteam in fachlicher Hinsicht mit derartigen Aufgaben sicherlich überfordert. Andererseits können entsprechende Vorschläge erst über einen längeren Zeithorizont greifen, da kulturelle Veränderungen sehr langsam vor sich gehen.

[75]Vor allem dort, wo es um Aspekte wie Führungsstil, Kommunikation, Informationssammlung, Entscheidungsfindung etc. im Zusammenhang mit IV geht, wird es derartige Berührungspunkte geben.

[76]Fördernden Einfluß hat die Kultur insofern, als sie ordnend, entlastend, koordinierend und stabilisierend wirkt. Der hemmende Einfluß bedingt stetige „Kulturbeladung" (d.h. die historische Entwicklung einer Organisation vermehrt ihr Kulturgut und macht damit das Zurechtfinden für den Einzelnen zunehmend schwieriger), engt den Freiheitsgrad ein, verursacht Rivalitäten und bewirkt Widerstand (vgl. dazu [HeGr 87] S. 157 ff.).

einer gängigen Kategorisierung der Funktionalität aus unternehmerischer Perspektive sollen die möglichen Rückwirkungen der Organisationskultur auf die SISP diskutiert werden:

- Originäre Funktionen:

  - *Orientierung, Koordination und Lenkung:* Eine wesentliche Funktion der Kultur ist, „Ordnung zu schaffen", um damit den Mitarbeitern die Orientierung in der Organisation zu erleichtern. Weiters unterstützt sie die Koordination und Anleitung von Mitarbeitern. Je weiter die jeweilige Organisationskultur entwickelt ist, umso besser sind diese Funktionen unterstützt. Damit ergeben sich auch positive Effekte auf die SISP, weil in solchen Organisationen viel eher die Einsicht für die Notwendigkeit von systematisch–methodischen Planungsvorgehen vorhanden sein wird.

  - *Motivation:* Eine fortschrittliche Kultur bringt in der Regel einen hohen Grad an Motivatition der Mitarbeiter mit sich. Motivierte Mitarbeiter auf allen Hierarchieebenen einer Organisation sind aufgrund der Notwendigkeit, eigene Wünsche, Ideen und Überlegungen aktiv einzubringen, nicht nur positiv für die SISP, sondern eine unabdingbare Voraussetzung für das Zustandekommen eines vernünftigen Strategieprogramms. Daraus ergibt sich der Zusammenhang: Je höher der Motivationsgrad der Mitarbeiter, umso größer ist die Wahrscheinlichkeit, gute SISP-Ergebnisse zu erzielen.

  - *Kommunikation:* Die Bedeutung einer funktionierenden Kommunikation wurde bereits im Abschnitt 5.2.3 eingehend diskutiert. Ein Aspekt, der noch nicht angesprochen wurde, ist die Vertrauenssituation zwischen Planungsteam und Mitarbeitern der Organisation. Eine tragfähige Vertrauensbasis ist deshalb so wichtig, da einerseits das Planungsteam das Vertrauen der Mitarbeiter in der Organisation braucht. Vor allem bei der Erhebung des Status quo ist offene und ehrliche Kritik an der vorhandenen Daten-, Applikations- und Kommunikationsstruktur, an den eingesetzten IV-Ressourcen sowie an der bestehenden IV–Organisation und –Führung notwendig. Darüber hinaus ist auch für die Entwicklung von IV–Strategien das freie und offene Aussprechen von Visionen, Wünschen, Anregungen und Vorschlägen bezüglich der genannten Kategorien erforderlich. Die Mitarbeiter der Organisation müssen sich auch darauf verlassen können, daß z.B. vertrauliche Aussagen vom Planungsteam nur anonymisiert weitergegeben werden. Derart ist gewährleistet, daß nur zur sachlichen Diskussion beigetragen wird und nicht die Auseinandersetzung auf persönlicher Ebene gefördert wird.[77] Andererseits kann das Vertrauen der Mitarbeiter in das Planungsteam z.B. dazu führen, daß Lösungswege, die bereits in der Organisation vorhanden sind und bisher von den Entscheidern abgelehnt wurden, nun im Rahmen der SISP wieder aufgegriffen werden. Umgekehrt ist natürlich auch denkbar, daß aktuelle Entwicklungen auf Betreiben der betroffenen Mitarbeiter wieder gestoppt werden.

- *Sinngebung:* Beim Vorhandensein einer hochentwickelten Kultur ist generell auch der Sinn für den einzelnen eher transparent. Dies hat natürlich auch Auswirkungen auf die SISP. Bei vorhandener Einsicht für den Sinn und die Notwendigkeit der eigenen Aufgaben wird viel eher der Zweck der SISP erkannt werden. Wird diese Notwendigkeit aber erkannt, so steigt dadurch auch die Motivation der Beteiligten.

- Derivative Funktionen:[78]

  - Leistungssteigerung,

  - Qualitätsanhebung,

  - Mitarbeiterzufriedenheit,

  - Corporate Identity.

Obwohl es — wie bereits erwähnt — kaum möglich sein wird, innerhalb eines SISP–Projekts die Organisationskultur zu verändern, ist es für das Planungsteam von Bedeutung, die „kulturellen Verhältnisse" in der jeweiligen Organisation möglichst rasch zu erkennen. Dies ist deswegen notwendig, weil der Arbeitsstil des Planungsteams — zumindest in bestimmten Grenzen — an die jeweilige Organisationkultur angepaßt werden muß.[79]

---

[77]Dies beinhaltet natürlich auch den umsichtigen Umgang des Planungsteams mit vertraulichem Dokumentationsmaterial.

[78]Die unter *derivative Funktionen* aufgezählten Aspekte haben nur mehr mittelbaren Einfluß auf die SISP und sind hier nur der Vollständigkeit halber erwähnt.

[79]Diesbezügliche Schwierigkeiten werden eher in Organisationen auftreten, deren Kultur im Sinne der oben angeführten Faktoren nicht sehr weit entwickelt ist.

Kapitel 6

Werkzeuge für SISP

Der Umfang und die Komplexität eines SISP–Vorgehens machen es erforderlich, Werkzeuge einzusetzen, um die Organisation, Planung und Durchführung der SISP zu unterstützen. Für manche Teilbereiche stellt diese Werkzeugunterstützung eine Arbeitserleichterung dar. In anderen Bereichen der SISP sind entsprechende Werkzeuge dagegen unumgänglich.[1] Der Umfang der SISP resultiert aus der Vielzahl von unterschiedlichen Daten und Fakten, die im Rahmen eines derartigen Projekts erhoben, gespeichert, aufbereitet und dokumentiert werden müssen. Die Komplexität ergibt sich aus der Verschiedenheit des zu erhebenden und zu verarbeitenden Materials und den vielfältigen Querbeziehungen, die zu berücksichtigen sind. Diese Komplexität, aber auch die unterschiedlichen Dimensionen, die im Rahmen der SISP berücksichtigt werden müssen, machen plausibel, daß bisher keine durchgängige und allgemein anerkannte SISP–Methode entwickelt wurde.[2] Da die bisher veröffentlichten methodischen Konzepte noch nicht ausgereift sind, fehlt es auch an entsprechenden Vorschlägen zur Verwendung von Werkzeugen. Dazu kommt, daß eine Reihe von SISP–Teilschritten aus inhaltlichen Gründen nicht standardisiert ablaufen und daher nur bedingt unterstützt werden können. Andere Teilschritte der SISP können zwar durch entsprechende Werkzeuge unterstützt werden, eine spezielle Rechnerunterstützung ist jedoch in vielen Fällen ausgeschlossen. Trotz dieser Einschränkungen soll in der Folge das vorhandene Spektrum an Werkzeugen diskutiert werden. Dabei wird insbesonders auf die Aspekte Projektmanagement, Kommunikationsunterstützung und Rechnerunterstützung eingegangen.

---

[1]So stellt z.B. Software zur Unterstützung des Projektmanagements eine willkommene Hilfe bei der SISP–Projektabwicklung dar. Andererseits ist z.B. die Erstellung der IS–Architektur ohne entsprechende Werkzeugunterstützung nicht denkbar.

[2]Vgl. dazu die diesbezüglichen Aussagen im Kapitel 2.

6.1 Projektmanagement

Aufgrund der Tatsache, daß zwar der Inhalt, nicht aber der Ablauf der SISP
komplex ist, bestehen keine hohen Ansprüche an das Projektmanagement.[3] Dies
ergibt sich aus der Tatsache, daß bei der Projektplanung und -abwicklung nur eine
kleine Anzahl von Personen, wenige Ressourcen und kaum parallele Aktivitäten
zu berücksichtigen sind.[4]

Die Aufgaben an das Projektmanagement im Rahmen der SISP beziehen sich
damit in erster Linie auf die Kontakte des Planungsteams mit den Mitarbeitern der Organisation. Vor allem bei der Erhebung des Status quo hilft jedoch eine gut geplante Terminierung der Interviews, unnötige Verzögerungen zu
vermeiden.[5] Aber auch die Termine für die verschiedenen Präsentationen sollten
rechtzeitig vereinbart werden. Da Antritts-, Zwischen- und Abschlußpräsentationen den Charakter von Meilensteinen innerhalb des SISP–Projekts haben, sollte
durch eine zeitgerechte Terminfestsetzung eine möglichst vollständige Teilnahme
der Führungsmannschaft erreicht werden.[6] Voraussetzung für einen realistischen
Projektplan ist die sorgfältige Durchführung der Phase *Vorbereitung*, sodaß aufgrund der in dieser Phase gewonnenen Erkenntnisse der Aufwand der Folgephasen
und damit die Dauer des SISP–Vorhabens möglichst exakt abgeschätzt werden
können. Genauere Aussagen bezüglich des Aufwands in den verbleibenden Projektphasen können am Ende der Phase *Analyse der IV–Bedingungslage* gemacht
werden. Zu diesem Zeitpunkt sind dann auch die Stärken und Schwächen im Detail bekannt, sodaß im Teilschritt *Präsentation und Dokumentation des Status
quo* die thematischen Schwerpunkte für die Phase *Entwicklung von IV–Strategien*
gesetzt werden können. Dadurch wird eine Verfeinerung des Projektkalenders für
das verbleibende SISP–Vorhaben möglich.

In bezug auf die Rechnerunterstützung für das Projektmanagement im Rahmen
der SISP sind die gängigen Softwareprodukte auf Mikrorechnerbasis durchaus
ausreichend. Der Funktionsumfang derartiger Pakete übertrifft die gestellten
Anforderungen, da im Rahmen der SISP praktisch nur eine Zeitplanung, jedoch

---

[3]Zu den Methoden des Projektmanagements vgl z.B. [Rues 73] oder [ClKi 75].

[4]Wie in Abschnitt 5.2.2 bereits ausgeführt, handelt es sich beim Planungsteam um eine
kleine, flexible Gruppe von Spezialisten, sodaß sich aufgrund der Gruppengröße kaum
Anforderungen an ein internes Projektmanagement ergeben.

[5]Wenn man bedenkt, daß im Rahmen der SISP schon in einer mittelgroßen Organisation in
der Regel etwa 50 bis 70 Interviews zu führen sind, wobei teilweise eine strenge Reihenfolge
einzuhalten ist, wird die Notwendigkeit einer sorgfältig durchdachten Terminkoordination
einsichtig.

[6]Obwohl die Erfahrung aus abgeschlossenen SISP–Projekten gezeigt hat, daß auch kurz-
fristig vereinbarte Zwischenpräsentationen gut besucht waren, ist aufgrund des generell
gedrängten Kalenders von Führungskräften eine möglichst frühzeitige Terminfestlegung
anzustreben.

keine Ressourcenplanung erforderlich ist.

6.2 Kommunikationsunterstützung

Aufgrund der verschiedenen Kommunikationsnotwendigkeiten im Rahmen der SISP ist es sinnvoll, diesen Bereich durch entsprechende Hilfsmittel zu unterstützen. Die Erhebung der meisten Daten für die Standortbestimmung in der Phase *Vorbereitung* kann z.B. mit Hilfe von Fragebögen durchgeführt werden.[7] Zum Teil wird es auch möglich sein, im Rahmen der Umweltanalyse und für die Analyse der internen Situation Fragebögen einzusetzen.[8] Insgesamt ist jedoch der Einsatz von Fragebögen und sonstigen standardisierten Formularen innerhalb der SISP begrenzt. Wesentlich größere Bedeutung kommt der medialen Unterstützung der verschiedenen Präsentationen zu. Für die Antritts- und die Abschlußpräsentation bietet sich hierfür eine Vielzahl von audiovisuellen Hilfsmitteln an.[9] Deren Einsatz ist insofern empfehlenswert, als sich auf diese Weise die komplexen Zusammenhänge der SISP–Vorgehensweise komfortabel veranschaulichen lassen. Im Rahmen der verschiedenen Zwischenpräsentationen, die ja — wie bereits ausgeführt — nicht nur den Charakter einer reinen Sachverhaltsdarstellung haben, ist darüber hinaus die Anwendung von Kreativitäts-, Entscheidungsfindungs- und Präsentationstechniken empfehlenswert. Da eine Reihe von abschließenden Entscheidungen erst im Rahmen dieser Präsentationen fallen wird, ergibt sich daraus die Notwendigkeit, die Entscheidungsvorbereitung durch die erwähnten Techniken entsprechend zu unterstützen.[10]

6.3 Rechnerunterstützung

Wie bereits erwähnt, eignet sich nur eine beschränkte Anzahl von SISP–Phasen bzw. –Techniken für eine entsprechende Rechnerunterstützung. Bis vor einigen Jahren war diese Unterstützung auf die Erstellung der verschiedenen Dokumentationen und auf Projektmanagementaufgaben beschränkt.[11] Im Zuge der rasanten Entwicklung im Bereich der rechnerunterstützten Softwareentwicklung wurden in den letzten Jahren eine Reihe von CASE–Tools auf den Markt gebracht, die zu-

---

[7]Inhaltliche Aspekte des Leitfadens zur Zusammenstellung des diesbezüglichen Sekundärmaterials wurden bereits im Abschnitt 4.1.2 behandelt.

[8]Auf Vor- und Nachteile dieser Technik wurde bereits im Abschnitt 5.2.3.3 eingegangen.

[9]Darunter sind z.B. rechnerunterstützte Präsentationswerkzeuge zu verstehen.

[10]Aus dieser Perspektive ergeben sich daher zusätzliche Anforderungen an den Leiter des Planungsteams und seine Mitarbeiter.

[11]Vgl. Abschnitt 6.1.

mindest teilweise auch für die Aufgaben der SISP gut brauchbar sind. Aufgrund
der Rechnerumgebungen, auf denen diese Werkzeuge einsetzbar sind, der relativ
einfachen Bedienbarkeit und der erschwinglichen Preise werden diese Werkzeuge
— die entsprechende Methodenkenntnis vorausgesetzt — zunehmend auch für
SISP–Aufgaben interessant.[12] In der Folge werden Programmpakete aufgezählt,
die zwar nicht speziell für die Aufgaben der SISP entwickelt wurden, die aber für
derartige Projekte sehr gut brauchbar sind. So ist die Durchführung von SISP
ohne die Verwendung der folgenden Werkzeuge kaum denkbar:

- *Textverarbeitungssoftware* zur Unterstützung

    - der Text- und Datenerfassung im Rahmen der verschiedenen Erhe-
      bungen sowie

    - der Aufbereitung der diversen Dokumentationen und insbesondere des
      Abschlußberichts;

- *Grafiksoftware* zur Unterstützung der Erstellung von Grafiken für sämtliche
  Präsentationen, Dokumentationen und den Abschlußbericht;

- *Präsentationssoftware* zur Unterstützung sämtlicher Präsentationen (Aufbereiten von Folien für Tageslichtprojektoren und/oder Zusammenstellen
  von Videopräsentationen);

- *Projektmanagementsoftware* zur Unterstützung der SISP–Projektplanung
  und -überwachung;

- *Datenbank- und Tabellenkalkulationssoftware* für Spezialaufgaben.[13]

Neben diesen allgemein verbreiteten Softwarepaketen werden zunehmend soge-
nannte CASE–Tools für den Einsatz im Rahmen der SISP bedeutsam. Diese
Werkzeuge unterstützen vor allem die Entwicklung von Strategien in bezug auf
Daten-, Applikations- und Kommunikationsstruktur.[14] Abbildung 6.1 zeigt pha-
senbezogen den Funktionsumfang eines CASE–Tools. Die Erstellung der IS–
Architektur und die Entwicklung der organisationsweiten Modelle bezüglich der
Daten, der Funktionen und der Kommunikation ist ohne derartige Werkzeugun-
terstützung schwerlich denkbar.[15] Daraus ergibt sich, daß das hier vorgestellte

---

[12]Eine Reihe von derartigen Werkzeugen werden z.B. auch für Mikrorechner unter den Be-
triebssystemen MS–DOS und OS/2 angeboten. Für die Kosten derartiger Produkte können
als Richtwerte (je nach Funktionsumfang) pro Arbeitsplatz zwischen öS 50.000.– und öS
300.000.– angegeben werden.

[13]Eine solche Spezialaufgabe wäre z.B. die Durchführung einer beschränkten Hardware–Aus-
schreibung, um aus den eingelangten Grobangeboten erste Kostenschätzungen für zukünftige Hardware–Konfigurationen anstellen zu können.

[14]Bezüglich einer detaillierten Werkzeugdiskussion bzw. -übersicht vgl. [Fish 88], [McCl 89],
und [Gibs 89] S. 207 ff.

[15]Vgl. Abschnitt 4.4.1.2 bezüglich der inhaltlichen Anforderungen an diese Modelle.

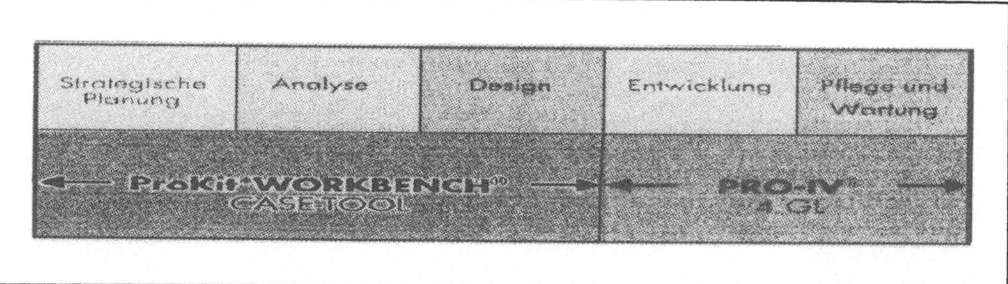

Abbildung 6.1: Funktionsumfang eines CASE–Tools (Quelle: Computerwoche, 31. August 1990)

SISP–Vorgehenskonzept ohne den Einsatz von CASE–Tools wirtschaftlich kaum realisierbar ist. Abbildung 6.2 zeigt einige Beispiele für die mit einem CASE–Tool erstellten Modelle und Grafiken. Zu dieser Notwendigkeit kommt, daß die im Rahmen der SISP erarbeiteten Modelle für die Detailplanung und in weiterer Folge für die Implementierung der konzipierten Daten-, Applikations- und Kommunikationsstruktur aufgrund des Funktionsumfangs der CASE–Tools unmittelbar weiterverwendbar sind.[16]

---

[16]Dieser zusätzliche Nutzen läßt auch den Mangel, daß für eine Reihe anderer SISP–Techniken keine Werkzeugunterstützung vorhanden ist, in den Hintergrund treten. Aufgrund der Tatsache, daß sich die meisten CASE–Tools eng an den Ansatz des Information Engineering anlehnen und dieses Konzept methodisch unterstützen (vgl. Abschnitt 2.2.5), ist einsichtig, daß nur Teilbereiche des hier vertretenen Konzepts entsprechend unterstützt

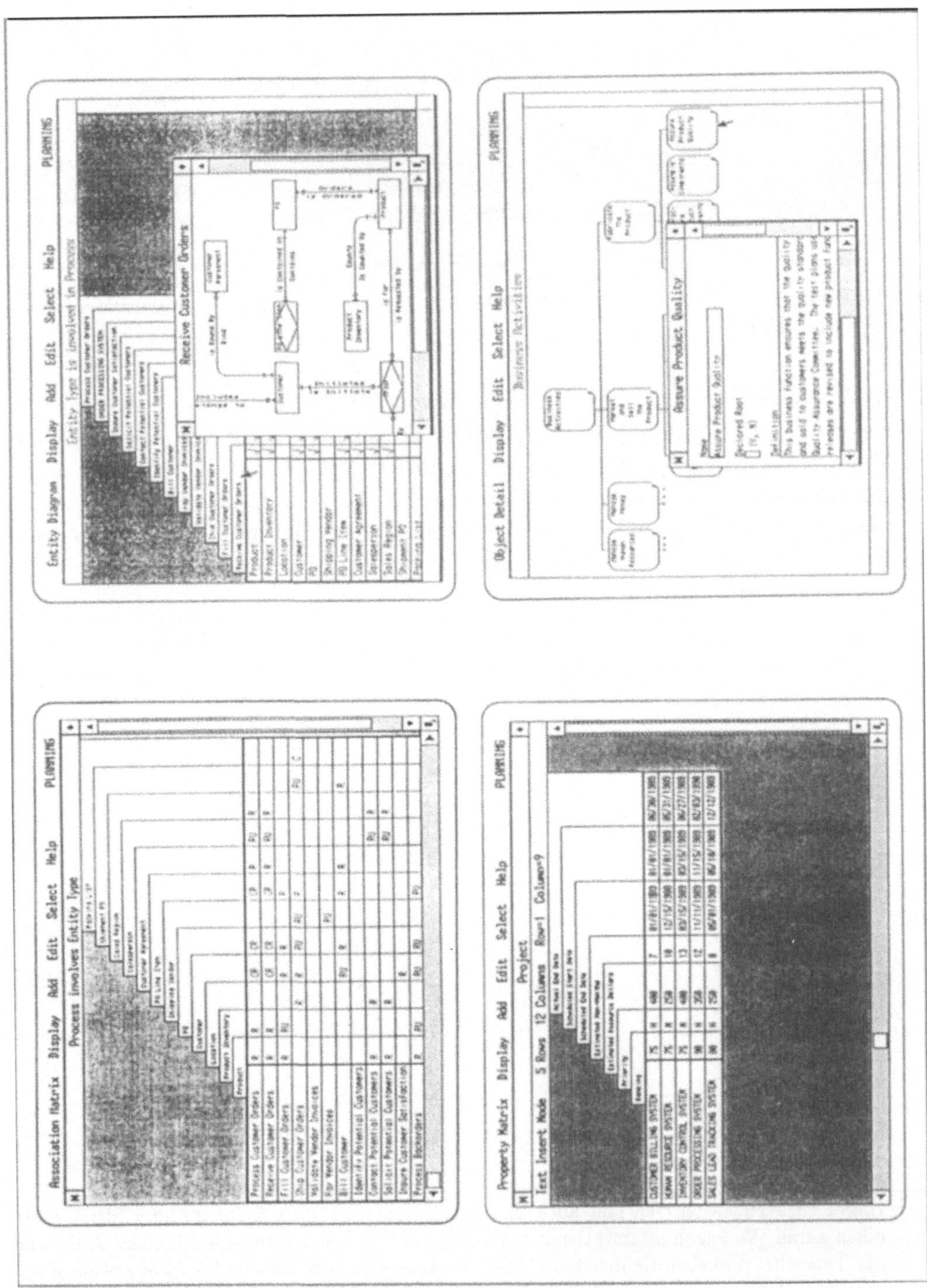

Abbildung 6.2: Modellierung mit einem CASE–Tool (Quelle: [OhVe 89] S. 3)

Kapitel 7

Schlußbetrachtung

In der vorliegenden Arbeit wurde die These vertreten, daß es möglich sein muß, unter konsequenter Anwendung einer systematisch–methodischen Vorgehensweise die Planung, Realisierung und laufende Anpassung der vorhandenen IS, der eingesetzten Informationstechnik und der bestehenden IV–Organisations- und –Führungsstrukturen auf lange Sicht entscheidend zu verbessern und damit nicht nur den Informationsstand der Mitarbeiter signifikant zu heben, sondern das gesamte Informationswesen einer Organisation effektiver und effizienter zu gestalten.

Vor der Darstellung einer dafür geeigneten Vorgehensweise wurde die Notwendigkeit für die Durchführung der SISP begründet. Die Rechtfertigung für die SISP läßt sich zunächst aus der Planungsproblematik des IV–Bereichs ableiten, die sich durch eine komplexe IS–Umwelt, eine große Anzahl von Benutzern, knappe Ressourcen, etliche Realisierungsalternativen für die erforderlichen IS, steigenden Druck von außen sowie die verstärkte Notwendigkeit einer strategischen Ausrichtung der IV charakterisieren läßt. Zur Lösung der aufgezeigten Schwierigkeiten wurde in der Vergangenheit eine Reihe von SISP–Ansätzen entwickelt, die aber durchweg nicht in der Lage sind, alle genannten Problembereiche abzudecken. Aus dieser Perspektive ergab sich die Motivation, das vorhandene SISP–Instrumentarium eingehend zu untersuchen und zu kritisieren, um daraufhin eigene Vorschläge ausarbeiten zu können. Entsprechende Empfehlungen konnten jedoch nur auf Basis einer Begriffsbestimmung der SISP und aufbauend auf einem Katalog entwickelt werden, der die methodischen Anforderungen an die SISP enthält. Daher wurden anschließend an die Rechtfertigung der SISP diese Aspekte bearbeitet und die Konsequenzen für den eigenen Ansatz formuliert.

Auf dieser Grundlage konnte dann das fünfstufige Vorgehenskonzept entwickelt werden. Der vorliegende Ansatz umfaßt die Phasen *Vorbereitung, Analyse der IV–Bedingungslage, Bestimmung der strategischen Richtung für die IV, Ent-*

wicklung von IV–Strategien und *Realisierung von IV–Strategien.* Wesentliche Ergebnisse eines SISP–Projekts, die sich innerhalb des hier präsentierten Vorgehensmodells ergeben, sind eine Übersicht über den Status quo und ein umfassendes Strategiekonzept. Bezüglich des Istzustands erhält man Aussagen zur relevanten Umweltsituation sowie zur internen Situation hinsichtlich der vorhandenen Daten-, Applikations- und Kommunikationsstruktur, der eingesetzten IV–Ressourcen und der bestehenden IV–Organisation und –Führung. Das Strategiekonzept enthält Aussagen zur IV–Mission und zu den strategischen Zielen. Weiters enthält es die Strategien in bezug auf Daten-, Applikations- und Kommunikationsstruktur, in bezug auf IV–Ressourcen und in bezug auf IV–Organisation und –Führung sowie Übersichten über die zeitliche und finanzielle Abwicklung der daraus resultierenden IS–Projekte. Anschließend an die vorgehenstechnischen Empfehlungen wurden Vorschläge zur Gestaltung der SISP ausgearbeitet und damit auf Fragen zur Organisation, zur Gestaltung und zur Kultur eines derartigen Vorhabens eingegangen. Zuletzt wurden Möglichkeiten für die Unterstützung der SISP durch entsprechende Werkzeuge diskutiert.

Im Rahmen der Überlegungen hinsichtlich der Anforderungen an SISP–Methoden sowie der Konsequenzen für den eigenen Ansatz wurde der Anspruch erhoben, ein umfassendes Verfahren zu entwickeln, das erstens alle Teilaspekte der SISP abdeckt und dafür geeignete Problemlösungswege aufzeigt und zweitens praktische Vorschläge für alle Organisationstypen anbieten kann. Weiters war es ein Anliegen, die Empfehlungen so zu gestalten, daß sie für den unmittelbaren Einsatz in der Praxis brauchbar sind. Von Praktikerseite könnten gegen das hier vorgelegte Konzept folgende Argumente vorgebracht werden:

- Fehlender Nachweis für die Vorteilhaftigkeit einer Reihe von vorgestellten Techniken: Einerseits wurden zwar die Planungsprobleme im IV–Umfeld aufgezeigt und die Schwächen der vorhandenen Ansätze erläutert; auch die hier dargestellte Vorgehensweise erscheint durchweg plausibel. Andererseits kann aber der Erfolg des Ansatzes nicht garantiert werden.

- Ein durchgängiges Referenzbeispiel, anhand dessen das Vorgehenskonzept plastisch nachvollziehbar wäre, fehlt.

- Der Ansatz ist zwar vollständig und umfassend, für die einzelnen Teilphasen bzw. Teiltechniken fehlen jedoch zum Teil entsprechend detaillierte Beschreibungen, um sie unmittelbar umsetzen zu können.

- Vorschläge, die menschlich–politische oder kulturelle Aspekte betreffen, entziehen sich zum Teil einer „objektiven" Beurteilung. Damit ist ihre Umsetzung auf das Fingerspitzengefühl der für die SISP Verantwortlichen angewiesen.

- Referenzkunden für den hier vertretenen SISP–Ansatz fehlen noch.[1] Damit kann man als Interessent an dem hier vertretenen Ansatz auf keinerlei Erfahrungspotential aus abgeschlossenen Projekten zurückgreifen, bei denen das hier präsentierte Vorgehenskonzept vollständig angewendet wurde.

Die hier angeführten potentiellen Kritikpunkte erscheinen zunächst durchaus gerechtfertigt. Bei eingehenderer Betrachtung verlieren die Argumente jedoch an Gewicht. Dies ergibt sich daraus, daß die Aufgabe einer derartigen Arbeit nur darin bestehen kann, eine theoretische Basis für die praktische Vorgehensweise zu entwickeln. Erst die Erfahrungen, die in der Praxis gemacht werden, können wiederum Ansatzpunkte für methodische Anpassungen oder inhaltliche Erweiterungen der SISP liefern. Ferner ist jedoch auch einsichtig, daß die entwickelte Methode trotz des „Handbuch–Charakters" nur von entsprechend vorgebildeten und erfahrenen Spezialisten erfolgreich angewendet werden kann. Vor diesem Hintergrund bietet der hier präsentierte SISP–Ansatz folgende Stärken:

- Systematisch entwickeltes Vorgehensmodell, mit Hilfe dessen ein SISP–Vorhaben in Phasen und Teilschritte strukturiert werden kann.

- Möglichkeit der Anpassung der SISP an uneinheitliche Problemlagen und verschiedene Organisationstypen durch modularen Aufbau und „Werkzeugkastenkonzept".

- Umfangreiche Vorschläge zur Vorgehensweise, darüber hinaus aber auch zur Gestaltung und zum Werkzeugeinsatz bei der SISP.

- Zusammenführung von theoretischen Konzepten aus der Literatur, die entsprechend erweitert und adaptiert wurden, mit praktischen Erfahrungen des Autors aus abgeschlossenen SISP–Projekten.

- Gute Verständlichkeit und leichte Nachvollziehbarkeit der Empfehlungen.

Unabhängig von dieser eher theoretischen Abhandlung der Stärken und Schwächen wird es letztlich von den Erfahrungen der Planungsteams, die sich an dem vorliegenden Ansatz orientieren, und von den Reaktionen der betroffenen Mitarbeiter in den Organisationen abhängen, ob sich die hier präsentierte Methode in der Praxis durchsetzen wird.

---

[1]Für den methodischen „Vorgänger" des hier präsentierten Ansatzes existieren dagegen eine Reihe von Referenzkunden.

Literaturverzeichnis

[Alle 87]   Allen, B.: *Make Information Systems Pay its Way*, in: Harvard Business Review, January–February 1987.

[Anth 65]   Anthony, R.N.: *Planning and Control Systems — A Framework for Analysis*, Boston 1965.

[Appl 84]   Appleton, D.S.: *Business Rules: The Missing Link*, in: Datamation, October 15, 1984.

[ArRo 86]   Artner, S.; Rossmann, W.: *Revision von EDV–Systemen*, Wien 1986.

[BrSM 89]   Brancheau, J.C.; Schuster, L.; March, S.T.: *Building and Implementing an Information Architecture*, in: Database, Summer 1989.

[BuLi 82]   Buchanan, J.R.; Linowes, R.G.: *Einsatz der distribuierten Datenverarbeitung*, in: Harvard Manager, 1982/I.

[Bull 86]   Bullinger, H.–J.: *Wettbewerbsvorteile durch Informationsmanagement*, in: Büroforum '86, 6. IAO–Arbeitstagung am 11./12. 11. 1986 in Stuttgart, Berlin 1986.

[BuKn 78]   Bush, R.L.; Knutsen, K.E.: *Integration of Corporate and MIS Planing: The Impact of Productivity*, in: Data Base, Winter 1978.

[Buss 83]   Buss, M.D.J.: *How to rank Computer Projects*, in: Harvard Business Review, January–February 1983.

[Came 84]   Cameron, K.: *Cultural Congruence, Strength and Type: Relationship and Effectiveness*, Working Paper No. 401, University of Michigan, Ann Arbor1984.

[Chen 76]   Chen, P.P.: *The Entity-Relationship Model — Toward a Unified View of Data*, in: ACM Transaction on Database Systems, Vol. 1, No. 1, March 1976.

[ClKi 75]   Cleland, D.I.; King, W.R.: *Systems Analysis and Project Management*, New York 1975.

[Druc 74]   Drucker, P.: *Management. Tasks, Responsibilities, Practices*, New York 1974.

[Esch 85]   Eschenröder, G.: *Planungsaspekte einer ressourcenorientierten Informationswirtschaft*, Bergisch Gladbach 1985.

[Fink 89]   Finkelstein, C.: *An Introduction to Information Engineering*, Singapore 1989.

[Fisc 87]   Fischbacher, A.: *Strategisches Management der Informationsverarbeitung*, München 1986

[Fish 88]   Fisher, A.S.: *Case. Using Software Development Tools*, New York 1988.

[Gibs 89]   Gibson, M.L.:*The Case Philosophy*, in: Byte, April 1989.

[GaSa 79]   Gane, C.; Sarson, T.:*Structured Systems Analysis: Tools and Techniques*, Englewood Cliffs, 1979.

[HaLe 87]   Haidvogel, G; Leonhard, U.: *Effizienzsteigerung durch PC–Einsatz bei Ablauf- und Kommunikationsanalysen*, in: Office Management, 7–8, 1987.

[Hans 84]   Hansen, H.R.: *Strategische langfristige Planung von Informationssystemen (EDV–Gesamtkonzepte)*, Unterlagen zum gleichnamigen Vortrag im Rahmen der Veranstaltung „IBM–Forum" an der Wirtschaftsuniversität Wien 1984.

[Hans 86]   Hansen, H.R.: *Wirtschaftsinformatik I*, 5. Auflage, Stuttgart 1986.

[HaRi 90]   Hansen, H.R.; Riedl R.: *Strategische langfristige Informationssystemplanung*, in: Kurbel, K.; Strunz, H. (Hrsg.): Handbuch Wirtschaftsinformatik, Stuttgart 1990.

[Hasc 88]   Haschke, W.: *Die Effizienz des EDV–Einsatzes prüfen*, in: Online 6/1988.

[HeGr 87]   Heil, E.; Groth, R.: *Wirkung der Unternehmenskultur auf die Einführung von Projektmanagement*, in: Proceedings zur Jahrestagung der GPM, Friedrichshafen 1987.

[Hein 83]   Heinen, E.: *Industriebetriebslehre: Entscheidungen im Industriebetrieb*, 7. Auflage, Wiesbaden 1983.

[HeRo 85]   Heinrich, L.J.; Roithmayr, F.: *Die Bestimmung des optimalen Distribuierungsgrades von Informationssystemen — Entscheidungsmodell und Fallstudie*, in: Handbuch der modernen Datenverarbeitung, 121, 1985.

[HoKo 86]   Hoyer, R.; Kölzer, G.: *Ansätze zur Planung eines innerbetrieblichen Informations- und Kommunikationssystems*, in: Krallmann, H. (Hrsg.): Informationsmanagement auf der Basis integrierter Bürosysteme, Regensburg 1986.

[IBM 76]   IBM: *Datenverarbeitung, Gewinnquelle des Unternehmens*, Nutzenanalyse als Basis einer Wirtschaftlichkeitsrechnung für Datenverarbeitungsanlagen, IBM Form GE12–1307–2, IBM Deutschland 1976.

[IBM 79]   IBM: *Business Systems Planning*, Handbuch zur Planung von Informationssystemen, IBM Form GE12–1400–1, IBM Deutschland 1979.

[IBM 81]   IBM: *Die Function Point Methode*, IBM Form GE12–1618–0, IBM Deutschland 1981.

[Inmo 88]   Inmon, W.H.: *Information Engineering for the Practitioner*, Englewood Cliffs 1988.

[IvLe 84]   Ives, B.; Learmonth, G.P.: *The Information System as a Competetive Weapon*, in: Communications of the ACM, December 1984, Vol. 27, Number 12.

[King 78]   King, W.R.: *Strategic Planning for Management Information Systems*, in: MIS Quarterly, March 1978.

[KiKr 84]   King, J.L.; Kraemer, K.L.: *Evolution and Organizational Information Systems: An Assessment of Nolan's Stage Model*, in: Communications of the ACM, May 1984, Vol. 27, Number 5.

[KlSt 90]   Klotz, M.; Strauch, P.: *Strategieorientierte Planung betrieblicher Informations- und Kommunikationssysteme*, Berlin 1990.

[Kral 87]   Krallmann, H.: *Konzeption und Realisierung einer Kommunikationsarchitektur*, Arbeitsbericht 1985–1987 des Fachbereichs Informatik an der Technischen Universität Berlin, 1987.

[Krei 87]   Kreikebaum, H.: *Strategische Unternehmensplanung*, 2. Auflage, Stuttgart 1987.

[KrMe 82]   Kretzschmar, M.; Mertens, P.: *Verfahren zur Vorbereitung der Zentralisierungs-/Dezentralisierungsentscheidung in der betrieblichen Datenverarbeitung*, in: Informatik–Spektrum 5, 1982.

[Krus 87]   Kruse, H.: *Die Gestaltung und Durchführung der strategischen Informationssystem–Planung*, Dissertation Universität Freiburg, Darmstadt 1987.

[LiCe 81]   Lientz, B.P.; Chen, M.: *Assessing the Impact of New Technology in Information Systems*, in: Long Range Planning, Vol. 14, No. 6, 1981.

[LeSe 88]   Lederer, A.L.; Sethi, V.: *The Implementation of Strategic Information Systems Planning Methodologies*, in: MIS Quarterly, September 1988.

[LeBr 84]   Leidecker, J.K.; Bruno, A.V.: *Identifying and Using Critical Success Factors*, in: Long Range Planning, Vol. 17, No. 1, 1984.

[Lind 88]   Lindheim, W.: *Strategieplanung für die Technische EDV*, Wiesbaden 1988.

[Lund 81]   Lundeberg, M.: *Informations Systems Development*, Englewood Cliffs 1981.

[Macd 86]   Macdonald, I.G.: *Information Engineering*, in: Olle, T.W.; Sol, H.G.; Verrijn–Stuart, A.A. (Hrsg.): Information Systems Design Methodologies, Amsterdam 1986.

[Maci 89]   Maciejewski, P.G.: *Nebulöse Vorstellungen*, in: Computerwoche extra, Nr. 4, 1. September 1989.

[Mart 82]   Martin, J.: *Strategic Data–Planning Methodologies*, Englewood Cliffs 1982.

[Mart 86]   Martin, J.: *Information Engineering*, Carnforth 1986.

[Mart 88]   Martin, J.: *Structured Techniques: The Basis for CASE*, Englewood Cliffs, 1988.

[Mart 89]   Martin, J.: *Information Engineering, Book I: Introduction*, Englewood Cliffs, 1989.

[Mart 90]   Martin, J.: *Information Engineering, Book II: Planning and Analysis*, Englewood Cliffs, 1990.

[MaKl 89]   Martiny, L.; Klotz, M.: *Strategisches Informationsmanagement*, München 1989.

[McCl 89]   McClure, C.: *Case is Software Automation*, Englewood Cliffs 1989.

[McMP 83]   McFarlan, F.W.; McKenney, L.M.; Pyburn, P.: *The Information Archipelago – Plotting a Course*, in Harvard Business Review, January–February 1983.

[McSo 77]   McLean, E.R.; Soden, J.V.: *Strategic Planning for MIS*, New York 1977.

[Mert 85]   Mertens, P.: *Aufbauorganisation der Datenverarbeitung*, Zentralisierung — Dezentralisierung — Informationszentrum, Wiesbaden 1985.

[Miks 86]   Miksch, G.: *Strategische Informationssystemplanung dargestellt am Beispiel der zentralen Verwaltung der Wirtschaftsuniversität Wien*, Wien 1986.

[Nage 88]   Nagel, K.: *Nutzen der Informationsverarbeitung*, Methoden zur Bewertung von strategischen Wettbewerbsvorteilen, Produktivitätsverbesserungen und Kosteneinsparungen, München 1988.

[Niem 87]   Niemeier, J.: *Einsatzfelder zur Analyse und Planung der Bürokommunikation*, in: Office Management, 7–8/1987.

[Nobs 88]   Nobs, A.: *Information Engineering nur ein Modewort?*, in: Schweizer Bank, 6/1988.

[Nola 79]   Nolan, R.L.: *Managing the Crisis in Data Processing* in: Harvard Business Review, March–April 1979.

[Nomi 89]   Nomina (Hrsg.): *ISIS–Software Report*, Computerprogramme in der Bundesrepublik Deutschland, Österreich, Schweiz, München 1989.

[NoKr 86]   Noth, T.; Kretzschmar, M.: *Aufwandschätzung von DV–Projekten*, Darstellung und Praxisvergleich der wichtigsten Verfahren, 2. Auflage, Heidelberg 1986.

[OhVe 87]   o. V.: *Jahresbericht 1987 des EDV–Zentrums der Wirtschaftsuniversität Wien*, Wien 1987.

[OhVe 89]   o. V.: *Planning Workstation*, Produktbeschreibung der Information Engineering Workbench von KnowledgeWare, Atlanta 1989.

[Pete 83]   Peter, J.: *Konzepte und Instrumente der strategischen EDV–Planung*, Dissertation Wirtschaftsuniversität Wien, 1983.

[Peter 83]   Peters, T.J.: *Auf der Suche nach Spitzenleistungen*, Landsberg 1983.

[Port 86]   Porter, M.E.: *Wettbewerbsvorteile*, Frankfurt/M. 1986.

[PoMi 85]   Porter, M.E.; Millar, V.E.: *How information gives you competitive advantage*, in: Harvard Business Review, July–August 1985.

[Ricc 78]   Ricciardi, M.: *A Framework for the Analysis of the Relationship between Business Organization Evolution and Business Information Systems Evolution*, in: Bracchi, G.; Lockemann, P.C.: Information Systems Methodology, Berlin 1978.

[Robi 84]   Robinson, D.G.: *Synchronizing Systems with Business Values*, in: Datamation, Vol. 9, 1984.

[RoBL 77]   Rockart, J.F.; Bullen, C.V.; Leventer, J.S.: *Centralization versus Dezentralization of Information Systems*, A preliminary Model for Decision Making, Vorabdruck, Cambridge 1977.

[Rock 79]   Rockart, J.F.: *Chief Executives Define their own Data Needs*, in: Harvard Business Review, March–April 1979.

[Rock 82]   Rockart, J.F.: *The Changing Role of the Information Systems Executive: A Critical Success Factors Perspective*, in: Sloan Management Review, Fall 1982.

[Rues 73]   Rüsberg, K.H.: *Die Praxis des Projekt Management. Methodik, Planung, Durchführung, Instrumentarium, Systeme*, 2. Auflage, München 1973.

[Saue 89]   Sauer, T.: *Strategische Informationssystemplanung in Banken*, Dissertation Wirtschaftsuniversität Wien, 1989.

[Sche 85]   Scheer, A.-W.: *EDV-orientierte Betriebswirtschaftslehre*, 2. Auflage, Berlin 1985.

[Sche 87]   Scheuplein, H.: *Unternehmenskultur und persönliche Weiterentwicklung*, in: Zeitschrift für Organisation, 5/1987.

[Sche 90]   Scheer, A.-W.: *EDV-orientierte Betriebswirtschaftslehre*, 4. Auflage, Berlin 1990.

[Schm 86]   Schmid, G.: *Methode und Techniken der Organisation*, 6. Auflage, Gießen 1986.

[SVD 81]   Schweizerische Vereinigung für Datenverarbeitung (SVD) (Hrsg.): *EDV-Kennzahlen*, Praxisbezogenes Instrumentarium zur Beurteilung der EDV-Wirtschaftlichkeit, 2. Auflage, Bern 1981.

[Sull 85]   Sullivan, C.: *Systems Planning in the Information Age*, in: Sloan Management Review, Winter 1985.

[SzKo 78]   Szyperski, N.; Kolf, F.: *Integration der strategischen Informations-System-Planung (SISP) in die Unternehmens-Entwicklung*, in: Hansen, H.R. (Hrsg.): Entwicklungstendenzen der Systemanalyse, München 1978.

[Toze 86]   Tozer, E.E.: *Developing Strategies for Management Information Systems*, in: Long Range Planning, Vol. 19, No. 4, 1986.

[Vett 88]   Vetter, M.: *Strategie der Anwendungssoftware-Entwicklung*, Stuttgart 1988.

[Vett 88a]   Vetter, M.: *Das Jahrhundertproblem der Informatik*, in: Online 9, 1988.

[Vett 89]   Vetter, M.: *Aufbau betrieblicher Informationssysteme mittels konzeptioneller Datenmodellierung*, 5. Auflage, Stuttgart 1989.

[Vett 90]   Vetter, M.: *Konzeptionelle Datenmodellierung*, in: Kurbel, K.; Strunz, H. (Hrsg.): Handbuch Wirtschaftsinformatik, Stuttgart 1990.

[Wall 87]   Wallner, H.: *Strategische Planung von Informationssystemen aus gesamtunternehmerischer Sicht*, Unterlagen zum gleichnamigen Vortrag im Rahmen der Veranstaltung „IBM–Forum" an der Wirtschaftsuniversität Wien 1987.

[Wild 81]   Wild, J.: *Grundlagen der Unternehmensplanung*, Reinbeck, 1981.

[Wild 85]   Wilder, R.P.: *The Continuing Evolution of Information Systems Planning*, in: Strunz, H. (Hrsg.): Planung in der Datenverarbeitung, Berlin 1985.

[Wise 85]   Wiseman, C.: *Strategy and Computers*, Homewood 1985.

[Zach 86]   Zachmann, J.A.: *A Framework for Information Systems Architecture*, IBM Los Angeles Scientific Center, Report No. G320–2785, 1986.

[Zach 87]   Zachmann, J.A.: *A Framework for Information Systems Architecture*, in: IBM Systems Journal, Vol. 26, No. 3, 1987.

[ZaRu 89]   Zahn, E.; Rüttler, M.: *Informationsmanagement*, in: Controlling, Heft 1, Januar 1989.

Wirtschaftswissenschaftliche Beiträge